基于用户体验的移动商务推荐模式

高长元　杜　巍　著

本书由以下项目共同资助：
1. 国家自然科学基金项目"跨界联盟协同创新资源整合机制研究"（项目编号：71774044）
2. 国家自然科学基金项目"大数据联盟云服务模式研究"（项目编号：71672050）
3. 黑龙江省哲学社会科学研究规划项目"黑龙江省大数据产业联盟云服务模式研究"（项目编号：16GLB01）
4. 哈尔滨商业大学博士科研启动项目"基于用户体验的移动商务推荐模式研究"（项目编号：2019DS096）

科学出版社

北京

内 容 简 介

近年来，随着服务经济的快速发展及互联网技术、移动通信技术和信息技术的成熟，以移动性、便捷性、即时即地响应性及服务个性化为特征的移动商务成为电子商务发展的主流模式，其个性化推荐系统也成为提升用户购物满意度、增强企业竞争力的有力武器。因此，如何通过提供高质量的推荐服务带给用户满意的体验和超值的感觉，成为移动商务发展的关键。本书以用户体验为视角，首先，从移动商务用户购买心理与行为出发，结合移动商务的特征及购物的具体情景，揭示用户体验对移动商务推荐模式的作用机理；其次，根据用户购买决策过程及其感知体验要素，分别阐述推动移动商务推荐服务发展的基于个性化情景的移动商务推荐模式、基于信任的移动商务推荐模式及基于多样性的移动商务推荐模式。

本书可供企业管理人员、高校科研人员和相关专业研究生阅读与参考。

图书在版编目（CIP）数据

基于用户体验的移动商务推荐模式/高长元，杜巍著．—北京：科学出版社，2021.10
ISBN 978-7-03-069950-3

Ⅰ．①基⋯　Ⅱ．①高⋯　②杜⋯　Ⅲ．①电子商务-研究　Ⅳ．①F713.36

中国版本图书馆 CIP 数据核字（2021）第 199064 号

责任编辑：邓　娴／责任校对：贾娜娜
责任印制：张　伟／封面设计：无极书装

科学出版社 出版
北京东黄城根北街 16 号
邮政编码：100717
http://www.sciencep.com
北京捷迅佳彩印刷有限公司 印刷
科学出版社发行　各地新华书店经销

*

2021 年 10 月第 一 版　　开本：720×1000　1/16
2021 年 10 月第一次印刷　　印张：11 1/2
字数：232 000
定价：106.00 元
（如有印装质量问题，我社负责调换）

前　　言

　　随着电子商务发展步伐的不断加快，传统商务活动的工作模式也发生了深刻的变革。进入 21 世纪后，电子商务充分利用互联网技术、信息技术及通信技术，打造了以互联网为基础的全新商业模式，使得国与国之间、企业与企业之间、企业与个人之间越来越多地采用电子商务方式进行丰富的商务活动，电子商务的快速发展，加速了经济全球化的进程，给全球的商务活动带来巨大的影响。

　　目前，由于移动通信技术的发展与智能移动设备的普及，用户迫切地希望能够在移动过程中及时、有效地从移动互联网中获取满足其个性化需求的信息和服务，电子商务开始进入各种移动终端设备中，移动商务（mobile commerce，MC）应运而生并迅速发展。但是，信息技术的快速发展及信息内容的日益增加，加之移动设备处理信息的能力仍有限，使得人们通过移动网络获取有价值的信息变得愈发困难，导致移动网络订单转化率和移动商务用户体验受到严重影响。为了有效解决"移动商务信息"过载问题，移动推荐系统进入了人们的视野，成为缓解此问题的有效手段，受到广泛关注。

　　目前在移动商务推荐服务研究中，主要集中于推荐算法的优化研究，缺乏以用户为中心的移动商务推荐研究。针对这一问题，本书以用户体验为视角，基于技术接受理论模型确定影响用户对移动商务推荐服务做出决策行为的体验要素，在揭示用户体验对移动商务推荐模式的作用机理的基础上，提出基于用户体验的移动商务推荐模式，从而更好地满足移动商务用户即时个性化需求，提升用户购物体验感，同时对促进我国移动商务的进一步发展和有效提高企业竞争力具有重要的理论价值与实践意义。

　　全书共分为 5 章。第 1 章是全书的基础，介绍了移动商务、个性化推荐等基本概念，对国内外的移动商务、个性化推荐技术、移动推荐研究的现状进行总结。基于目前移动商务推荐研究主要集中于推荐算法的优化研究，缺乏以用户为中心的移动电商推荐研究，本书提出基于用户体验的移动商务推荐模式。第 2 章基于对消费者决策行为理论、用户体验理论和技术接受理论的分析，建立用户体验与移动商务推荐模式关系模型，确定影响移动商务用户使用推荐系统进行购物决策的感知体验因素及其与推荐服务的关系，依据用户决策行为过程及其相关体验因素，分别从个性化情景、信任与多样性三个层面建立用户决策过程三个体验阶段的推荐模式，依据用户体验三个阶段设计基于用户体验的移动商务推荐模式总体框架。第 3 章根据移动商务环境的特点，构建移动商务环境下的情景模型；结合个性化情景内涵及情景要素模型，运用训练集方法建立用户个性化情景；基于情景预过滤理论，设计基于个性化情景的移动商务推荐模式（简称个性化情景推荐模式）。第 4 章以个性化情景确定方式为基础，融合社会网络与信任机制，分别从富信任信息环境及稀疏信任信息环境两个维度入手，设计基于信任的移动商务推荐模式（简称信任推荐模式）。第 5 章在个性化情景推荐模式及信任推荐模式基础上，通过长尾理论分析移动商务推荐用户的多样化需求，构建基于多样性的移动商务推荐模式（简称多样性推荐模式）总体框架，在此模式的实现过程中，采取在推荐候选集合中，通过引入新鲜度因子来调节推荐结果准确性、多样性及新颖性之间的平衡，从而满足用户多样化需求的目的。

  本书由高长元负责全书体系设计和统稿，并负责第 3 章的撰写（共计 2.4 万字），杜巍负责第 1 章、第 2 章、第 4 章、第 5 章的撰写（共计 19.2 万字）。同时，本书的出版得到科学出版社和诸多学者、专家的支持与帮助，在此向他们表示衷心的感谢，也向参考文献的作者表示衷心的感谢。由于水平有限，书中难免有不妥之处，恳请广大读者批评指正。

目　　录

第1章　移动商务推荐系统概述 ·· 1
1.1　移动商务及发展 ··· 1
1.2　个性化推荐系统 ··· 20
1.3　移动商务推荐系统 ··· 45
1.4　本章小结 ··· 52
参考文献 ·· 53

第2章　基于用户体验的移动商务用户购买决策行为产生机理与推荐模式架构 ········ 61
2.1　消费者决策行为理论 ··· 61
2.2　用户体验理论 ··· 71
2.3　技术接受理论 ··· 78
2.4　基于消费者决策行为理论的移动商务用户购买决策过程 ······················· 84
2.5　基于TAM的用户体验与移动商务推荐模式关系 ······························· 89
2.6　基于用户体验的移动商务推荐模式架构 ····································· 102
2.7　本章小结 ··· 104
参考文献 ·· 105

第3章　基于个性化情景的移动商务推荐模式 ······································ 110
3.1　个性化情景内涵 ··· 110
3.2　基于个性化情景的移动商务推荐模式构建 ··································· 117
3.3　基于个性化情景的移动商务推荐模式适用条件 ······························· 123
3.4　基于个性化情景的移动商务推荐模式验证 ··································· 123
3.5　本章小结 ··· 127
参考文献 ·· 128

第4章　基于信任的移动商务推荐模式 ·· 131
4.1　信任的特征及社会网络分析 ··· 131

4.2 基于信任的移动商务推荐模式架构 …………………………………… 142
4.3 基于富信任信息的移动商务推荐模式 ………………………………… 143
4.4 基于稀疏信任信息的移动商务推荐模式 ……………………………… 146
4.5 基于信任的移动商务推荐模式的适用条件 …………………………… 150
4.6 基于信任的移动商务推荐模式验证 …………………………………… 151
4.7 本章小结 ………………………………………………………………… 153
参考文献 ……………………………………………………………………… 153

第5章 基于多样性的移动商务推荐模式 …………………………………… 156
5.1 推荐系统多样性的含义及类型 ………………………………………… 156
5.2 基于多样性的移动商务推荐长尾效应及流程 ………………………… 160
5.3 基于多样性的移动商务推荐模式构建 ………………………………… 165
5.4 基于多样性的移动商务推荐模式的适用条件 ………………………… 167
5.5 基于多样性的移动商务推荐模式验证 ………………………………… 168
5.6 本章小结 ………………………………………………………………… 172
参考文献 ……………………………………………………………………… 172

附录 ……………………………………………………………………………… 175

第1章　移动商务推荐系统概述

1.1　移动商务及发展

1.1.1　商务

随着我国市场经济的不断完善，企业、政府、个人同市场的联系越来越紧密。企业直接面对市场谋求更大的生存和发展空间，政府采购开始采用市场化运作方式，个人消费日趋多样化，商务活动已渗透到社会经济生活的各个领域。因此，本书将商务界定为：以营利为目的的市场经济主体，为了实现商品的交换而开展的一系列经营管理活动的总称。对商务含义的解释，大致可归纳如下：

（1）现代商务主体的多元性，即包括一切以营利为目的的市场经济主体。商务主体涉及企业、政府部门（包括事业单位）、家庭和个人等。

（2）现代商务的实质是商品交换，即通过买卖双方实现商品所有权转移的交换行为。

（3）现代商务的对象或客体是所有的经济资源，包括各种有形商品和无形商品。

（4）商务活动包括采购、生产、销售、商贸磋商、价格比较、经营决策、营销策略、推销促销、公关宣传、售前和售后服务、客户关系、咨询服务等[1]。

1.1.2　电子商务

1. 电子商务的概念

随着电子技术和互联网的发展，电子信息技术作为工具被引入商贸活动中，于是产生了电子商务。但对电子商务概念的界定至今还没有一个较为全面、清晰的定义。国内外学者、企业界人士、组织、政府、机构等，根据自己所处的位置和对电子商务的理解，给出了多种不同的定义。

（1）1997年11月，国际商会在巴黎举行的世界电子商务会议上将电子商务定义为：电子商务是指实现整个贸易过程中各阶段的贸易活动的电子化，从覆盖范围方面可以定义为交易各方以电子交易方式而不是通过当面交换或直接面谈方式进行的任何形式的商业交易；从技术的角度可以定义为电子商务是一种多技术的集合体，包括交换数据［如EDI（electronic data interchange，电子数据交换）、电子邮件］、获得数据（如共享数据库、电子公告牌）及自动捕获数据（如条形码）等。

（2）世界贸易组织（World Trade Organization，WTO）在电子商务专题报告中对电子商务的定义如下：电子商务是通过电信网络进行的生产、营销、销售和流通活动，它不仅指基于互联网的交易，而且指所有利用电子信息技术来解决问题、降低成本、增加价值和创造商机的商务活动，包括通过网络实现原材料查询、采购、产品展示、订购产品、储运及电子支付等一系列的贸易活动。

（3）加拿大电子商务协会给出了电子商务的较为严格的定义："电子商务是通过数字通信进行商品和服务的买卖及资金的转账，它还包括公司之间和公司内部利用E-mail、EDI、文件传输、传真、电视会议、远程计算机联网所能实现的全部功能（如市场营销、金融结算、销售及商务谈判）。"

（4）美国政府在其《全球电子商务纲要》中比较笼统地指出：电子商务是通过互联网进行的各项商务活动，包括广告、交易、支付、服务等活动，全球电子商务将会涉及全球各国。

（5）IBM（International Business Machines Corporation，国际商业机器公司）提出的电子商务概念包括三个部分，即企业内部网（intranet）、企业外部网（extranet）、电子商务（e-commerce）。它所强调的是在网络计算机环境下的商业化应用，不仅仅是硬件和软件的结合，也不仅仅是通常意义下的强调交易的狭义的电子商务，而是把买方、卖方、厂商及其合作伙伴在互联网、企业内部网和企业外部网结合起来的应用。它同时强调这三部分是有层次的：只有先建立良好的内部网，建立比较完善的标准和各种信息基础设施，才能顺利扩展到外部网，最后扩展到电子商务。

（6）惠普公司对电子商务的定义：利用电子化的手段来完成商务贸易活动的一种方式，电子商务使我们能够以电子交易为手段完成产品与服务的交换，是商家与客户之间的联系纽带。它包括两种基本形式：商家之间的电子商务及商家与最终消费者之间的电子商务。

（7）美国权威学者瑞维·卡拉科塔和安德鲁·B.惠斯顿在他们的著作《电子商务的前沿》中指出："广义地说，电子商务是一种现代商业方法。这种方法通过改进产品和服务质量、提供服务传递速度，满足政府、组织、厂商和消费者降低成本的需求。"

（8）中国电子商务专家李琪教授在《电子商务概论》中将电子商务的定义划分为广义和狭义两部分。广义的电子商务指使用各种电子工具从事商务活动。这些工具从初级的电报、电话、广播、电视、传真到计算机、计算机网络，到国家信息基础设施（national information infrastructure，NII）、全球信息基础设施（global information infrastructure，GII）和互联网等现代系统。而商务活动是从泛商品（实物与非实物，商品与非商品化的生产要素等）的需求活动到泛商品的合理、合法的消费除去典型的生产过程后的所有活动。狭义的电子商务指主要利用互联网从事商务活动。电子商务是在技术、经济高度发达的现代社会里，掌握信息技术和商务规则的人系统化地运用电子工具，高效率、低成本地从事以商品交换为中心的各种活动的总称。

（9）中国电子商务专家杨坚争教授在《电子商务基础与应用》中给出电子商务的定义："电子商务指交易当事人或参与人利用现代信息技术和计算机网络（主要是互联网）所进行的各类商业活动，包括货物贸易、服务贸易和知识产权贸易。"

（10）中国电子商务专家王可研究员从过程角度定义电子商务："在计算机与通信网络基础上，利用电子工具实现商业交换和行政作业的全过程。"

（11）中国企业家王新华从应用角度定义：电子商务从本质上讲是一组电子工具在商务过程中的应用，这些工具包括EDI、E-mail、电子公告系统、条形码、图像处理、智能卡等。而应用的前提和基础是完善的现代通信网络和人们思想意识的增强，以及管理体制的转变。

本书综合以上各组织、公司及国内外学者对电子商务的理解，认为电子商务是指交易人利用现代电子工具，参与企业的经营管理和市场贸易等现代商贸活动。这一定义不仅包括了企业外部的业务流程，如网络营销、电子支付、物流配送等，而且包括企业内部的业务流程，如企业资源规划（enterprise resource planning，ERP）、管理信息系统（management information system，MIS）、客户关系管理（customer relationship management，CRM）、供应链管理（software configuration management，SCM）、人力资源管理（human resource management，HRM）、网络市场调研、战略管理（strategic management，SM）及财务管理（financial management，FM）等；不仅包括网上电子商务，而且包括移动电子商务；不仅包括产品的销售过程，而且包括产品的采购过程。

2. 电子商务的特点

（1）商务性。电子商务最基本的特性为商务性，即提供买卖交易的服务、手段和机会。可以说，电子商务是传统商务的一个分支或一种延伸。它的出现会打破传统商务下企业的市场竞争规则和格局，从而为不同规模的企业创造相对平等竞争的机会。就商务性而言，电子商务可以扩展市场，增加客户数量；通过网络，企业可以跟踪客户的每次访问、销售、购买形式和购货动向及客户对商品的偏爱，这样企业就可以通过统计这些数据获知消费者的需求，用于改变自己的经营计划、改进自己的产品和改善自身的服务，更好地满足消费者的需求并拓展市场。

（2）方便性。在电子商务环境中，人们不再受地域的限制，顾客能以非常简捷的方式完成过去较为繁杂的商业活动。例如，通过网络银行能够全天候地存取账户资金、查询信息等，同时使企业对客户的服务质量得以大大提高。

（3）集成性。电子商务是一种新型产物，其中用到了大量新技术，通过协调新老技术，用户能更加行之有效地利用他们已有的资源和技术，更加有效地完成他们的任务。电子商务的集成性，还在于事务处理的整体性和统一性，它能规范事务处理的工作流程，将人工操作和电子信息处理集成为一个不可分割的整体。这样不仅能提高人力和物力的利用率，也提高了系统运行的严密性。

（4）安全性。在电子商务中，安全性是一个至关重要的核心问题，它要求网络能提供一种端到端的安全解决方案，如加密机制、签名机制、安全管理、存取控制、防火墙、防病毒保护等，这与传统的商务活动有着很大的不同。

（5）协调性。商业活动本身是一种协调过程，它需要客户与公司内部、生产商、批发商、零售商间的协调。在电子商务环境中，它更要求银行、配送中心、通信部门、技术服务等多个部门的通力协作，才能保证电子商务的高效率。

3. 电子商务的基本模式

（1）B2B（business to business，企业对企业）模式。B2B是指企业与企业之间进行电子商务，它将企业内部网、B2B平台、客户紧密联系，为客户提供更加高效的服务，从而促进企业的发展。传统企业间的交易往往要耗费企业大量的时间成本、经济成本、机会成本才能最终完成交易，还有库存积压的风险。通过B2B的交易方式可以大大降低这些成本，买卖双方能够在网上完成信息的交流和资金的结算，然后才进行商品的转移。这样的交易流程减少了许多繁杂的事务性工作和管理费用，降低了企业的经营成本和库存风险，提高了企业的经营效率。网络的便利及延伸性也使企业扩大了活动范围，不再局限于本地区或本国范围内，企业发展跨地区、跨国界业务更加方便，成本也更低廉。B2B经过长期的发展，衍生出了三种主要的B2B模式：垂直B2B模式、水平B2B模式和自建B2B模式。

垂直B2B模式主要存在于制造业和商业企业中，可以分为企业的上游和下游两个方向。供应商在上游向企业供应生产原料或商品，企业向下游的经销商卖出商品。垂直B2B模式大部分以企业的网站为中心，可以理解为企业在网上开设的虚拟交易沟通平台，通过网站可以大力宣传自己的产品，促进企业与供应商和经销商之间的交流，用更加直观便利的方法扩大企业规模。

水平B2B模式主要应用于中间交易市场。它是将各个行业中产品关联度较高或者互补性较强的企业集中到同一个网上交易平台中，为企业的采购和销售提供大量的机会。这一类网站的经营者一般既不是供应商也不是经销商，而是提供一个交易的平台，将销售商和采购商汇集在一起，促进企业间的交易。

自建B2B模式多是大型的行业龙头企业搭建的以自身产品供应链为核心的专业化电子商务平台，以提高自身产品的竞争力和影响力。行业龙头企业通过自建的电子商务平台，串联起与企业生产相关的整条产业链，使供应链上下游企业通过该平台实现交流、沟通、交易。

目前，国内大型的B2B平台有淘宝网、慧聪网、敦煌网等，国外大型的B2B平台有Global Sources、Trade key和Tiu.ru等。

（2）B2C（business to customer，企业对客户）模式。B2C即通常所说的网络零售，企业通过互联网为消费者提供一个网上商店，消费者通过网络在网上商店中购物并进行支付。企业、商家可充分利用网上商店提供的网络基础设施、支付平台、安全平台、管理平台等共享资源有效地、低成本地进行商务活动。B2C电子商务主要由商城网站、物流配送、支付系统三个部分组成。B2C目前主要有三种运营模式：以天猫为代表的开放模式、以京东为代表的自营模式、以小米为代表的自产自销模式。

开放模式以天猫商城为代表，天猫提供网络销售平台，卖家可以通过这个平台销售各类经过认证的商品，类似于现实生活中的百货商场，天猫不直接参与买卖任何商品，而是提供"铺位"给商家，但是商家在售卖过程中必须遵守天猫的规定，定期向天猫缴纳一定的费用，天猫负责监督商家的行为，发生违规情况天猫对商家进行处罚。这种模式的优势在于商城的运营方无须担心销售情况，可以由商户自行对市场做出反应并进行调整，同时没有太多的约束条件，扩充性强；缺点是商城的盈利水平偏低，商城基于自身考虑的战略变动还可能引起部分商户的抵制，内部纠纷较多。

自营模式以京东商城为代表，京东商城向上游供应商以批发价购得商品，再在自己的商城中进行零售，通过购销差价来获取利润，类似于现实生活中的家乐福、大润发、欧尚等大型超市，批发各种商品自主经营，自负盈亏。这种模式的优点在于商城的利润较高，并且可以根据市场情况及时对自身发展战略做出调整，内部竞争小，对外辨识度较高；缺点在于风险较大，需要投入大量资金进行采购，门槛较高，产品种类扩充也比较困难，容易与供货商发生矛盾。

自产自销模式以小米为代表，小米销售的产品都是由小米自行设计，并委托代工厂进行生产的。通过小米的官方网站进行销售，企业可以控制产品设计到生产再到销售的整个过程，类似于现实生活中的美特斯邦威、苹果手机等专卖店。

这种模式的优势在于整个产业链都处于可控状态，公司的经营战略可以覆盖产品设计、生产、销售等所有环节，目标利润可以预见，没有供货商的货源限制；缺点在于公司品类扩张困难，前期投入成本较高。

目前，国内大型的 B2C 平台有天猫商城、京东商城、苏宁易购、当当网等，国外大型的 B2C 平台有 Amazon、Newegg 等。

（3）C2C（customer to customer，消费者对消费者）模式。C2C 指的是消费者与消费者之间的网上交易。参与者为个人或小微企业，网络服务提供商利用计算机和网络技术，提供有偿或无偿使用的电子商务平台和交易程序，允许双方在其平台上独立开展以竞价、议价为主的在线交易模式。C2C 模式的交易额相对 B2C 模式来说较小，但渗透率很高。C2C 模式的交易双方一般都是个人，经营规模较小，交易方式灵活，能够降低交易成本，提高购物的便利性。C2C 主要有两种模式，收费模式和免费模式，分别以 eBay 和淘宝网为代表。

收费模式的典型代表是 eBay。网站实行收费策略，主要收取店铺费、交易佣金和广告推荐费用，以网上竞价、一口价及定价销售物美价廉的各式全新和二手商品，并以星级来标注卖家的诚信度。此类模式的优势在于准入门槛较高，可以规避大部分的尝鲜用户和虚假卖家的涌入，同时引入星级机制和第三方的支付平台（PayPal），提高网站交易的成功率，消除买家对于卖家诚信度的担忧，同时网站从成功的交易中抽取佣金，资金流比较平稳，有利于网站发展。

免费模式的典型代表是淘宝网。淘宝网在建立之初为了与 eBay 对抗，采取了免费模式，卖家在淘宝网开店无须店铺费用，准入门槛较低，一时间吸引了大量的卖家入驻。国内消费者习惯讨价还价，喜欢物美价廉的商品，同时对网上交易的保障措施有迫切需求，淘宝网针对这种情况也开发了"支付宝"第三方支付平台和"阿里旺旺"聊天工具，方便买家与卖家的沟通。这种模式的优势在于准入门槛降低，符合中国消费者的使用习惯和本土化的需要，但是在网站发展初期需要大量的资金投入和广告推广，网站维护费用也较高，资金回收周期较长，不适合中小企业开展。

目前，国内最主要的 C2C 平台有淘宝网、拍拍网等，国外主要有 eBay、ioffer 等[2]。

1.1.3 移动商务

随着电子商务日益广泛深入地渗透到生产、流通、消费等各个领域，传统经营管理模式和生产组织形态正在经历深刻的变革。电子商务已经突破国家和地区局限，成为影响全球产业结构调整、资源配置和加速经济全球化进程的重要力量。

抓住机遇,加快发展电子商务,是贯彻落实科学发展观,以信息化带动工业化,以工业化促进信息化,走新型工业化道路的客观要求和必然选择。

近年来,随着互联网技术、信息技术和移动通信技术的成熟,以及经济全球化特别是服务经济的快速发展,以移动性(mobility)、虚拟性(virtualization)、非结构化数据(unstructured data)和个性化(personality)等为主要特征的移动商务成为电子商务发展的新方向。

1. 移动商务的内涵与发展历程

1) 移动商务的内涵

随着移动商务的不断发展,对其理论、方法与应用等方面的研究已经引起国内外学者的广泛关注,并对其进行了深入的分析与探讨,取得了一定的研究成果,但通过阅读相关文献发现,迄今为止,关于移动商务的理解与定义,学术界仍没有一个确切、完整、统一的界定,而是从不同的角度给出了不同的描述[3]。

(1) 移动商务是应用移动通信技术、互联网技术在移动终端设备上进行有经济价值的交易行为。

(2) 移动商务是一种直接或间接的交易行为,这种行为是在无线通信网络引导的基础上进行的。

(3) 移动商务是利用网络与先进的移动通信技术在移动终端设备上进行的各种具有经济价值的商务活动。

(4) 移动商务是电子商务的一个子集,它是移动信息技术、互联网技术与货币价值相关交易的有机结合,移动商务的快速发展扩大了电子商务的整个交易市场。

(5) 移动商务是电子商务从固定接入到随时随地访问、从有线到无线的商务形式的延伸。

(6) 移动商务是用户使用无线通信网络与技术在移动终端设备上开展的商务活动,被看作电子商务一种特殊的形式。

(7) 移动商务是基于不同的信息技术与社会经济背景建立起来的人与人之间、人与企业之间的交互式生态系统。

(8) 移动商务是通过无线通信技术和移动终端设备来交换商品或服务信息的一种商务系统。

(9) 移动商务是企业与个人在交互过程中形成的具有一定社会经济、政治、文化背景和技术基础的生态系统。

(10) 移动商务是企业应用移动互联网等移动信息技术进行的通信、协调和管理。

(11) 移动商务是一个更加宽泛的概念,除了商务处理外,还涉及多种多样的服务信息的交换。

（12）移动商务是一种新型的商务模式，它通过位置独立的连通性，借助无线网络技术与移动设备，服务于交易、消费等领域。

综合各类观点，本书将移动商务定义为：移动商务就是利用手机、iPad 及便携式计算机等无线终端进行的 B2B、B2C 或 C2C 的电子商务。它将互联网、移动通信技术及其他信息处理技术相结合，用户可以随时随地进行各种商务活动，实现实时线上线下的购物、交易及各种相关的综合服务活动等。

对移动商务的定义，可以从以下几个方面理解其内涵：

（1）从用户角度来看，目前，移动商务主要以移动信息服务模式进行商务活动，人们可以随时随地使用移动终端设备在网上查询或购买娱乐及服务信息内容（包括电影、游戏、票务预订等），既方便快捷，又省时省力，移动商务就是给消费者更多方便的商业体验。

（2）从技术角度来看，它是建立在无线通信技术平台基础上，利用手机等移动设备与企业后台连接，进而进行电子商务活动的一种新型业务模式，由此可见，移动商务实现了技术与企业管理模式的双重创新。

（3）从商务角度来看，它是在电子商务基础上利用计算机通信网络、移动通信技术等电子方式实现商品和服务交易的一种新电子商务模式。由于移动商务中用户的可识别性，其服务信息可随时随地、准确地被送达用户终端，直接与用户进行沟通，增强了用户获取信息的及时性，使用户最大限度地在移动商务空间中进行交易活动。

2）移动商务的发展历程

回顾移动商务发展的历程，它已经随着移动通信网络技术和移动终端技术的发展，经历了三代技术的变革。

第一代移动电子商务系统是以短信为基础进行活动的。它存在的最严重的问题是它的实时性不好，无法得到快速的响应。另外，短信信息长度的局限性也造成一些查询不能获得一个全面的答案。这不仅使得顾客没有耐心，也使得工作人员任务繁忙，一致请求对该系统升级换代。

第二代移动电子商务系统是以无线应用协议网（wireless application protocol，WAP）技术为基础的，使得手机可以通过浏览器访问 WAP 网页，以此来查询信息。这虽然解决了第一代移动电子商务技术的一些问题，但是其也存在重大的缺陷，即与 WAP 网页的交流互动效果不好，在很大程度上限制了移动电子商务系统的灵活性与便捷性。另外，WAP 的加密认证协议存在安全隐患。因此安全与交互问题使得第二代移动电子商务技术无法满足顾客的需求。

第三代移动电子商务系统则将 3G（3rd-generation，第三代移动通信技术）移动技术、智能移动终端、虚拟专用网络（virtual private network，VPN）、数据库同步、身份认证等多种移动通信、信息处理及计算机网络的前沿技术进行了有机的融合,基于专网与无线通信技术,在很大程度上提高了系统的安全性与交互能力,使得移动商务技术得到了客户与工作人员的认可,促进了移动商务的推广[4]。

2. 移动商务的特征

经过无数的技术创新,电子商务在发展过程中适应应用环境的变化能力也在不断地提升。近年来,随着互联网技术、信息技术和移动通信技术的成熟,以及经济全球化特别是服务经济的快速发展,以移动性、虚拟性、非结构化数据、个性化等为主要特征的移动商务成为电子商务发展的新方向。移动商务的出现,为来自精确营销、比较购物、动态供应链和实时优化配送等方面的迫切需求提供了前所未有的机遇。

移动商务不仅仅是电子商务的简单扩展,相对于电子商务,移动商务具有明显优势,主要体现在以下几个方面:

(1)开放性与包容性。移动电子商务采用的是无线接入方式,消费者可以更方便快速地接入网络世界,使网络范围具有更大的开放性;而且一些网络虚拟功能更具有现实的实用性,因此也更具有包容性。

(2)商务广泛性。相对于电子商务,移动商务用户可随时随地通过移动设备进行商业交互活动,如商务洽谈、股票买卖、移动旅游、短信支付等。

(3)服务个性化。移动商务可根据用户需求及偏好为用户提供定制化服务和信息,此外,还可根据需要提供灵活的访问方式及支付方式,总之,移动商务为个性化服务的提供创造了良好的条件。

(4)随时随地访问性。移动商务有别于电子商务的最明显的特征就是其信息访问活动可以随时、随地、随意进行,移动商务的便利性在使消费者获得舒适体验的同时,提高了用户的忠诚度。

(5)可识别性。与 PC(personal computer,个人电脑)的匿名接入不同的是,手机号码的实名制,智能卡与手机用户的身份证绑定,使得消费者身份的识别和确认越来越容易,手机号码在一定程度上代表着消费者及其消费能力,移动智能终端的号码成为消费者及其信用能力的商业符号,在此基础上开展移动交易、移动支付等活动,为移动商务提供了信用认证的基础。

(6)位置相关性。移动商务可采用定位技术获取用户位置信息,进而向用户提供与其位置相关的服务,如移动商务用户位置附近的酒店、景点、路况信息等。位置相关性特征给移动商务带来电子商务无可比拟的优势,该技术可以促使移动商务提供商更好地与用户进行信息交互活动。

(7)交流互动性。与桌面计算环境相比,移动计算环境所提供的交易、通信和服务具有快捷性和高度的交互性。例如,在客户支持和服务交付的业务中,需要一种高度交互性，这类业务在移动商务环境中可能会找到一种高附加值要素。

（8）信息即时性。移动商务系统在接收到用户发出的服务需求后，采用专用的服务器进行处理，通常在几秒内即可完成信息接收与发送，这是其他方式不可比拟的，移动商务的出现使用户迫切地希望在移动环境中能及时准确地获得满足需求的服务的愿望得以实现。

（9）移动商务领域更容易实现技术创新。由于移动商务更具多元化，因而在此领域内很容易产生新的技术。随着我国 3G、4G（the 4th generation mobile communication technology，第四代移动通信技术）移动网络的广泛应用与 5G（5th generation mobile networks，第五代移动通信技术）移动网络的研发，这些新兴技术能转化成更好的产品或服务。因此，移动商务领域将会在技术创新方面收获颇丰。

总之，移动商务可实现互联网技术、移动通信技术及移动设备的有机融合，根据用户需求与偏好为其提供更有针对性的个性化服务。

3. 移动商务的商业模式

1）O2O 模式

O2O（online to offline，在线离线/线上到线下）模式，是顺应移动商务发展趋势而产生的一种立足于本地生活服务的电子商务模式。O2O 的本质就是将线上潜在的有消费需求的消费者带到线下的实体店中去，消费者采用移动支付的方式购买线下的商品或服务，再到实体店中领取物品或享受服务。实体店通过 O2O 应用在线提供打折、团购、优惠券等信息服务，把线下的信息推送给线上的用户，吸引用户消费，从而将他们转化为线下实实在在的消费客户。

O2O 模式包含三个参与者：消费者、O2O 应用平台及线下的商家，三方通过 O2O 模式，都可以获得自身的价值。对消费者而言，O2O 提供了全面展示商家信息及产品信息的平台，能够方便快捷地筛选自身需要的商品或服务，并以较低的价格获取。对 O2O 平台提供商来说，O2O 模式可以带来大量的忠实用户，进而能争取到更加丰富的广告收入，增加平台与商家谈判的筹码。掌握庞大的消费者数据资源，且本地化程度较高的 O2O 平台提供商还能为商家提供运营推广、消费数据分析等增值服务来获取利润。对本地商家来说，O2O 模式要求消费者在线进行支付，方便商家对消费者购买数据的统计、分析，合理安排自身业务，调整自身的经营战略，通过线上资源增加的顾客并不会给商家增加太多的成本，反而会带来更多的利润。此外，O2O 模式在一定程度上降低了商家对店铺地理位置的依赖，减少了租金方面的支出，使"酒香"不再怕"巷子深"。O2O 给各方所带来的价值如表 1-1 所示。

表 1-1　O2O 给各方带来的价值

参与者	消费者	商家	O2O 平台
O2O 带来的价值	（1）更有效率地查找目标信息 （2）以优惠的价格享受服务 （3）获得更好的服务体验	（1）吸引更多目标客户 （2）节省经营推广成本 （3）提高经营效率 （4）合理安排库存	（1）增加用户黏性 （2）挖掘用户资源 （3）拓展增值服务

与传统的消费模式不同，在 O2O 平台商业模式中，整个消费过程分为线上和线下两部分。线上平台为消费者提供商品信息、优惠信息、预约服务、在线支付等服务和商品评价分享平台，商品和服务则在线下获取。在 O2O 模式中，按照先后顺序可以将消费者的消费流程分解为五个阶段。

（1）引流。通过广告或优惠信息吸引大量有消费需求的消费者的关注，将线上平台作为消费者获取信息的主要渠道。目前常见的 O2O 平台引流入口有大众点评等点评类应用，百度地图、高德导航等地图类应用和微信、微博等社交类应用。

（2）转化。目标是将被吸引来的潜在消费者转化为真实的消费者，即通过提供商家的详细信息及优惠措施，最终帮助消费者选择线下商户，进行在线支付，完成消费决策，转化率是衡量 O2O 平台效用的关键。

（3）消费。消费者利用支付后获得的验证码，到线下商户换取商品或服务，完成消费。

（4）反馈。消费者将自己的消费体验以图片和文字的方式反馈到线上平台的评论区中，为其他潜在消费者提供参考。线上平台通过梳理和分析消费者的反馈，可以向商家提供改进意见。

（5）存留。线上平台为消费者和本地商户提供沟通的渠道，帮助商家更好地维护客户，使客户变为忠实客户，稳定地增加商家的利润。

通过以上五个阶段，就完成了一个 O2O 的正向循环，交易三方都获得了自身的收益，用户增加了移动商务的使用意愿，使 O2O 平台具有了跨地域、无边界、海量信息、海量用户的优势，同时平台可以对商家的营销效果进行直观的统计和追踪评估，对消费行为进行精确统计，进而吸引更多商家的入驻，扩大平台的影响力，让商家和消费者都真正获得自身所需的个性化信息服务。

2）OTT 模式

OTT 本义是 Over The Top（过顶传球），是篮球运动中的一种术语，指的是越过对方头顶将球传给队友。移动领域的 OTT 模式指的是诸如苹果的 iMessage、Facetime、App Store 及 Skype、微信等借助运营商的网络，提供与语音、短信、视频通话等类似的服务，并且一般只收取少量费用或免费，用户只需花费流量费用就可以使用服务的一种模式。

OTT市场的爆发给移动数据的流量带来了巨大的增长，但使得运营商传统的话务和短信收入增长缓慢，运营商逐渐沦为"管道商"，仅仅提供移动数据的传输通道或者代为扣费等；相比之下，苹果、谷歌、腾讯等应用或平台提供商则通过各种APP将用户划入自己的商务平台中，提供多种服务。

在OTT模式中，流量成为重中之重。以往的电信服务，语言业务是运营商发展的重点，而在移动互联网时代，流量成为一切服务的基础，在虚拟运营商的计费系统中，甚至通话费用和短信费用也是以流量计费的，流量在某种程度上成为一种等价交换物，变成了虚拟的"货币"。流量的付费主体也产生了微妙的变化，原本全部是由用户买单，现在企业为了推广业务而为用户买单，如联通与腾讯联合推出的微信流量包，与搜狐联合推出的搜狐视频流量包，这些流量包只需用户每月支付5元，就可以享受无限量地使用，本质上还是企业为了推广自身的软件而采取为用户付费的策略，增加消费者的使用意愿。这类应用的特征是流量消耗巨大，数据流量的消耗可能影响对价格敏感的消费者的使用意愿，由企业帮用户买单，可以增加用户数量，增强用户黏性，由庞大的用户数量吸引更多第三方商家的入驻，从而扩大自身平台的影响力。

各个移动操作系统的应用商店也是OTT模式的重要组成部分。自从2007年苹果推出了App Store后，各大操作系统纷纷效仿，现在用户下载应用、购买应用、音乐、视频等基于内容的商品都可以在应用商店中完成，运营商只提供了下载的通道，根本无法触及其中的交易过程。各大操作系统自带的应用商店可以说是OTT应用的"大本营"，各类APP为用户提供多种多样，内容极其丰富的应用，用户也愿意为功能强大、体验良好的应用买单。应用商店中还可以获取原本电视上或者广播、音像制品中的音乐和视频，费用低廉，视听效果与传统媒体没有明显区别，还有传统媒体中无法获取的公开课等资源，更加吸引用户的访问，使OTT模式不仅跨过了运营商，也跨越了传统媒体。这种由开发者开发应用，用户下载使用，应用商店与开发者分成的商务模式使得消费者、开发者、应用商店三方都可以各取所需，而运营商则受到冷落。

O2O模式是将线上的消费者带到线下进行实体的消费；与O2O模式相反的是，OTT模式是将线下消费书籍、光盘的客户带到线上，进行线上的消费。笔者认为，在今后基于内容的虚拟商品的消费中，OTT模式将成为主流，而实体的餐饮、实物消费等则采用O2O模式，商家和消费者则通过移动商务的发展彼此沟通，实现共赢。

3）LBS模式

LBS（location based service，基于位置的服务）模式指的是依托移动定位技术，在地理信息系统（geographic information system，GIS）平台的支持下为用户提供相应的增值服务的一种模式。它包括两层含义：一是通过移动设备确定用户所在的地理位置，二是提供与位置相关的各类信息服务。

LBS模式是移动商务特有的服务，没有人会带着沉重的机箱和显示器外出购物，移动终端定位的便利性催生了此种模式。LBS单独应用的话仅仅是确定用户的位置，没有实际的商业价值，但与社交平台和商务平台融合后，则能释放出巨大的能量。

在LBS模式的整个产业链中，由电子地图供应商、GIS平台提供基础的经纬度和定位服务，电信运营商（如中国移动、中国电信）和互联网位置服务提供商（如Foursquare、街旁网、大众点评）则组成了一个位置信息服务平台，用户通过运营商的网络访问应用平台，实现各项功能需求；商家通过平台发布广告等营销信息，同时获取用户的消费信息；第三方应用开发商为平台开发社交、游戏等应用，吸引用户使用，利润由平台和第三方应用开发商进行分成；终端厂商制造终端提供给用户，或由电信运营商对终端进行定制，互联网服务提供商预装自家的应用，抢占移动端的入口，千方百计地让用户更方便地接入整个LBS平台之中。

LBS模式的典型应用是美国的Foursquare，中国的街旁网等。Foursquare是一家基于地理位置信息服务的社交网络服务企业，提供整合位置服务、社交网络、广告平台和游戏平台服务，在此基础上聚拢用户、软件开发者和广告投放企业，创造了一个富有活力的生态系统。

Foursquare创造性地通过LBS模式建立了多种功能来吸引用户，主要有以下几种。

（1）签到（check-in）功能。利用签到功能，用户可以在某一地点进行"签到"操作，Foursquare反馈给用户该地点附近的商铺促销信息、酒店剩余客房、加油站位置等信息，如果用户签到的位置没有收录进数据库中，可以手动添加，逐步完善Foursquare平台，用户每签到一次都将获得积分与勋章形式的奖励。同时，用户可以通过签到功能记录自己的足迹，可以将照片和心情放在事件发生的位置，利用时间和空间将生活串联起来，在地图上记录用户的回忆。该模式的基本特点包括：①用户需要主动签到才可以保存所到过的位置；②通过积分、勋章、成就等方式满足用户的荣誉感，以此鼓励进行签到操作；③通过与商家合作，采用类似网络游戏的方式以用户的积分、勋章等网络资产换取商家的优惠或服务，同时也是对商家口碑的宣传；④通过绑定用户其他社交网络平台，同步分享用户的地理位置信息给用户的好友，以便进行社会化营销；⑤通过积分、勋章奖励鼓励用户对签到地点附近的商店、餐厅等进行评价以产生优质内容，扩大平台的影响力。

该模式的最大挑战在于要培养用户的使用习惯，使用户在每个地点都会自觉地进行签到的操作。而它的商业模式也是显而易见的，可以利用用户分享商家的地理位置，让用户在不知不觉中为商家进行营销与推广。

（2）社交功能。Foursquare 通过整合 Facebook、Twitter 等社交网络平台，用户签到之后，可以将当前位置信息同步更新到社交网络中，方便快捷地与好友分享位置信息和更新内容；用户还可以实时绘制签到路线图，将自己的足迹与好友分享，满足社交的需要。

采用 LBS 模式的微信、陌陌等应用，还可以通过地点交友，以地理位置的远近排列陌生人好友，并且与即时通信服务相融合，构建以地理位置为基础的陌生人社交圈，扩大用户的交友渠道，增加用户使用 LBS 服务的意愿。

（3）游戏功能。可以将游戏与地理位置信息结合起来，让用户利用签到获得的积分购买虚拟的房产或者进行游戏娱乐活动，将现实世界和虚拟世界进行有机的整合。游戏功能使得 Foursquare 更具趣味性、互动性和可玩性，用户会乐此不疲地进行地理位置的共享，比签到模式更具黏性。但是由于需要额外增加游戏开发的支出，对现实中的房产等实物进行 3D 虚拟化设计，开发成本较高，同时，这些游戏大都是由应用开发商提供，监管起来较为困难。在商业方面，除了参考签到功能帮助商家进行营销外，还可提供增值服务，如游戏中提供道具购买、植入广告、与开发者进行收益分成等。

Foursquare 开发的这些功能五花八门，但其目的只有一个，就是吸引消费者和商家的入驻。LBS 模式对于移动商务的意义也在于此，大量消费者的涌入，带来了海量的消费者位置信息，通过分析其分布的时间、地点特征，可以为商家提供顾客购物习惯分析工具，帮助商家了解消费者的习惯，进行针对性的广告投放，以便获得最佳的广告效益，提高商家的利润。商家的利润提高，则能吸引其他未进驻的商家进驻，为消费者带来更多的实惠，构成一个良性的循环。我国由于政策和法律的限制，如《中华人民共和国测绘法》第五十二条规定："违反本法规定，未经批准，擅自建立相对独立的平面坐标系统，或者采用不符合国家标准的基础地理信息数据建立地理信息系统的，给予警告，责令改正，可以并处五十万元以下的罚款；对直接负责的主管人员和其他直接责任人员，依法给予行政处分。"电子地图业务开展的速度不如欧美国家，但目前也在逐步完善的过程中。以用户为中心，积极推进商业模式的创新，是 LBS 服务能取得成功的保障。

4）OTA 模式

OTA（online travel agent，在线旅行社）模式指的是通过互联网在线预订机票、酒店、门票，从而实现一站式旅游服务的商务模式，其在电子商务发展的早期就已经存在，携程、艺龙等公司早已涉足在线旅游市场。在移动商务时代，传统的 OTA 模式正在向移动旅行社（mobile travel agent，MTA）转变，据相关文献对携程、去哪儿等公司的财报统计，移动平台的订单及业务收入已经占据 OTA 市场的 30%~40%，并且增长率远高于 PC 平台。OTA 模式在移动端的开展有着先天的优势，相较于 PC 端更加方便，更加迅速，结合 LBS 模式，能够提供个性化定制的信息服务。

移动商务与在线旅游的结合，可以使旅游产业链为用户提供"一站式"服务，满足游客对食、住、行、游、购、娱等多方面的需求，促进旅游产业链中所有节点的紧密合作，让游客享受到更为舒适惬意的旅游体验。移动商务的 OTA 模式可提供以下服务。

（1）预订服务。预订服务包括酒店预订、出行票务预订和门票预订等，与传统的 OTA 模式相比，移动在线旅游业务可以根据天气、交通等具体情况的变化随时调整行程，对预订进行撤销、变更或重新预订，减少意外情况造成的损失。通过移动商务的支付技术进行旅游预订，也可以保证游客的权益得到保护，在发生纠纷时提供证据支持。

（2）导游服务。传统的导游服务是由专职导游来进行的，游客一般只能跟着导游游览确定的线路，通过导游的介绍了解景区的自然景观和人文历史。现在，移动终端可以大力改善旅游信息不对称的现状，在旅游的全过程中，可以对用户进行实时定位，由景区或者第三方服务商通过移动互联网向游客提供丰富的背景信息，根据游客位置进行实时语音介绍等多媒体信息服务，可以摆脱传统的跟团旅游的束缚，加强游客的代入感，使游客在旅游过程中感受到愉快的氛围。

（3）监督服务。旅游行业作为一个特殊的服务行业，其监管的工作难度很大，强制消费、欺客宰客等新闻屡见不鲜。移动旅游监督服务可以引入淘宝网、大众点评等移动商务平台的评价方式，通过用户的真实感受进行口碑评价，利用 OTA 平台大量游客的反馈，约束旅游服务企业的行为，促进旅游行业透明度的提高[2]。

1.1.4 移动商务与电子商务

1. 电子商务到移动商务的演化

互联网催化的电子商务实质上是信息技术对传统商务活动的一场工具性革命，是一种商务活动的新形式。移动通信技术的发展与智能移动设备的普及，为电子商务向移动商务方向发展提供了更大的空间，相对于电子商务，移动商务在技术特点、商业管理和市场规模方面都对现有的商务环境产生了强烈的冲击。移动商务市场演进过程如图 1-1 所示。

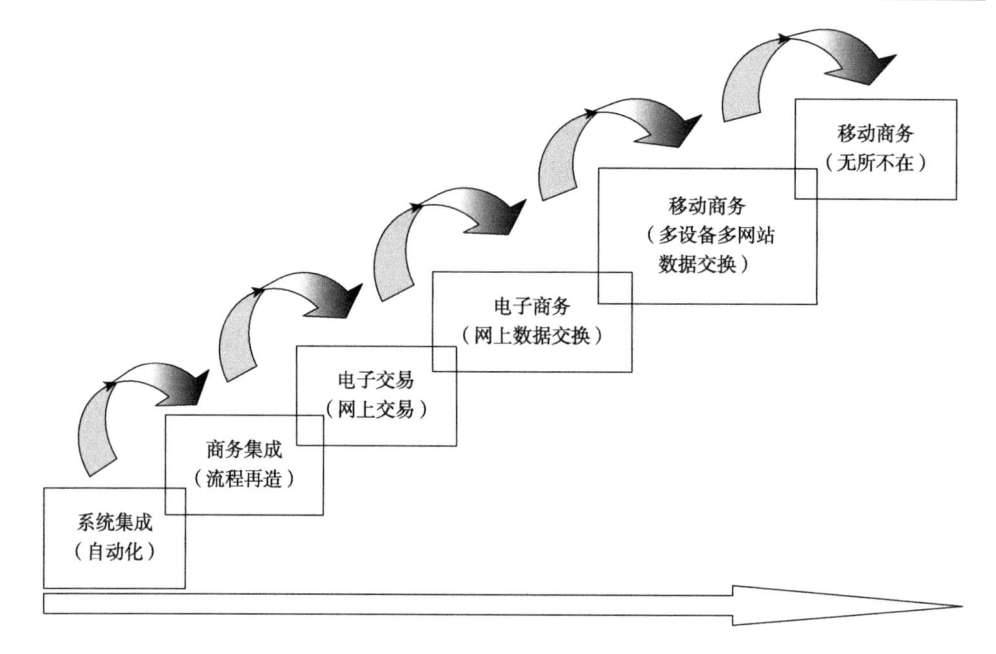

图 1-1 移动商务市场演进过程

在此过程中，前两项的变革仅包括系统集成整合和业务重组，由企业内部全面改组就可以完成，后三项则涉及行业：电子商务影响企业与顾客的互动；电子交易对于供应商与其顾客造成类似的互动效应；移动商务将企业的影响力扩张到世界各地，只要持有移动设备，任何人都可以使用移动商务服务。

电子商务向移动商务的演进可以从技术、管理、经济及发展的角度来表现。

（1）从技术的角度看，电子商务以互联网及其他广域网、局域网等现代化信息手段为工具来进行交易，从而达到提高效率、降低成本的目的，移动商务是依托移动通信网络，使用手机、iPad、笔记本等移动终端设备进行的各种商务信息交互和各类商务活动。而信息技术的发展，使得移动互联网及各种 WAP 技术、二维码技术、短信息服务（short message service，SMS）技术等都广泛应用于移动商务中。

（2）从管理的角度看，电子商务是用电子的方式和技术来组织企业内部、企业之间、企业与消费者之间的相互活动，电子商务的发展使得企业供应链管理战略不断得到重视，而且企业的竞争也逐步从产品的竞争发展为供应链的竞争，供应链成为一种核心竞争资源。移动商务是直接或间接地通过移动平台进行价值创造、传递及实现的过程，从某种程度上说，它使得企业的供应链得到进一步的延伸和拓展，管理效率进一步提高，但同时移动价值链的管理也更复杂。

（3）从经济的角度看，电子商务是一个提供新型产品的新市场，市场活动中的市场主体、产品、过程都不同程度地被电子化。例如，通过数字渠道提供数字产品，网络虚拟化的市场主体等，而且实物产品的销售也会受到数字过程的影响，成为新市场的一部分。数字商务是电子商务的核心，即市场主体、产品和过程全部都是数字化的。而移动商务也具有这一新市场的基本特征，同时在主体、产品和过程等市场要素中体现出位置相关性、随时随地和个性化等特点。

（4）从发展的角度看，电子商务的发展经历了三个主要阶段：一是技术主导阶段，认为使用了电子商务技术就实现了电子商务；二是"鼠标+水泥"阶段，重视电子与传统商务的有效结合，如苹果公司的 i-Pod 商务模式；三是商务创新和变革阶段，体现生产关系要适应生产力的发展这一基本规律，商务模式与电子技术相匹配，不断创新与变革。而移动商务则是电子商务的延伸和发展，并在移动增值服务领域创新出了"移动梦网"等典型的移动商务模式[3]。

2. 移动商务与电子商务比较分析

电子商务通过有线技术进行数据和信息传递及接入互联网，移动商务则通过无线技术和各种移动终端设备进行数据和信息传输及互联网接入。移动商务因其使用技术和实现方式与传统商务和电子商务的不同，在其应用过程中体现出与以往商务模式的较大区别。

为厘清移动商务与电子商务的区别，本书从技术特性、服务特性和商业模式三个方面进行比较。

1）技术特性比较

与电子商务相比，移动商务的通信速度受无线电频谱的限制，带宽有限。但无线通信具有地理定位功能，可以为用户提供基于位置的个性化服务，这给移动商务带来电子商务无可比拟的优势。另外，电子商务兴起于 PC 机的普及，PC 机显示器屏幕大、内存大、处理器快、采用标准键盘，不用考虑电池问题。而移动通信设备则相反，屏幕小、内存小、输入不方便、处理器慢，电池的续航能力较弱，因此，移动商务的信息需简洁明了，不适合处理复杂应用。

2）服务特性比较

首先，移动商务与电子商务的用户群差异较大，而且移动商务的潜在用户群体远远大于电子商务，但这个群体分布不均、文化差异较大，这使得移动商务开发过程中必须更多地处理这种差异。其次，移动商务由于其移动的特性，产生了更多的商业机会，它使得即时即地、更具个性化的服务得以实现。此外，移动商务往往与用户所处情景有关，即用户使用移动商务时所处的时间、地点、状态等，在基于情景的服务中，为用户提供相关的信息服务被认为具有很大的商业价值。

3）商业模式比较

电子商务更强调低成本和无限的网络空间，消除信息不对称，提供无限的免费信息服务。而移动商务更多地针对需求的差异性，以提供差异性的个性化服务来盈利。例如，基于位置的服务变成产生价值的来源。另外，移动商务的商业活动必然要考虑带宽，会有成本，这方面的障碍将随着 5G 通信技术的成熟逐步被消除。

正是移动商务的技术领先性与市场适应性使其创造出明显优于传统电子商务的竞争实力。更具个性化的移动顾客服务、更精准的移动营销方法、更高效的移动办公系统、更快速的移动信息采集与管理、更安全方便的移动支付手段及更丰富的行业应用将为企业创造更高的商业效率。

1.1.5 移动商务的研究进展

国外学者关于移动商务的研究主要表现在以下几个方面。

1. *移动商务理论与发展方面*

Tsalgatidou 和 Veijalaineni[5]对移动商务进行了定义，分析无线通信技术在移动商务中的作用，并探讨了移动网络运营商在移动商务价值链中的核心地位及其相关问题。Varshey 和 Vettey[6]定义了移动商务，并提出了以实现硬件和软件设施为目标的移动商务四层集成框架，推动了移动商务应用的发展。Cyr 等[7]指出移动电子商务不受时间和地域的限制，是运用无线通信技术在移动设备上进行电子商务活动的一种新型商务模式。Wang 和 Liao[8]认为移动商务是通过移动终端设备（如手机、iPad 等）连接无线通信网络进行电子商务交易的商务模式。

2. *移动商务商业模式方面*

Tsalgatidou 和 Pitoura[9]指出无线网络、核心竞争优势等是影响移动商务商业模式的重要因素，基于此，提出以内容提供商、移动网络运营商、服务提供商、移动门户提供商组成的移动商务商业模型。Campanovo 和 Gopal[10]基于目标顾客的不同，提出一种移动商务分类方案，即移动商务可分为 B2B、B2C 两种形式，并结合现状分析了 B2B 和 B2C 业务的发展趋势。Varshney[11]指出移动商务发展需要有与之匹配的移动商务模型，因此，其通过对已有服务模式及当前移动商务用户需求的分析，设计了基于用户情景兴趣的新型移动商务服务模式。

3. *移动商务应用方面*

Wallbaum 和 Dornbusch[12]分析了移动商务用户对位置服务的需求及移动终端

设备的限制，进而对移动商务平台进行设计，以支持位置服务。Fouskas 等[13]指出移动商务将成为电子商务发展的新方向，并通过对相关文献的研究，分析了移动商务未来的发展趋势及主要应用领域，即移动信息服务、移动娱乐、移动学习等，为进一步的研究指明了方向。Donner 和 Tellez[14]指出移动支付与手机银行是典型的移动电子商务应用，通过对其服务的研究，构建了三种信任模型，并给出了未来移动银行的两大主要业务的研究方向。

国内学者关于移动商务的研究主要表现在以下几个方面。

1. 移动商务概述性研究方面

曹淑荣等[15]对影响我国移动商务发展的四个因素进行了分析，基于此提出了相应地改进策略，以促进其健康持续的发展。杨云等[16]从 3G 技术角度出发，探讨其对移动商务的影响以及目前移动商务发展的机遇和挑战，并给出了相应的对策及建议，以促进移动商务快速健康的发展。杨帆[2]通过对移动商务内涵、特点、分类等方面的概述性研究，分析其发展现状及存在的问题，并提出解决方案。

2. 移动商务服务模式研究方面

张向国和吴应良[17]在分析移动商务商业模式特征基础上，运用价值网的理论与方法，构建基于价值网的移动商务生态体系模型，以期为用户提供更好的服务，满足用户需求，增强企业竞争力。叶郁和吴清烈[18]以移动商务价值链与商业模式为主体，分析了移动商务的内容提供商模式、移动接入商模式、WAP 网关提供商模式和服务提供商模式的特征、优势、营利能力及未来的趋势。王燕和高玉飞[19]通过对移动商务价值链和商务模式的分析，将移动商务商业模式分为移动工作者支持、广告、销售、通信及信息服务五种模式，并对这五种商业模式的利润实现方式及运作过程进行了深入的研究。张千帆和梅娟[20]从网络运营商的角度分析了通道式、开放式、半开放式、封闭式四种移动商务商业模式的特点及营利能力，为企业更好地开展移动商务活动提供了决策依据。随着移动商务时代的到来，位置服务无处不在，其信息服务蕴藏着巨大的商业价值，因此，罗巍[21]从位置服务的角度，设计了移动商务新模式。强学刚[22]运用产业链理论、核心竞争力、商业模式理论，提出了由组织、运营、业务、盈利组成的，符合我国市场需求的手机支付商业模式。

3. 移动商务应用研究方面

潘旭[23]以短消息支付平台为例，分析其移动小额支付平台的问题，提出相应的解决方案，并应用于移动 B2C 的小额支付平台。沈祥[24]通过研究移动商务用户对移动广告态度的影响因素，提出用户移动广告态度模型，并实证研究了此模型的有效性与可行性。田华和王光[25]深入研究了作为移动商务主要应用之一的手机订票服务的切实可行的应用方式，提出订票服务可采用手机话费直冲、运营商支付平台支付、手机银行等形式；而取票方式可采用人工打印、自助终端打印及条码电子票三种方式。

目前，国内外学者关于移动商务的理论、模式及应用现状等问题已经做了详细、系统的论述，但是本书认为关于移动商务的研究还有待进一步深入。

（1）与国外研究成果相比，国内移动商务的研究尚处于起步阶段，尽管近年来国内学者从不同角度对其进行深入的分析，移动商务的相关研究成果总体上呈现不断上升的趋势，但仍没有形成完整的理论和科学的方法体系，使移动商务在实际执行过程中缺乏科学理论指导，特别是在具体实施方面缺少有效理论依据和思想方法支撑。

（2）现有的移动商务相关研究缺乏对消费者的关注，国内外学者主要从价值链的角度研究移动商务的商业模式，而移动商务的快速发展需要更深入地了解用户需求及购买行为，移动商务用户在进行网络购物时，用户对信息技术各项功能的体验影响了用户的真实决策购买行为的发生，因此，在服务过程中引入用户体验设计，才能更精准地为用户提供相应的定制化服务。

1.2 个性化推荐系统

1.2.1 个性化推荐系统概述

随着社会经济与电子商务的高速发展，快节奏的生活使得便捷、高效、低成本的网上购物成为众多消费者的首要选择。商家数量和产品服务的种类随着移动互联网的普及变得日益庞大，消费者在琳琅满目的商品信息中找到自己满意的产品服务变得更加困难，且众多商品信息使得消费者很难做出明智的决定。在网络环境下，用户主要通过搜索引擎（search engine）和推荐系统（recommendation system）等多种途径获取信息，如百度、Google及360搜索等主动获取需求信息的搜索引擎已经被大家熟知。与搜索引擎主动搜索需要的信息不同，推荐系统是在用户浏览网站时，根据用户的行为轨迹、购买历史等信息，为用户推荐一些可能迎合他们兴趣偏好的个性化产品与服务，协助用户快速找到自己需要的产品与服务，完成购买，此方式可以在很大程度上帮助商家和平台精准地吸引顾客，提升商品与服务的购买转化率，提高商家与平台的市场竞争力。

1. 个性化推荐系统的概念

个性化推荐系统（personalized recommender system）有多种定义，而目前被广泛认可和采用的主要有形式化和非形式化定义这两种。

Adomavicius 和 Tuzhilin 在 2005 年给出了个性化推荐系统的形式化定义：假设 U 是所有用户的集合，I 是所有可能被推荐项目的集合，如旅游景点、书籍、电影、餐馆等。假设 F 是项目 i 对用户 u 的效用函数，即 $F: U \times I \rightarrow R$，其中 R 指最终得到的项目对用户的效用结果值，是一组非负整数集或者确定范围内的实数集。则信息推荐就是指，对于任意用户 $u \in U$ 找到一个（多个）项目 $i \in I$，使得 i 对用户 u 的效用最大化，即

$$\forall u \in U, I'_u = \arg\max_{i \in I} F(u,i) \tag{1-1}$$

用户 U 集合中的用户由用户文档（user's profile）或者称作用户模型来定义。用户文档包含用户的许多特征，如姓名、性别、年龄、收入、地位等。在最简单的例子里，用户文档可能只包含一个用来标识用户的特征，如用户编号（user ID）。同样地，项目集合中的项目由项目文档（item's profile）来定义，也由一组特征组成。例如，在电影 MovieLens 推荐系统中，项目（即电影）由电影编号、电影名称、电影类别、导演、发行时间、主演等组成。

在个性化推荐系统中，项目对用户的效用通常表现为用户对项目的评价，而用户对项目的评价主要是用评分（rating）表示，即评分代表用户对项目的喜爱程度。评分有多种方式，如五分制、七分制。五分制共有 0~5 个评分，即 $1 \leq \text{rating} \leq 5$。一般来说，分数越高，对该项目的认可度越高。"1" 表示用户对该项目很不满意，"5" 表示用户对该项目很满意。同样地，在七分制中，"1" 表示用户对该项目很不满意，"7" 表示用户对该项目很满意。电影推荐系统采用的是五分制评分标准，如表 1-2 所示。

表 1-2 MovieLens 推荐系统的用户—项目评分矩阵

用户	Notorious	Chicago	Memento	K-PAX
Grace	4	1	ϕ	1
Marry	ϕ	5	5	5
Jack	3	1	ϕ	2

用户对看过的电影进行评分，Marry 给电影 "Memento" 的评分是 "5"，那么表示 Marry 非常喜欢电影 "Memento"。ϕ 表示用户没有对该项目进行评分，也有的推荐系统用 "0" 表示用户没有对该项目进行评分。信息推荐系统的目的是要对用户没有评分的项目预测用户对其的可能评分，并基于这些预测对用户给出最终

的推荐结果。当预测出所有的用户对项目的可能评分之后，推荐系统选择最高评分的项目或者评分值排在最前面的 n 个项目推荐给用户。

同时，对于非形式化定义而言，目前被广泛引用的是 Resnick 和 Varian[26]在 1997 年给出的定义，即："模拟销售人员，电子商务网站向用户提供商品信息和建议，帮助用户决策并完成购买过程。"个性化推荐是根据用户的兴趣特点和购买行为，向用户推荐用户感兴趣的信息和商品。推荐有三个组成要素，即推荐候选对象、用户、推荐方法。个性化推荐系统一般性通用流程如图 1-2 所示。用户可以向推荐系统主动提供个人偏好信息或推荐需求，或者用户不提供，而是推荐系统主动采集。个性化推荐系统可以使用不同的推荐策略进行推荐，如将采集到的个性化信息和对象数据进行计算得到推荐结果，或者直接基于已建模的知识数据库进行推荐。个性化推荐系统将推荐结果返回给用户使用。

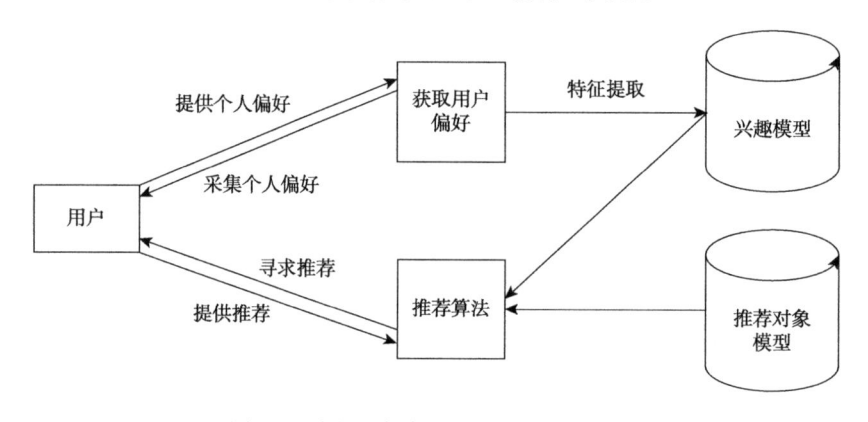

图 1-2 个性化推荐系统一般性通用流程

2. 个性化推荐系统的作用

根据国内外学者的研究，个性化推荐系统的受益方主要是网站商家与用户两方面。个性化推荐系统在帮助用户转变需求的同时，也为商家的产品提供更好的宣传，还为用户在面临信息过载问题时提供更有效的解决办法。

（1）个性化推荐能够提高用户的消费能力。对于大部分用户来说，通过互联网除了使用搜索引擎搜索或检索自己需要的信息，更多的是随便浏览，很多时候并没有明确的目的或者对自己需要的商品缺乏相关的专业知识和了解，特别是在海量信息中去挑选自己想要的信息、商品或者服务是需要消耗很多精力和时间的，因此，在这种背景下，个性化的信息推荐服务在一定程度上能够引起用户的兴趣，从而将一个没有购买目的的用户变为购买者，进而引起了用户的消费欲望。

（2）个性化推荐系统能够丰富商品信息展示途径，促进相关产品的组合交叉销售。受用户习惯、生活环境等因素影响，用户的商品服务购买行为会出现固定组合，如尿布与啤酒等。当这样的高频需求出现后，在以后的购买行为中，商家便可以根据商品组合数据安排产品展示规则，增加商品展示途径。同时还可以向用户推荐商品组合中其他关联产品，使用交叉销售的方式丰富营销手段，提高产品销量。

（3）个性化推荐系统降低用户决策成本，提高用户忠诚度。随着用户兴趣偏好数据的累计，个性化推荐系统帮助用户有效地改善了购买质量，既节省了用户的时间，又节省了购买成本，并提高了用户决策的质量，同时提升了用户的使用感受与体验，从而提高了用户忠诚度。

1.2.2 个性化推荐算法

推荐算法模块是推荐系统中的关键部分，使用不同的推荐算法最后得到的推荐结果可能就会不同，而且在不同的场景也需要选取合适的算法来进行推荐处理。目前常见的个性化推荐算法主要有基于内容（content-based）的推荐、协同过滤（collaborative filtering，CF）推荐、基于知识（knowledge-based）的推荐、基于关联规则（association rule-based）的推荐和混合（hybrid）推荐算法等。

1. 基于内容的推荐

基于内容的推荐算法根据项目的内容特征和用户偏好之间的相关性向用户推荐信息。在基于内容的推荐系统中，项目 i 对用户 u 的效用值 $F(u,i)$ 是在与项目 i 相似的项目 j 对用户 u 的效用值 $F(u,j)$ 的基础上计算出来的。例如，在电影推荐系统中，为了向用户 u 推荐电影，基于内容的推荐系统首先了解用户 u 以前评分很高的电影之间的共同之处（如导演、演员、电影类别、主题等）；其次，基于内容的推荐系统只推荐那些与用户以前爱好很相似的电影。

基于内容的推荐算法依据"同一用户感兴趣的项目应彼此相似"的基本假设。它为项目赋予描述内容的特征值，在利用历史评分了解用户兴趣后，通过基于特征值的分类算法预测与用户兴趣吻合的项目。通过比较项目特征文档和用户文档，推荐与用户兴趣相似的项目。基于内容的推荐算法首先要构建用户文档。构建用户文档目前还没有一个统一的标准，一般来说，可以分为基于兴趣的用户文档和基于行为的用户文档。基于兴趣的用户文档可以表示为权重向量文档、类型层次文档、加权语义网络文档等。基于行为的用户文档主要表示为用户的浏览模式或者访问模式。具体实现的时候，可以灵活使用各种方法，构建用户文档。

基于内容的推荐算法起源于信息检索技术。信息检索技术主要是对文本信息进行应用，因此，基于内容的推荐系统也主要是对文本信息进行推荐，如网页、新闻等，而对于音频和视频等多媒体资源来说，应用基于内容的推荐系统是一件困难的事情。对于文档资源来说，基于内容的推荐算法就是从文档本身抽取信息来表示文档。对于文档来说，关键问题是特征抽取，即关键字抽取。关键字抽取要达到两个目标：一是选取最好的词；二是选取的词最少。对中文文档，需要先对文档进行词的切分，在切分的同时，利用停用词列表（stop word list），从文档关键字集中除去停用词。在完成词的切分后，运用齐普夫定律除去文档中出现次数过少和过多的词。完成文档关键字选取后，还需要计算每个关键字的权重，使用最广泛的是 TF-IDF 方法。TF（term frequency，词频）表示该关键字在文档中出现的次数，IDF（inverse document frequency，逆向文档率）表示 log（所有文档数/包含该关键字的文档数）。

基于内容的推荐算法通过研究用户以前给过评分的项目的特征来预测用户可能感兴趣的项目，本书称之为"项目与项目之间的相关度"。假设 content(i) 是一个项目文档（profile），项目文档是由一组项目的内容特征值构成的。这些特征值是从项目的内容中抽象并提取出来的。本书探讨的基于内容的推荐系统主要是对文本型项目进行推荐，而文本型项目的内容特征主要用关键字来描述。

假设共有 n 个关键字，关键字 k_s 在项目（文本型项目）i 中的重要性由权重 w_{si} 来表示。有多种方法可以确定 w_{si} 的值，本书采用信息检索领域的 TF-IDF 方法来计算 w_{si}，方法如下：假设将被推荐的项目是 N 个文本型项目，关键字 k_s 在 n_s 个项目出现，f_{si} 为关键字 k_s 在项目 i 中出现的次数，则关键字 k_s 在项目 i 中的 TF 的计算方法为

$$\mathrm{TF}_{si} = \frac{f_{si}}{\max_z f_{zi}} \tag{1-2}$$

其中，$\max_z f_{zi}$ 为在项目 i 中出现过的所有的关键字 k_z 出现次数的最大值。

然而，在不同项目中出现相同的关键字并不意味着这些项目一定很相关或者不相关。因此，一般基于内容的推荐系统联合 IDF 与 TF 来共同分析项目的相关性。关键字 k_s 的 IDF_s 的计算方法为

$$\mathrm{IDF}_s = \log \frac{N}{n_s} \tag{1-3}$$

则关键字 k_s 在项目 i 中的 TF-IDF 权重为

$$w_{si} = \mathrm{TF}_{si} \times \mathrm{IDF}_s \tag{1-4}$$

因此，项目 i 可以定义成一组权重向量：**content**$(i) = (w_{1i}, w_{2i}, \cdots, w_{si}, \cdots, w_{ni})$，其中，$w_{si}$ 表示关键字 k_s 在项目 i 中的 TF-IDF 权重。

基于内容的推荐系统向用户推荐那些与用户过去喜爱的项目相似的项目，通过将多个候选项目与用户以前评分过的项目进行比较，与之最相符的项目将会得

到推荐。用户文档包含了有关用户爱好、用户品味、用户需求等重要信息。用户文档可以直接从用户处进行分析获得，如通过一些问卷调查；也可以间接从用户的交易行为中获得。本书用 contentbasedprofile(u) 表示基于内容的用户文档。使用信息检索领域的关键字分析工具了解用户以前评分过的项目的内容特征，可以得到此模型。例如，**contentbasedprofile**(u)可以定义为一组权重向量：

$$\text{contentbasedprofile}(u) = (w_{1u}, w_{2u}, \cdots, w_{su}, \cdots, w_{nu}) \quad (1\text{-}5)$$

其中，w_{su} 表示关键字 k_s 对于用户 u 的重要性（权重），可以通过机器学习的方法获得。

在基于内容的推荐系统中，项目对用户的效用值可以用式（1-6）表示：

$$F(u,i) = F(\text{contentbasedprofile}(u), \text{content}(i)) \quad (1\text{-}6)$$

正如本书前面所述，基于内容的用户文档 **contentbasedprofile**(u) 及项目文档 **content**(i) 可以用权重向量来表示，那么，我们分别用权重向量 $\overrightarrow{w_u}$ 与 $\overrightarrow{w_i}$ 来代表用户文档与项目文档，可以通过比较权重向量的相似性来比较用户文档与项目文档在内容上的相似性，而向量的相似性可以通过计算向量之间的夹角大小来比较，夹角越小（余弦值越大），相似性越大。因此，本书使用向量夹角的余弦值来计算项目给用户带来的效用值（即项目文档与用户文档的相似度），具体计算公式如下：

$$F(u,i) = \cos\left(\overrightarrow{w_u}, \overrightarrow{w_i}\right) = \frac{\overrightarrow{w_u} \cdot \overrightarrow{w_i}}{\|\overrightarrow{w_u}\|_2 \times \|\overrightarrow{w_i}\|} = \frac{\sum_{k=1}^{m} w_{k,u} w_{k,i}}{\sqrt{\sum_{k=1}^{m} w_{k,u}^2} \sqrt{\sum_{k=1}^{m} w_{k,i}^2}} \quad (1\text{-}7)$$

其中，m 为用户文档与项目文档中共同包含的关键字的数目。通过式（1-7），可以计算出每个项目对目标用户的效用值，然后根据效用值的大小向用户推荐效用值最大（或者效用值排前几位）的项目。

2. 协同过滤推荐

协同过滤推荐算法是目前应用最广泛，也是最成功的信息推荐算法。协同过滤最早是由 Goldberg 等[27]在关于 Tapestry 设计及其状态的研究报告中正式提出来的。Goldberg 等设计了一个信息推荐系统——Tapestry 系统，该系统的功能主要是为用户过滤掉用户不喜欢的垃圾邮件，只留下对用户有用的邮件。Goldberg 等认为通过记录用户对所看过文档（邮件）的反应（喜欢还是不喜欢），Tapestry 系统可以协同各用户的反应信息，运用相关算法，开展信息推荐。协同过滤推荐领域的另一个开创性的工作发生在 1996 年，美国明尼苏达大学（The University of Minnesota）的科研人员应用协同过滤推荐算法构建了推荐电影的 MovieLens 电影推荐系统,并发布到网上(http://movielens.umn.edu)。之后,协同过滤算法进入快速发展的阶段,获得了巨大的成功,得到了广泛的应用,涌现了多个使用协同过滤算法开展推荐的网站。

事实上,协同过滤算法的原理来源于人们的日常生活。例如,人们购物之前,常常会向和自己兴趣比较相似的朋友咨询意见,请他们推荐偏好的各种商品。因此,协同过滤算法是依据"相似用户具有相似兴趣"的基本假设来开展信息推荐的。首先,它利用用户对项目的历史评价(评分)计算与目标用户相似的"最近邻";其次,依据"最近邻"对项目的评价(评分),预测目标用户对各项目的评价(评分),并按照预测的结果进行推荐。"最近邻"是信息推荐中的一种说法,是指与目标用户(或项目等)足够相似的一个或者多个用户(项目)。

协同过滤推荐算法又分为基于用户的协同过滤推荐算法、基于项目的协同过滤推荐算法及基于模型的协同过滤推荐算法。

1)基于用户的协同过滤推荐算法

该类算法根据用户对产品的评分,计算用户间的相似性并以构建的相似性矩阵为依据,估计预测评分,为用户推荐兴趣度较高的产品,用户评分数据可以表示为一个 $n \times m$ 阶矩阵,n 行表示共有 n 个用户,m 列表示共有 m 个产品。$P_{i,j}$ 表示第 i 个用户对第 j 个产品的评分。用户评分数据矩阵如表1-3所示。

表1-3 用户评分数据矩阵

用户	G_1	...	G_k	...	G_m
U_1	$P_{1,1}$	...	$P_{1,k}$	...	$P_{1,m}$
...	...	...	...	...	...
U_j	$P_{j,1}$	...	$P_{j,k}$	...	$P_{j,m}$
...	...	...	...	...	...
U_n	$P_{n,1}$	...	$P_{n,k}$	...	$P_{n,m}$

基于用户的协同过滤推荐算法用于估计目标用户 U_i($i=1,2,\cdots,n$)对给定产品 G_j($j=1,2,\cdots,m$)的评分 $P_{i,j}$。该算法首先计算用户间的相似性,选取其他用户中对第 i 个产品评过分的用户构成 U_i^* 集;其次,根据所有的 $U_k \in U_i^*$ 对第 j 个产品的评分来估计用户 U_i 对产品 G_j 的评分。

2)基于项目的协同过滤推荐算法

亚马逊公司于2003年提出了基于项目的协同过滤推荐算法。该类算法不是计算用户间的相似度,而是计算目标项目与用户已购买过的或者已评过分的项目间的相似度,根据计算得到的项目-项目相似性矩阵进行评分预测,从而将用户可能感兴趣的项目加入推荐列表中。

基于用户的协同过滤推荐算法和基于项目的协同过滤推荐算法涉及用户/项目之间的相似度的计算，常用余弦相似度或修正余弦相似度、相关系数等来度量用户/项目间的相似度。除此之外，许多改进的相似度计算方法已经被广泛提出并应用，如黄创光等[28]在相关研究的基础上提出了一种改良的相似度计算方法：如果用户 U_a 与用户 U_b 均对产品 i 进行了评分，则将产品 i 加入集合 G' 中，根据设定 γ 阈值来比较用户 U_a 和 U_b 共同评分的产品数目 $|G'|$，用比较结果来确定用户 U_a 与用户 U_b 间的相似度的大小。

$$\text{sim}'(U_a,U_b) = \frac{\min(|G'|,\gamma)}{\gamma} \times \text{sim}(U_a,U_b) \tag{1-8}$$

其中，sim' 表示改良后的相似度；sim 表示用户间的相似度。从式（1-8）可以看到，满足 $\frac{\min(|G'|,\gamma)}{\gamma} \leq 1$ 时，改良后的相似度 $\text{sim}'(U_a,U_b)$ 的值域仍在 $[0,1]$ 区间上。如果用户 U_a 和 U_b 共同评分的产品较多，满足 $|I'| \geq \gamma$，那么 $\text{sim}'(U_a,U_b) = \text{sim}(U_a,U_b)$；如果共同评分的产品较少，那么相似度量值也会相应减少。

通过余弦相似度、修正的余弦相似度和相关系数计算用户间的相似度，产生最近邻集，并通过最近邻集进行推荐，常用的推荐方法包括平均评分法、加权平均评分法及偏移的加权平均评分法。具体的定义如下：设 $U = (u_1,u_2,\cdots,u_n)$ 为用户的集合，$G = (g_1,g_2,\cdots,g_m)$ 为产品的集合，$r(u,g)$ 表示用户 u 对项目 g 的评分。

$$r(u,g) = \frac{1}{n}\sum_{k \in U} r_{k,i} \tag{1-9}$$

$$r(u,g) = \frac{\sum_{k \in U} \text{sim}(u,k) r_{k,i}}{\sum_{k \in U} |\text{sim}(u,k)|} \tag{1-10}$$

$$r(u,g) = \overline{r_u} + \frac{\sum_{k \in U} \text{sim}(u,k)(r_{k,i} - \overline{r_k})}{\sum_{k \in U} |\text{sim}(u,k)|} \tag{1-11}$$

其中，$\overline{U}$ 表示与用户 u 相似度较高的近邻集；$r_{k,i}$ 表示近邻集中第 k 个用户对项目 i 的评分；用户 u 与近邻集中第 k 个用户的相似度表示为 $\text{sim}(u,k)$；$\overline{r_u}$ 表示用户 u 对项目的平均评分。式（1-9）中取近邻集中近邻用户对产品 g 评分的均值，作为目标用户对产品的预测评分；式（1-10）以用户间的相似度作为权重对平均评分法进行改进；式（1-11）中不仅考虑到了权重，还考虑到了用户评分尺度与偏好不同的影响。

3）基于模型的协同过滤推荐算法

基于模型的协同过滤推荐算法大多集中于对协同过滤推荐算法的完善与改进，其关键思想是运用历史数据建立一个模型，基于此进行预测推荐。

Breese 等[29]最早利用 Bayesian 网络进行了协同过滤推荐。具体原理如下：目标用户 a 对某一项目 i 的预测评分由式（1-12）计算。

$$E(a,i) = \sum_{y=1}^{m} P(R_{a,i} = y | A) \times y \qquad (1\text{-}12)$$

其中，$P(R_{a,i} = y | A)$ 表示在给定的评分矩阵 A 的情况下，目标用户 a 对项目 i 的评分为 y 的概率。因此，如何确定这一条件概率的值是计算的重点。一般的做法分为以下几步：①分析用户–项目评分矩阵，将用户分为 C 类；②分析各类的评分数据，估计出每类对项目 i 的评分分布概率 $P(R_{c,i} = y | C)$；③分析目标用户 a 的历史评分信息，计算出目标用户 a 属于某一类的概率 $P(a \in C | R_{a,i} \in Y_a)$；④结合以上两个概率，可以得到式（1-12）中的条件概率 $P(R_{a,i} = y | A)$，最终得到目标用户 a 对项目 i 的预测评分。

基于 Bayesian 网络的模型方法，是从概率的角度优化协同过滤算法。决策树模型法、线性分类模型方法等的原理与基于 Bayesian 网络的模型方法的原理大体相同。

另外一种普遍使用的基于模型的协同过滤推荐算法是基于聚类的协同过滤推荐算法。可以采用多种聚类的方法，如模糊聚类、SOM（self-organization mapping，自组织映射）聚类等。按照聚类的对象分，基于聚类的协同过滤推荐算法可以分为基于项目聚类的协同过滤推荐算法、基于用户聚类的协同过滤推荐算法及基于项目与用户聚类的混合协同过滤推荐算法。以下以基于用户聚类的协同过滤推荐算法为例来分析基于聚类的协同过滤推荐算法的原理。

首先，根据一定的方法，把用户群通过聚类分成 $C(c \in 1 \sim n)$ 类，综合计算出每一类用户的评分，把每一类用户表示为 $C_i(R_{i,1}, R_{i,2}, \cdots, R_{i,n})$。其次，结合目标用户 a 的评分数据与每一类用户的评分数据 $C_i(R_{i,1}, R_{i,2}, \cdots, R_{i,n})$，通过相似度，如 Pearson 相关相似度计算方法，计算出目标用户最相似于哪一类，即求出 $\text{Max}(\text{sim}(a, C_i))$。再次，在目标用户最相似的这一类中，利用相似度计算方法计算目标用户与这一类中各用户的相似度的值，找到在这一类中与目标用户 a 最相似的 N 个用户作为目标用户 a 的最近邻。最后，根据最近邻的评价值，求出预测评分。

同基于用户的协同过滤推荐算法与基于项目的协同过滤推荐算法相比，基于聚类的协同过滤推荐算法多了一个分类的步骤。对于基于用户聚类的协同过滤推荐算法而言，这个分类是指先判断用户属于哪一个类别，然后再根据类别内的用户评分产生推荐。对于基于项目聚类的协同过滤推荐算法而言,这个分类是指先判断项目属于哪一个类别,然后再根据类别内的项目评分产生推荐[30]。

3. 基于知识的推荐

推荐的目的是用一种个性化的方法帮助用户在很多选择中找到感兴趣和有用的物品。协同过滤推荐算法和基于内容的推荐算法因其各自的优势,得到了广泛的关注与应用,这两种推荐算法尽管具有很多无法替代的优势,但在很多情况下并不是最好的选择。例如,对于电子产品、房子、汽车等商品,用户并不会频繁购买,因此,在这种情况下,纯粹的协同过滤推荐系统会由于评分数据很少而推荐效果不好。此外,用户对于汽车、房子及金融产品的偏好可能会随着自己的生活方式、经济能力及家庭状况发生变化,通过考虑用户几年前喜欢的物品的属性,采用基于内容的推荐算法,推荐的产品只会和过去的偏好匹配,可能无法满足用户现在的需求。在一些比较复杂的产品领域(如房子),用户经常希望明确定义他们的需求,如"房子的大小不能小于 X 平方米,主卧必须有独立卫生间"。这些需求的形式化处理并不是纯粹的协同过滤推荐算法和基于内容的推荐算法所擅长解决的。

基于知识的推荐系统充分利用用户明确的需求,以及关于产品邻域的深度知识,可以帮助处理这些问题。与协同过滤推荐算法和基于内容的推荐算法相比,基于知识的推荐算法由于在每一轮会话中能直接获取需求,因而不存在冷启动问题。基于知识的推荐系统可以分为基于约束的推荐系统和基于案例推理的推荐系统。两者的不同之处在于如何使用获取的知识:基于案例推理的推荐系统着重于根据不同的相似度评估方法来检索相似物品,而基于约束的推荐系统依赖明确的推荐规则集合。

1)基于约束的推荐

基于约束的推荐就像是一个满足约束的过程。这些约束可能来自用户,如用户对衣服的尺码要求,也可能来自产品本身或产品所属的领域,如某些保险政策可能只提供给不吸烟的用户等,能够满足约束的产品就推荐给目标用户。基于约束的推荐系统如图1-3所示。

(1)推荐知识库。基于约束的推荐知识库包含两个不同模块,一个是变量集合模块,另一个是约束条件模块。变量集合为 $V=(V_c, V_{\text{PROD}})$。其中,V_c 描述用户需求;V_{PROD} 描述物品属性;约束条件为 $C=(C_R, C_F, C_{\text{PROD}})$。其中,$C_R$ 为一致性约束,限定了用户属性的可能实例,如短期投资与高风险投资相悖;C_F 为过滤条件,定义在什么条件下应该选择什么产品,相当于定义了用户需求和物品属性间的关系;C_{PROD} 为产品约束条件,限定产品属性的实例化。

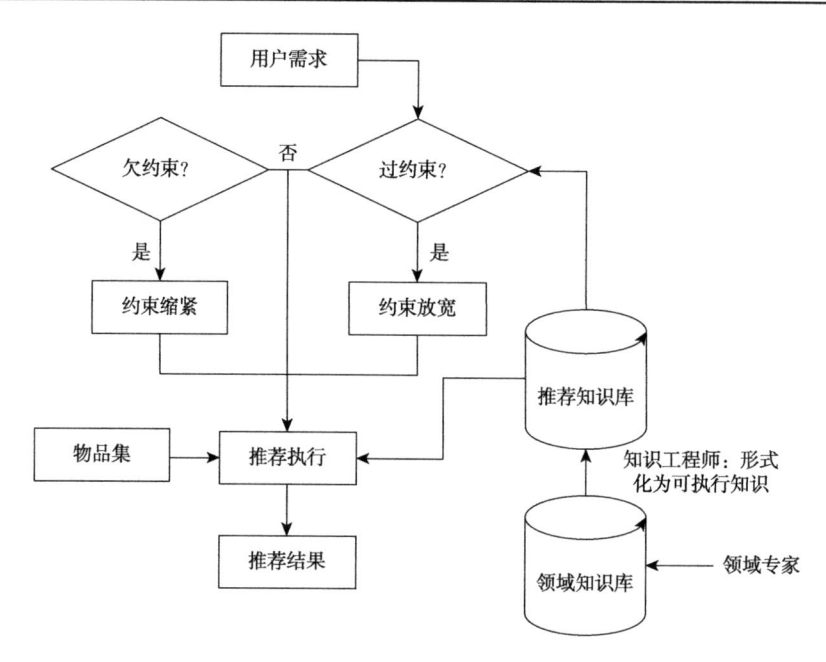

图 1-3　基于约束的推荐系统

（2）过约束处理。在基于约束的推荐系统中，物品集中可能不存在任何物品满足所有的约束条件，这样造成的结果是系统不会推荐任何物品。造成这种结果的原因可能是约束条件冲突，或者系统本身不存在满足约束的物品。通常来说，推荐系统提供的推荐结果是空集会影响用户的体验，故应该避免。Mairitsch 等[31]提出了不同的方法，但根本目标都是确认放宽原始限制集合，也就是逐渐放宽推荐问题的限制，直到找到解决方案。最直接的方法是采用简单的子集搜索找到原始约束的一个最大子集。尽管这种方法看上去可行，但是考虑计算有效性，对于任何一个包含 n 个限制的限制库，它可能的子集就有 2^n 个，这对一个同时要为大量用户服务的实际推荐系统来说是不实际的。针对该问题，国内外学者提出了其他更加有效的方法。Jannach[32]提出的方法不仅支持快速计算"查询松弛"，而且能够保证推荐物品的数量；Mirzadeh[33]提出了一种基于人工定义特征层次的放宽方法，该方法在一组特征中引入层次关系的概念，首先尝试用最低的层次关系来放宽对特征的约束，从而使原始用户需求得到最轻的修正。

（3）欠约束处理。如果约束条件不严格，可能导致在推荐结果集中有太多满足的物品，这称为欠约束问题。为了处理欠约束问题，Ricci 等[34]提出了一种互动询问管理方法，尽管目标是针对基于案例推理推荐算法的，但同样适用于基于约束的推荐算法。该方法将一个询问和它的推荐结果集作为输入，选择三个呈现给用户的特征作为建议来精炼询问。Mirzadeh 等[35]提出了一种会话推荐系统的特征选择方法。该方法将特征熵和适当的特征相关性相结合,作为会话推荐系统的输入,有效地缩小了初始查询结果的范围。

2)基于案例推理的推荐

案例推理是一种重要的基于知识的问题求解和学习方法。重新使用案例中特定的经验来尝试解决新问题,是一个循环和集成的问题解决过程,也就是说,基于案例的推理是把过去解决方案的经验以知识案例的形式记录下来,所有的案例被保存在案例库中。当一个系统需要解决一个新问题时,它会在案例库中搜寻最相似的案例,并重新使用检索出的解的一种修正版本来解决新问题。

案例推理一般包含四个步骤,即检索、重用、适应及保留。适应过程又可以分为两个子步骤,即修订和复审。在修订阶段,系统调整解决方案以适应新问题的特定限定。而在复审阶段,通过应用到新问题上来评估构建的解决方案,明白什么地方失败,以及做一些必要的改正。

基于案例推理的推荐其实就是一个案例推理问题。下面分别说明基于案例推理的推荐系统的几个重要模块。

(1)案例模型。案例保存在案例库中,当获知用户需求后,推荐系统会根据用户的具体需求从案例库中抽取相似的案例。为了方便比较不同的基于案例推理的推荐系统,Lorenzi 和 Ricci[36]提出了一种案例库的表示方式:

$$CB \subseteq X \times U \times S \times E \tag{1-13}$$

其中,X 为产品内容模型;U 为用户模型;S 为会话模型;E 为评估模型。也就是说,一个案例 $c=\{x,u,s,e\}$,其中,x、u、s、e 为 X、U、S、E 空间下相应的实体,下面分别介绍这四个模型。

产品内容模型(X):通常采用一个特征向量来描述产品。

用户模型(U):包含用户私有信息,如性别、年龄、职业等,以及用户过去的记录,如喜欢的物品,基于案例推理的推荐系统很少利用这一模块。

会话模型(S):收集关于特定的推荐会话的信息。

评估模型(E):描述推荐的结果,也就是判断推荐是否合适。

事实上,有很多推荐系统只包括内容模型,这时候案例就代表一个产品,还有些推荐系统可能仅包含会话模型。

(2)系统与用户之间的交互。在推荐系统中目标描述指对用户需求的具体描述,如"买一台笔记本,价格不高于 5 000 元,屏幕尺寸为 15.6 英寸[①]"。获知用户需求的具体描述后,推荐系统要从案例库中抽出相似的案例来满足用户。系统与用户的交互通常有两种方式:一种是单次交互,也就是被动地基于用户的初始需求来推荐物品。这种方式的缺点非常明显:首先,对于某些产品,用户可能缺

---

① 1 英寸=0.025 4 米。

少相关领域的知识，初始很难提供正确的需求；其次，用户的初始需求通常是模糊的，随着推荐系统提供的推荐物品增多，用户可能会更加明确自己的需求，这时候可能需要修改自己的需求；最后，基于用户的初始需求的推荐列表长度可能为零，也就是在案例库中没有满足的案例，单次的交互方式只能够让用户修正自己的需求，推荐系统重新开始推荐。另一种是会话式交互，这种方式让用户以一种可扩展的、互动对话的方式来提供更多详细的需求以改进推荐。由于这种方式具有明显的优势，大多数基于案例推理的推荐系统都采用这种方式。

用户与系统的会话式交互又可以分为两种形式，即询问式导航和提议式导航。询问式导航通过询问来获取用户需求，以此缩小推荐的范围直到最后只剩下少量物品。提议式导航最大的特点是在每一轮推荐中向用户呈现不止一种推荐选择，邀请用户对这些选择提供反馈。用户提供的反馈主要有两种，即基于评分的反馈和基于评论的反馈。

（3）相似度计算。相似度用来描述物品与用户需求间的匹配程度。已知用户需求 $q \in U_q$，需求 q 的权重 w_q，物品 i，需求 q 的相应物品的属性值 $\phi_q(i)$，$\text{sim}(i,q)$ 表示物品和用户需求在需求 q 上的匹配程度，McSherry 提出了一种计算物品 p 和用户需求 q 相似度的方法：

$$\text{sim}(i,q) = \frac{\sum_{q \in U_q} w_q \times \text{sim}(i,q)}{\sum_{q \in U_q} w_q} \qquad (1\text{-}14)$$

在实际的电子商务领域中，存在很多用户希望最大化的属性，如电脑处理器的速度，这种属性称为"越多越好"（more is better, MIB）；也有用户喜欢最小化的属性，如电脑的价格，这种属性称为"越少越好"（less is better, LIB）；除此之外，用户对某些属性可能有一个理想偏好值，物品的该属性越接近这一偏好值越好，这种属性称为"越近越好"（nearer is better, NIB）。式（1-15）、式（1-16）、式（1-17）分别给出了关于这三种属性的局部相似度计算方法：

$$\text{sim}_{\text{MIB}} = (i,q) \frac{\phi_q(i) - \min(q)}{\max(q) - \min(q)} \qquad (1\text{-}15)$$

$$\text{sim}_{\text{LIB}} = (i,q) \frac{\min(q) - \phi_q(i)}{\max(q) - \min(q)} \qquad (1\text{-}16)$$

$$\text{sim}_{\text{NIB}} = (i,q) \frac{|\phi_q(i) - \phi_q(U_q)|}{\max(q) - \min(q)} \qquad (1\text{-}17)$$

其中，$\max(q)$ 和 $\min(q)$ 为案例库中需求 q 的相应物品的属性最大值和最小值[37]。

4. 基于关联规则的推荐

关联规则挖掘技术可以发现不同商品在销售过程中的相关性,在零售业得到了广泛的应用。关联规则就是在一个交易数据库中统计购买了商品集 X 的交易中有多大比例的交易同时购买了商品集 Y,其直观的意义就是用户在购买某些商品的时候有多大的倾向也会购买另外一些东西。

基于关联规则的推荐算法根据生成的关联规则推荐模型和用户的购买行为向用户产生推荐。关联规则推荐模型的建立离线进行,因此可以满足其推荐算法的实时性要求。

例如,在亚马逊网上书店提供的关联规则推荐模型中,通过对用户交易数据库进行关联规则挖掘,发现 *Data Mining: Conceptes and Techniques*(《数据挖掘:概念与技术》)与 *Advances in Knowledge Discovery and Data Mining*(《知识发现与数据挖掘进展》)及 *Data Preparation for Data Mining*(《数据挖掘中的数据预处理》)被用户同时购买的概率比较大。因此,当一个用户在亚马逊网上书店选购 *Data Mining: Conceptes and Techniques* 时,推荐系统将向其推荐 *Advances in Knowledge Discovery and Data Mining* 和 *Data Preparation for Data Mining*。随着时间的推移,购买 *Data Mining: Conceptes and Techniques* 的用户大多同时购买了 *Building Data Mining Application for CRM*(《构建 CRM 的数据挖掘应用程序》),当这两本书的关联达到一定程度,推荐系统内的推荐模型将发生改变,下次用户购买 *Data Mining: Conceptes and Techniques* 时,推荐系统将推荐 *Building Data Mining Application for CRM* 等。

1)关联规则挖掘

关联规则挖掘技术是数据挖掘领域的重要研究内容之一。其形式化定义如下:

设 $I=\{i_1,i_2,\cdots,i_m\}$ 为 m 个项(item)的集合,D 为针对 I 的交易(transaction)T 的集合,交易 T 为项的集合,并且 $T \subseteq I$。对应每一个交易有唯一的标识,如交易号,记作 TID。设 X 为一个 I 中项的集合,如果 $X \subseteq T$,那么称交易 T 包含 X。

一条关联规则就是一个具有 $X \Rightarrow Y$ 的蕴含式,这里 $X \subset I$,$Y \subset I$,并且 $X \bigcap Y = \phi$。规则 $X \Rightarrow Y$ 在交易集 D 中的支持度(support)是交易集中包含 X 和 Y 的交易数与所有交易数之比,记为 support$(X \Rightarrow Y)$,即

$$\text{support}(X \Rightarrow Y) = \frac{|\{T: X \bigcup Y \subseteq T, T \in D\}|}{D} \quad (1\text{-}18)$$

规则 $X \Rightarrow Y$ 在交易集中的置信度(confidence)是指包含 X 和 Y 的交易数与包含 X 的交易数之比,记为 confidence$(X \Rightarrow Y)$,即

$$\text{confidence}(X \Rightarrow Y) = \frac{|\{T : X \cup Y \subseteq T, T \in D\}|}{|\{T : X \subseteq T, T \in D\}|} \quad (1\text{-}19)$$

给定一个交易集 D，挖掘关联规则问题就是产生支持度和置信度分别大于用户给定的最小支持度（minsupp）阈值和最小置信度（minconf）阈值的关联规则。

针对关联规则挖掘，研究者提出了一系列挖掘算法。Agrawal 等[38]提出的 Apriori 算法是最经典的关联规则挖掘算法。挖掘用户交易数据库中项集（itemset）间的关联规则问题，其核心方法是基于频集（frequent itemset）理论的递推方法。Apriori 算法是一个基于两阶段频集思想的方法，可以将关联规则挖掘算法的设计分解为两个子问题。

（1）找到所有支持度大于最小支持度阈值的项集，这些项集称为频集。

（2）使用第一步找到的频集产生期望的关联规则。

第一步的基本思想是根据长度为 k 的频集 L_k 通过连接操作产生长度为 $k+1$ 的候选频集集合 C_{k+1}，然后扫描交易数据库，验证候选频集集合 C_{k+1} 中的所有候选频集，生成长度为 $k+1$ 的频集 L_{k+1}。这一步需要反复扫描交易数据库，是整个算法性能的瓶颈。第二步相对简单，给定一个频集 $Y = I_1, I_2, \cdots, I_k$，$k \geqslant 2$，$I_j \in I$ 产生只包含集合 $\{I_1, I_2, \cdots, I_k\}$ 中项的所有规则（最多 k 条），其中每一条规则的右部只有一项（即形如 $[Y - I_i] \Rightarrow I_i$，$\forall i \leqslant i \leqslant k$），一旦这些规则被生成，那么只有大于最小置信度阈值的关联规则才会保留下来。

在 Apriori 算法的基础上，研究者提出了一系列优化方法。Agrawal 和 Shafer[39]引入了修剪（pruning）技术用以减小候选集 C_k 的大小，利用哈希树（Hash tree）方法有效地计算每个项集的支持度，由此可以显著地改进生成所有频集算法的性能。Savasere 等[40]设计了一个基于划分（partition）的算法，先把数据库从逻辑上分成几个互不相交的块，每次单独考虑一个块并对它生成所有的频集，再把产生的频集合并，用来生成所有可能的频集，最后计算这些项集的支持度。Park 等[41]提出了一个高效产生频集的基于哈希树的算法。Lin 和 Dunham 等[42]讨论了使用反扭曲（anti-skew）算法来挖掘关联规则，使得扫描数据库的次数少于 2 次，该算法使用抽样处理来收集有关数据，从而有效减少了数据库扫描的次数。

上述算法都是基于 Apriori 算法的频集方法，仍然存在一些固有的缺陷。

（1）产生大量的候选集。当长度为 1 的频集有 10 000 个的时候，长度为 2 的候选集个数将会超过 10 兆。同时，当要生成一个很长的规则的时候，产生的中间元素也是巨大量的。

（2）无法对稀有信息进行分析。由于频集使用了参数 minsupp，就无法对小于 minsupp 的事件进行分析；如果将 minsupp 设成一个很低的值，那么算法的效率就成了一个很难处理的问题。

Han 等[43]提到了解决问题（1）的 FP-Growth[①]算法。该算法采用了分而治之的策略：首先，在经过了第一次的扫描之后，把数据库中的频集压缩成一棵频繁模式树（FP-tree），同时依然保留其中的关联信息。其次，再将 FP-tree 分化成一些条件库，每个库和一个长度为 1 的频集相关。最后，对这些条件库分别进行挖掘。

Apriori 算法得出的关系都是频繁出现的，但是，在实际应用中，我们可能需要寻找一些高度相关的元素，即使这些元素不是频繁出现的。在 Apriori 算法中，起决定作用的是支持度，而我们现在将把置信度放在第一位，挖掘一些具有非常高的可信度的规则。Cohen 等[44]介绍了一个解决这个问题的算法，整个算法基本上分成三个步骤，即计算特征、生成候选集、过滤候选集。在三个步骤中，关键的地方就是在计算特征时哈希树方法的使用。

2）基于关联规则的推荐算法

基于关联规则的推荐算法可以分为离线的关联规则推荐模型建立阶段（简称离线阶段）和在线的关联规则推荐模型应用阶段（简称在线阶段）。离线阶段使用各种关联规则挖掘算法建立关联规则推荐模型，这一步比较费时，但可以放在离线模块进行；在线阶段根据建立的关联规则推荐模型和用户的购买行为向用户提供实时的推荐服务。

使用基于关联规则的推荐算法产生 top-N 推荐的算法步骤如下所示。

（1）根据交易数据库中每个用户购买过的所有商品的历史交易数据创建每个用户的事务记录，构造事务数据库。

（2）使用各种关联规则挖掘算法对构造的事务数据库进行关联规则挖掘，得到满足最小支持度阈值 minsupp 和最小置信度阈值 minconf 的所有关联规则，记为关联规则集合 R。

（3）对每个当前用户 u，设置一个候选推荐集 P_u，并将候选推荐集 P_u 初始化为空。

（4）对每个当前用户 u，搜索关联规则集合 R，找出该用户支持的所有关联规则集合 RI，即关联规则集合 RI 左部的所有商品出现在用户 u 的当前购买数据和历史交易记录中。

（5）将关联规则集合 RI 右部的所有商品加入候选推荐集 P_u，从候选推荐集 P_u 删除用户已经购买过的商品。

（6）根据关联规则集合 RI 的置信度对候选推荐集 P_u 中所有候选项进行排序，如果一个项在多条关联规则中出现，则选择置信度最高的关联规则作为排序标准。

（7）从候选推荐集 P_u 中选择置信度最高的前 N 项作为推荐结果返回给当前用户 u[45]。

---

① FP：frequent pattern，频繁模式。

1.2.3　个性化推荐算法的比较

1. 协同过滤推荐算法的优缺点

协同过滤推荐算法的优点使得协同过滤推荐算法有非常广阔的应用范围，这也是在目前众多的推荐系统中，协同过滤推荐算法应用得最为广泛和成功的原因。协同过滤推荐算法相比基于内容的推荐算法优缺点如下所示。

（1）协同过滤推荐算法的优点：①能够过滤机器难以进行自动内容分析（automatic content analysis）的信息。协同过滤推荐算法是在用户对项目评分的基础上进行推荐的，因此协同过滤推荐算法不需要考虑项目的形式，对推荐项目没有特殊要求，能处理图像、音乐等难以结构化表示的对象。②协同过滤推荐算法是在共享他人经验的基础上开展信息推荐的，因此最大限度地避免了内容分析的不完全性和不精确性，并且能够基于一些复杂的、难以表述的概念（如信息质量、品味）进行过滤。③协同过滤推荐算法可以有效使用其他相似用户的反馈信息，能够减少用户的反馈量，加快个性化信息推荐的速度。④具有推荐新项目的能力。这是协同过滤推荐算法相比基于内容的推荐算法具有较大优势之处。由于协同过滤推荐算法是在用户评分基础上来推荐的，如果用户的兴趣发生了变化，只要用户对新喜欢的项目做了评价，协同过滤推荐算法就能在更新了的用户文档的基础上推荐给用户与之新爱好相似的项目。

（2）协同过滤推荐算法的缺点。协同过滤推荐算法是最早被提出且应用最广泛的信息推荐算法，虽然它有很多的优势，但是也存在一些缺点：①新项目（new item）问题。协同过滤推荐算法依赖用户对项目的评分，因此，新项目会因还未获得任何评分而陷入"无法被推荐—无法被用户发现—无法被评分"的恶性循环。②新用户（new user）问题。对于新用户和未做过评分的用户，由于缺乏足够信息量寻找最近邻用户并判断兴趣，无法获得正确有效的推荐。新项目问题与新用户问题一般统称为冷启动（cold starting）问题，即某些项目、用户无法被推荐或者得到推荐。③稀疏性（sparsity）问题。协同过滤推荐算法依靠用户对项目的评价（表现为评分数据）产生推荐。如果用户对资源项目的评分不够多，那么依靠少量的评分无法产生精确的推荐，这就是协同过滤推荐算法所遇到的评分数据的稀疏性问题。研究和实践经验证实，用户对项目的评分率往往不到1%，已评分的项目大大少于需要推荐的项目数量，这种极端稀疏的数据会造成推荐算法的执行困难。④可扩展性（scalability）问题。推荐系统的规模会随着使用时间不断扩大，"识别最近邻"等推荐算法的计算量也会随着用户和项目的增多而大大增加，这种算法的扩展性瓶颈直接影响着推荐系统的实时性和准确性。

2. 基于内容的推荐算法的优缺点

基于内容的推荐算法只涉及单个用户的评分而不需要用户间的协同，因此，相比协同过滤推荐算法，基于内容的推荐算法较好地克服了新项目、稀疏性和可扩展性问题，但是新用户问题仍然存在。基于内容的推荐算法需要用户的相关资料构建用户文档。因此，新用户可能因为没有对项目的评分或者没有历史数据而无法被推荐系统了解，最后无法获得推荐。

另外，基于内容的推荐算法还具有"过度专门化"(over-specialization)和"受限的内容分析"(limited content analysis)问题。"过度专门化"是指用户获得的推荐内容被限制在与用户历史喜好项目相似的项目范围内，因而当用户兴趣发生变化时，系统将无法推荐满足用户新需求的内容。例如，在餐馆推荐系统中，一个没有享用过希腊美食的用户永远都不能获得关于希腊餐馆的推荐，即使是一个最棒的希腊餐馆也没有机会被推荐给该用户。而且，"过度专门化"不仅指推荐系统不能推荐与用户以往兴趣不同的项目，而且还有另一层含义，即被推荐的项目与用户以往爱好的项目太相似。例如，正常而言，用户以前看过有关股票的文章，那么那些虽然标题不同，但是内容几乎与用户看过文章相同的新闻或文章就不应该再推荐给用户。因此，被推荐项目的多样化是衡量推荐系统的一个指标。推荐给用户的项目不应该是完全同质的。例如，不能因为一个用户喜欢某个影星的某一部电影就向该用户推荐这个影星所有的电影。

"受限的内容分析"是指基于内容的推荐算法需要获取项目的内容特征并做出结构化描述，而目前只有文本信息的内容获取技术比较成熟，因此基于内容的推荐算法被较多地应用于网页、文献、新闻组和博客等以文本信息为主的对象推荐中，较少用于分析多媒体对象。另外，"受限的内容分析"还指这样一种现象，即如果两个项目由一组相同的特征来描述，那么推荐系统无法分辨出这两个项目的优劣。例如，两篇文章可能有相同的关键字，并且这些关键字在两篇文章中出现的次数也是一样的。但是，可能一篇文章写得非常好，另一篇文章写得非常差，基于内容的推荐算法无法分辨出两篇文章的优劣而把两篇文章都推荐给用户[30]。

3. 基于知识的推荐算法的优缺点

基于知识的推荐算法在协同过滤推荐算法或者基于内容的推荐算法有明显缺点的时候十分有用，并且能够很好地应用到大型的推荐系统中。应用基于知识的推荐算法的系统平台具有以下优点。

（1）系统平台可以在任何支持知识推断关系的知识结构中建立用户模型，满足推荐需求。

（2）模型基于知识结构，对历史数据缺失不敏感，因而冷启动问题并不显著。

但是，基于知识的推荐算法也存在一定的缺点。

（1）知识的表达和获取存在较大的难度，数据挖掘的工作需要大量的投入，在此基础上挖掘的效果也并不见得十分理想。

（2）由于知识体系的特定因素，推荐系统一旦形成，在没有经过修改的情况下不会随着项目的变化而产生相应的变化，不具有较好的柔性[46]。

4. 基于关联规则的推荐算法的优缺点

基于关联规则的推荐算法的优点：一旦确定了商品之间的联系，就可以确保推荐的实时性。这样既可以向用户推荐新的商品，又可以给用户推荐过去购买过的商品的相似商品。

但是，基于关联规则的推荐算法也有一定的缺点。

（1）它是在历史记录的基础上进行研究，从而进一步推荐的，而刚刚加入系统的项目因为没有用户对其进行任何操作，所以无法获得推荐，这就是项目的冷启动问题。

（2）不恰当的置信度阈值和支持度阈值会增加建模成本，降低推荐的精确度。

（3）随着推荐系统规模的不断扩大，产生的规则数也急剧增加，规则也越来越难以管理，并且系统的推荐质量也很难保证。

5. 混合推荐

前面提到的每种算法都可以对推荐结果进行个性化处理，但它们在不同的应用领域表现出的效果各有千秋。协同过滤推荐算法会利用用户模型和群体数据的某种特定类型的信息（如物品评分）生成推荐结果，基于内容的推荐算法则依赖产品的特征和文本描述，基于知识的推荐算法根据显性知识领域模型进行推理，基于关联规则的推荐算法则是对商品交易数据进行分析，找出其中被同时频繁购买的商品，并生成若干规则，然后结合用户当前的购买行为对用户进行推荐。鉴于上述各种推荐算法都各有利弊，为了解决相应的问题，得到更好、更精确的推荐结果，目前许多研究开始采用上述几种推荐算法相结合的方式，即混合推荐技术来实现个性化推荐。

Netflix Prize 竞赛就是一个组合不同推荐算法的最佳例子，在竞赛中，数以百计的学生和研究人员通过合作改进一个电影领域的协同过滤推荐系统，该系统混合了几百种不同的协同过滤技术和算法用来提高整体的准确率。这次竞赛，极大地推动了混合推荐技术的发展。但是，没有一种单独的混合推荐方法能够适用于所有的环境，故要根据实际情况选择合适的组合方式，使得组合后的推荐方法更加高效[47]。

在组合方式上，Robin[48]提出了七种组合思路。

（1）加权式（weight）混合：为多种推荐技术产生的结果设置不同的比重，然后进行累加后得到最终的推荐结果。例如，最简单的加权式混合推荐系统是对两种不同推荐算法的推荐结果采用线性公式进行联合计算。Claypool 等[49]研制的 P-Tango 报纸推荐系统就是这样一种混合推荐系统。首先，该系统给予协同过滤推荐算法与基于内容的推荐算法获得的推荐结果以相同的权重；其次，随着用户评分数据的增多，计算每种方法推荐结果的绝对误差，并调整权重以使误差最小。

加权式混合推荐系统的好处是在推荐过程中，系统中两种不同推荐算法的推荐效果都得到直接的展现，系统能够很方便地进行事后效率评估并且相应地调整两种不同推荐算法的权重。

（2）转换式（switch）混合：推荐系统根据问题环境、背景和实际情况变换不同的推荐策略，但每次只能根据具体情况从众多推荐策略中选用一种策略。DailyLearner 系统采用了这种算法。在该混合推荐系统中，首先采用基于内容的推荐算法。如果基于内容的推荐系统没有绝对把握进行推荐，则采用协同过滤系统。因为协同过滤和基于内容的推荐系统都有新用户问题，所以这种转换式混合推荐方法并不能完全避免冷启动问题。

在转换式混合推荐系统中，协同过滤推荐算法提供的是推荐新项目的能力，即能够推荐那些在语义上并不和以前评分很高的项目很接近的项目。例如，在 DailyLearner 系统中，对微软反垄断审判案例感兴趣的用户可能对 AOL/Time Warner 合并案也感兴趣。基于内容的推荐系统可能不能对这类用户推荐合并案，但是协同过滤推荐算法可以做出这种推荐。

转换式混合推荐系统有如下缺陷：如何确定转换的次序是比较困难的。一般的转换式混合推荐系统总是在短期内先采用一种技术，当这种技术失去作用时才采用另外一种技术。可以采用更加简单的转换原则：根据用户评分与每种推荐算法的推荐结果是否一致来判断选择下一次推荐所要选择的推荐算法。由于转换式混合推荐系统必须要确定转换原则，转换式混合推荐策略给推荐过程带来了一定的复杂性。然而，这种混合推荐系统的好处是对其组成部分的推荐算法的优势和劣势反应迅速。

（3）混合式（mixed）混合：将采用多种推荐技术产生的各种建议结果呈现给用户，为用户提供参考资料。该方法同加权式混合推荐方法有些类似，不同之处在于无须对各个推荐结果进行加权，而是直接将全部的推荐结果返回给用户，并注明每一种推荐结果所对应的推荐方法。

美国华夏电视台（Particle Track Velocimetry，PTV）系统使用这种方法来推荐电视节目。它在关于电视节目的文本描述的基础上使用基于内容的推荐算法，同时使用协同过滤推荐算法获得关于用户的偏好信息。最终决定被推荐的电视节目时，两种算法所得到的推荐结果都显示。混合式混合推荐方法避免了新项目的启动问题：新项目即使没有用户评分，也可以依赖基于内容的推荐算法得到推荐，因为基于内容的推荐算法可以凭着该新项目的文本描述对其进行推荐。但是，混合式混合推荐方法并不能解决新用户启动问题，因为基于内容的推荐算法和协同过滤推荐算法都需要获得有关用户偏好的数据。

（4）特征组合式（feature combination）混合：将来自不同推荐数据集的特点组合在一起，形成一个新的特征数据集合，并将该数据集应用到一种推荐算法中。例如，Basu 等[50]曾经做过这样的实验，既使用用户评分又使用内容特征来进行电影推荐，结果发现在准确率方面要比单独使用协同过滤推荐算法取得更好的成绩。

特征组合式混合推荐系统使得系统不需要完全依赖协同过滤推荐算法，因此减少了系统对于进行评分的用户数目的敏感性，即减少了数据稀疏度对系统效率的影响。相反地，它使得系统拥有了项目内在相似性的信息，而单一的协同过滤推荐系统是很难获取这些信息的。

（5）层叠式（cascade）混合：一般使用两种或者多种推荐技术。首先，使用一种推荐技术得到一个相对粗糙的结果；其次，在前一次推荐的基础上使用第二种推荐技术，得到更为精确的结果。餐馆推荐系统 $EntreeC^2$ 就是一个基于内容与协同过滤推荐算法的层叠式混合推荐系统。它在基于用户已经表明的兴趣，即用户文档和项目文档的基础上做出基于内容的推荐。在初步的结果基础上，那些有明显差异的项目（如排名第一与排名最后）不需要做任何进一步处理。而排名相同，并且排名比较靠前，有可能被推荐的那些项目再通过使用协同过滤推荐算法进行进一步的排名。

层叠式混合推荐系统使得系统不需要对那些已经被优先方法区分清楚的项目，或者排名很差不可能会被推荐的项目再一次使用优先权较低的技术。因为层叠式混合推荐方法第二步只需要对那些确实需要做另外区分的项目进行处理，所以层叠式混合推荐方法比一开始就联合两种方法对所有项目进行处理的加权式混合推荐方法有效。

（6）特征扩充式（feature augmentation）混合：同样也是使用两种或者多种推荐技术，将利用一种推荐技术产生的特征信息嵌入另一种推荐技术的特征集中，形成新的特征集合，并结合前一种推荐技术进行推荐。例如，Libra 系统在通过亚马逊网站找到的数据的基础上做出基于内容的推荐。该系统使用的文本数据是由亚马逊网站使用内部协同过滤系统获得的"相关作者"与"相关主题"信息。这些文本特征对 Libra 系统的高质量推荐有重大作用。

因为特征扩充式混合推荐方法能够改善推荐系统，而不需要修改该系统本身，所以非常有吸引力。一些附加的功能可以由第三方提供（如 Libra 系统的基础数据来源于亚马逊网站），并且第三方本身可以使用其他技术来加强数据。这一点与特征组合式混合推荐系统是不同的，在特征组合式混合推荐系统中来源于不同地方的原始数据（特征）被结合在一起进行推荐。

虽然层叠式混合推荐方法和特征扩充式混合推荐方法都按顺序使用两种推荐方法，第一种推荐算法都对第二种推荐方法产生影响，但是两者还是很不相同的。在特征扩充式混合推荐方法中，第二种推荐方法使用的特征包含了第一种推荐方法所产生的结果。而在层叠式混合推荐方法中，第二种方法只是把第一种推荐方法不能完全区别开来的项目（并且排名比较靠前）重新进行推荐，在预测评分时是单独使用自己的数据与算法，并没有使用第一种方法产生的结果[27]。

（7）元层次式（meta-level）混合：该方法与特征扩充式混合推荐方法类似，区别在于元层次式混合推荐方法是用一种推荐技术产生的模型作为另一种推荐技术的输入。

混合推荐方法的关键性特点在于混合设计，以上所述的七种策略可以大致概括成三种基本设计思路，即并行式设计、整体式设计和流水式设计。其中，加权式混合、转换式混合和混合式混合属于并行式设计，特征组合式混合和特征扩充式混合属于整体式设计，层叠式混合和元层次式混合属于流水式设计。这三种设计思路如图1-4、图1-5和图1-6所示。

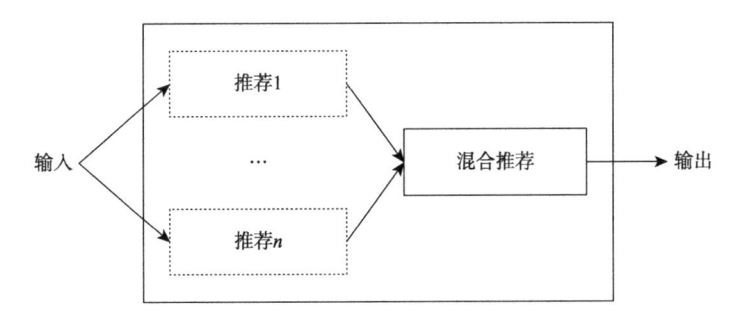

图1-4　并行式设计思路

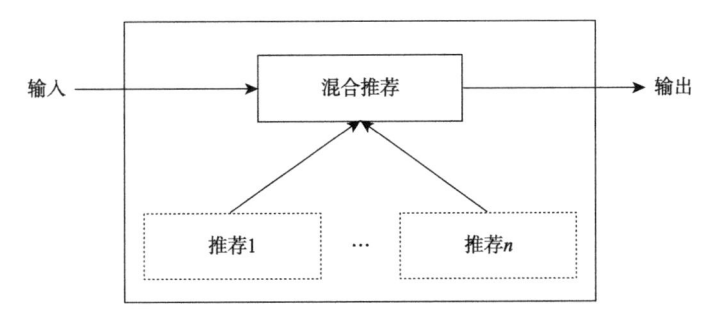

图1-5　整体式设计思路

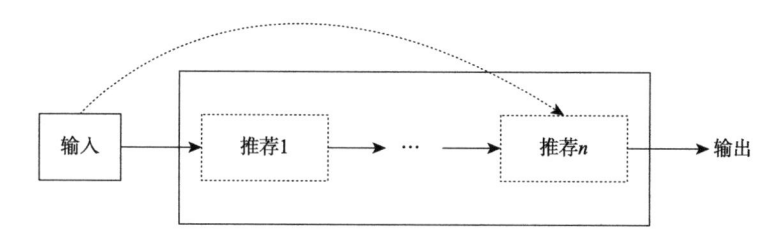

图 1-6　流水式设计思路

　　整体式设计只包含一个推荐单元，这个推荐单元需要处理和组合多个知识源来把多种推荐算法组合到一起。该类设计又可以细分为特征组合式的混合设计和特征扩充式的混合设计。特征组合式的混合设计因为比较简单而被广泛使用，如协同过滤和基于内容的特征的组合。特征扩充式的混合设计要复杂一些。例如，基于内容扩充的协同过滤就属于该类设计，它使用了基于内容预测结果的协同机制来对用户评分进行预测。

　　并行式设计包括两个及以上的推荐单元。推荐单元间并行工作，最后把推荐结果整合在一起。加权式混合、转换式混合和混合式混合都属于并行式设计。混合式混合最简单的实现方式就是把各个推荐单元的推荐结果中整体评分最高的结果推荐给用户。加权式混合可以通过权重的分配来加强或减弱某个推荐单元的作用。转换式混合方式可以通过某种评价手段来决定本次推荐结果只采用某个推荐单元的推荐结果。

　　流水式设计也包括两个及以上的推荐单元。各个推荐单元分属不同的阶段，多种推荐技术顺序发生作用，直至产生优良的推荐结果。流水式设计可以分为层叠式混合和元层次式混合。层叠式混合方法，前一个推荐算法生成一个推荐列表供以后的推荐算法使用，后面的推荐算法只能处理前一个推荐算法的推荐结果。元层次式混合方法，前面的推荐算法对数据进行预处理，生成一个模型给后面的推荐算法使用。流水式设计需要深入理解算法的功能才能产生良好的设计，才能确保系统运行的高效[51]。

　　虽然理论上存在多种组合推荐方法，但不同的组合思路适用于不同的应用场景。按推荐算法组合发生的阶段及融合的程度可以把组合推荐分为前融合、中融合和后融合：①前融合，对各种推荐算法进行直接融合，统一在一个框架模型里，从算法层次看是深度融合；②中融合，在以某种推荐算法为主的框架模型上，融合另一种推荐算法的部分特征；③后融合，直接将多种推荐算法各自计算得到的结果进行融合。

　　常用的混合推荐方法有：①将协同过滤推荐和基于内容的推荐单独运行的结果进行组合推荐；②将基于内容的推荐的特征融合到某种协同过滤推荐中；③建立具有基于内容的推荐和协同过滤推荐特点的预测模型[52]。

尽管理论上有很多种组合推荐方法，但在某一具体问题中并不见得都有效，因此组合推荐一个最重要的原则，就是通过组合后要能避免或弥补各自推荐技术的弱点。混合推荐方法较之单一策略的推荐方法往往能够实现更佳的推荐质量，目前已引起了国内外学者广泛关注，而将协同过滤推荐与其他推荐方式相融合的混合推荐技术已成为个性化推荐研究的趋势。

1.2.4 个性化推荐的研究进展

国外学者对个性化推荐的研究主要表现在以下几个方面。

Resnick 和 Varian[53]认为目前主流的推荐系统包括基于内容的推荐系统、协同过滤推荐系统及基于知识的推荐系统等。

1. 基于内容的推荐系统

基于内容的推荐是建立在对项目特征描述的基础上做出的推荐，在基于内容的推荐系统中，项目特征的描述常被称为"关键词"，如 Balabanovic 和 Shoham[54]用网页中最重要的 100 个关键词来描述此网页的 Fab 推荐系统；Pazzani 和 Billsus[55]设计的推荐系统中，每个文件用 128 个信息量进行表示，进而进行推荐；Kazienko 和 Adamski[56]利用用户注册信息、IP 地址、浏览习惯构建配置文件的 AdROSA 广告个性化推荐系统。此外，为保证基于内容推荐的精确度，需要不断扩充用户偏好文档信息的数量并进行准确的表达，因此，其存储代价将呈几何式增长。基于内容的推荐算法在海量用户、商品信息需求呈爆炸式增长的移动商务环境下，难以达到推荐结果精准度与合理计算代价的一致。

2. 协同过滤推荐系统

协同过滤推荐系统是当前研究的主流，被广泛应用于多个领域，如当当网的书籍推荐系统、Goldberg 等[27]设计的 Tapestry 邮件处理系统、Goldberg 等[57]设计的 Jester 的笑话推荐系统及 Konstan 等[58]设计的 GroupLens 的协同过滤推荐系统等。

协同过滤推荐又分为基于用户、基于项目及基于模型的协同过滤推荐[59]。Adomavicius 和 Tuzhilin[60]在用户离线时利用评分相似性对用户聚类，当用户在线时，利用已有聚类结果生成待推荐用户最近邻集合并产生推荐；Bobadilla 等[61]通过基于内存的协作过滤建立了新方程，提出一个协同过滤推荐的电子学习系统；Yuan 和 Cheng[62]结合语义本体论提出一种耦合聚类模型，并将其应用于移动产品的推荐上；Zheng 和 Li[63]深入分析在预测用户偏好时，标签和时间信息起到的作用，利用这些资料提出了一种资源推荐模型；Symeonidis[64]设计了基于用户评级的协同过滤模型，实证表明，该模型算法有效提高了协同过滤推荐的性能。协同过滤推荐最大的优点在于基于用户最近邻就可以挖掘用户潜在兴趣,不需分析对象的特征属性,在某种程度上,由于数据的表示简单,避免了基于内容的推荐的个性化及自动化程度不高的问题。然而,协同过滤推荐系统要求用户能参与到这项活动中来,每个用户要为系统贡献一份力量,基于大量历史数据,系统才能发挥最佳性能,因此,存在冷启动、稀疏性等问题。在移动商务环境下,协同过滤推荐性能随着用户的增长、计算量的加大而降低。因此,部分推荐系统在其产品数量相对稳定的情况下,采用产品相似性进行推荐,有效提高了推荐的准确性,但是对于移动电子商务系统,产品信息的数量是不断加大的,致使响应速度影响了移动电子商务用户的购物体验,限制了该技术的实际应用。

3. 基于知识的推荐系统

基于知识的推荐是关于特定商品满足特定用户需求的知识,可以看成一种能够解释需求与推荐关系的推理技术[65]。Felferning 等[66]通过研究抽取与用户对话中用户感兴趣的内容,建立了基于知识的自动问答系统,该系统可以通过自动抽取的方法向用户推荐符合其需求的相关的特性产品。Mirzadeh 和 Ricci[67]利用交互式咨询进行基于知识的推荐。Velasquez 和 Palade[68]利用用户浏览行为建立的规则结合抽取到的 Web 内容信息,构建了基于知识的 Web 推荐系统。基于知识的推荐由于不需要依赖评分数据,也就不存在冷启动与稀疏性问题。但是,在以大规模数字型信息资源为主的移动商务系统中,知识的获取与建模面临较大的困难,因此需进一步研究。

国内学者关于个性化推荐的研究主要表现在以下几个方面。

当前,我国学者从推荐算法的改进、应用领域等方面有针对性地对个性化推荐问题进行了深入的研究。例如,陈全等[69]将领域知识相关概念及分类引入电子商务个性化推荐过程中,建立基于领域知识的推荐模型,并应用于网络零售超市中。金淳和张一平[70]通过分析移动商务用户消费行为,设计了基于 Agent 建模与仿真的方法,应用于移动商务推荐过程中。陈洁敏等[52]在研究中阐述了当前主流推荐算法的优点和缺点,并指明了个性化推荐系统可应用的领域及未来的研究热点。张玉洁等[71]从组推荐的研究框架入手,深入分析了群组用户偏好发现、获取、融合、推荐等相关技术,并展望了组推荐在电子商务及移动商务领域的发展。

在协同过滤推荐领域,朱国玮和周利[72]通过引入领域最近邻方法,提出基于遗忘函数和领域最近邻的个性化推荐模型。硕良勋等[73]通过粒子群算法对最近邻参数 k 进行优化,在此基础上进行协同过滤推荐,实验结果表明,该算法获得了更为理想的推荐效果。

在专家推荐研究领域,巩军和刘鲁[74]以维基百科为研究背景,提出融入个人知识地图的专家推荐,实验结果表明,该算法可以在推荐过程中,有效地帮助多知识领域专家对用户需求进行完整的识别。梁昌勇等[75]以群体成员偏好为基础构建群体推荐系统，在推荐过程中引入领域专家法对成员未评分项进行预测填充。

此外，信任作为制约电子商务发展的瓶颈所在，受到越来越多的关注[76]。基于证据融合理论，田博和覃正[77]从商品、技术、环境等方面分析影响 B2C 电子商务用户购物感知信任的因素，在此基础上结合 D-S 证据融合理论构建了推荐信任评价模型。陈婷等[78]提出一种社交网络环境下基于信任的推荐方法，该方法首先综合考虑相似度与信任度来构建用户间的偏好关系，进而生成邻居用户，再综合目标用户偏好信息和邻居用户对其评分的影响预测评分，该方法为基于信任的推荐研究提供了新的思路。

在包括电子商务在内的多个领域里，个性化推荐已得到广泛的应用，且已成为解决信息过载问题的有效工具。从上述个性化推荐的国内外文献可以看出，虽然国内外学者对协同过滤推荐、基于内容的推荐、基于模型的推荐技术进行了大量的研究，取得了长足的进步，但现有的推荐算法仍面临诸多困难与挑战，其中，数据稀疏性、冷启动、可扩展性和推荐信任等仍是主要问题，现有的技术和方法都不能从根本上解决这些问题。随着应用领域的不断拓展，移动商务推荐研究引起了国内外学者的广泛关注，相比传统推荐，移动商务数据的非结构性及应用场景的可移动性，使得移动推荐复杂度更高，并且通常缺少用户历史数据，致使传统推荐算法无法直接应用，因此，考虑移动商务平台特征、改进现有的推荐技术，从而为移动商务用户提供满足其个性化需求的推荐服务，需要进一步深入探索。

1.3　移动商务推荐系统

1.3.1　移动商务推荐研究现状

随着智能移动设备的普及与信息技术的发展，用户迫切地希望能够在移动过程中，即时即地地从移动互联网中获取满足其个性化需求的信息并进行商务活动，推荐系统开始进入各种移动商务终端，移动商务推荐系统应运而生，并成为学术界的研究热点。如何利用移动商务情景、社会化网络等信息挖掘用户偏好，有效提高移动商务推荐的用户满意度和精确性，从而实现精准化营销，成为移动商务推荐系统的主要任务。目前，国外学者对移动商务推荐的研究主要集中在以下几个方面。

1. 移动商务用户偏好

Adomavicius 和 Tuzhilin[60]研究了多维度（用户-项目-情景-偏好值）用户偏

好相似性计算，从而预测潜在情景用户偏好。Yang 等[79]通过追踪移动商务用户对商家网页的历史浏览记录，统计分析得到用户偏好的特征向量，并结合两者之间的位置距离，使用余弦相似性计算用户对商家的偏好。Huang 等[80]构建了基于粗糙集模型及协同过滤的情景感知推荐系统，该系统先利用粗糙集理论计算用户对各类型情景信息的偏好程度，基于此计算用户相似度，利用协同过滤推荐算法生成推荐。Dao 等[81]利用移动商务用户偏好与情景信息，采用遗传算法设计了基于位置的广告推荐模型。Verbert 等[82]认为将移动商务用户情景信息融入智能化推荐系统的研究过程中，能更准确地挖掘用户偏好，进而更精准地为移动商务用户提供满足其需求偏好的推荐结果。Kim 等[83]提出了一个基于偏好的推荐系统 Viscors，它为移动商务用户推荐壁纸，实验证明了该方法能够提高推荐的显著性和有效性。Majid 等[84]根据用户历史情景偏好与景点流行度进行匹配，选择当前情景满足用户历史情景偏好的信息作为景点过滤条件进行协同过滤推荐。

2. 移动商务用户情景

Ahn 等[85]将用户需求、当前情景信息引入相似性计算过程中，设计了基于情景的协同过滤推荐算法，并将该算法与其他协同过滤推荐算法同时应用于 Mobile Services 数据集，结果显示，基于情景的协同过滤推荐算法显示出较好的推荐效果。Sae 等[86]通过定位技术统计用户动作数据，依据用户动作行为发现其兴趣项目间的共性，然后结合用户行为及当前情景为其提供满足其需求偏好的个性化服务。Girardello 和 Michahellse[87]利用定位技术分析待推荐用户当前位置附近使用最频繁的手机应用程序，按排序规则生成推荐列表推送给用户。Shiraki 等[88]研究情景要素（如时间、天气、同伴、位置等）对用户选择餐厅的影响，发现情景信息因人而异，对推荐系统影响程度也不尽相同；在移动商务推荐系统中，应先确定对预测结果起关键作用的情景要素，避免在推荐过程中引入不必要的情景而降低系统响应速度。Huang 等[89]提出基于情景的旅游移动电子商务推荐模型，该模型利用服务器实时更新旅游景点评分信息，以确保用户得到与其当前情景相匹配的最新推荐。W. P. Lee 和 K. H. Lee[90]通过情景感知方法预测手机用户意图，并给出推荐结果。

3. 社会网络推荐

Ziegler 和 Lausen[91]通过研究用户兴趣相似性反映出的用户间信任关系，发现二者之间存在积极的相互影响。将社会网络理论融入移动电子商务推荐过程中，构建兴趣相投用户的信任网络，利用口碑相传的社会影响力，提升移动商务推荐效果。Golbeck[92]通过分析社交网站中用户间信任关系，获取用户邻居，指出信任强度由用户给定，并将基于用户信任关系的推荐方式引入电影推荐领域。Quercia

和 Capra[93]根据移动蓝牙间的交互频率和时长，构建移动商务用户社会化网络并计算其社会化关系的强度。根据小世界效应理论及社会化网络的传递性，两节点间距离越短，作为潜在的朋友被推荐的可能性越大。Huang 等[94]将社会网络理论应用到推荐过程中，利用社会网络信任度获取用户邻居，根据待推荐用户信任邻居进行相似度计算，进而完成推荐。实验结果表明，利用信任邻居进行推荐，可有效提高推荐准确率，该方法还被应用于电影推荐系统。Papadimitriou 等[95]用张量表示用户、位置等地理信息，并结合朋友社会化网络，采用高阶奇异值分解方法进行移动推荐。Wang 和 Leng[96]结合情景信息与社会网络理论，通过计算时间、兴趣等相似度，提出一种移动社交网络好友推荐方法，并基于差异距离进行评价。

4. 移动推荐多样性

Ziegler 和 Lausen[97]提出主题多样性算法以提高用户满意度，该算法是对已知推荐算法产生的推荐列表进行二次优化，在保证准确性的同时兼顾多样性进行最终的 TOP-N 推荐。Zhang 和 Hueley[98]使用 k-means 算法先按照用户兴趣对项目进行聚类，然后将聚类结果与推荐候选集进行匹配，将产生的多个推荐列表进行聚合得到最终的推荐结果，该方法有效地增加了推荐结果的多样性。Cantador 和 Castells[99]引入兴趣社区（community of interest）理论，使用语义本体层次聚类方法对用户兴趣建立多层语义兴趣社区，用以描绘用户间潜在的社会关系网络，并改进了已有的基于内容的推荐算法，使多样性推荐效果得以提升。Wang 等学者于 2016 年提出推荐长尾项目可能会导致推荐结果的准确度损失，因此有必要建立一个推荐框架，推荐不受欢迎的项目，同时尽量减少准确性损失，为长尾项目推荐制定一个多目标框架，在这个框架下，两个相互矛盾的目标函数被设计出来描述推荐系统分别推荐准确和不受欢迎的项目的能力，为了优化这两个目标函数，该研究还提出了一种新的多目标进化算法，这种算法旨在通过同时优化两个目标函数来找到一组折中的解决方案[100]。

5. 移动推荐效用评价

数据集与效用评价指标是移动推荐效用评价的两个关键因素，对检验推荐系统性能和发现其存在的问题十分重要。

目前，移动推荐领域还没有公开可用的数据集，因此，研究人员为验证推荐效果，可以收集不涉及用户隐私的志愿者的真实数据。例如，Hosseini 等[101]使用用户对食物的真实评分数据集，检测移动推荐系统的推荐性能。数据集包括 630 个用户在不同情景下对 400 种不同食物的评分，收集时间从 2008 年 10 月到 12 月。其中，情景信息包括时间，分为早、中、晚等不同时段，用户评分的时间是周末或工作日等，同伴分为家人、同事、朋友、单独等，天气分为冷/晴、热/晴、热/雨、冷/雨、温度适中/雨、温度适中/晴。Baltrunas 等[102]召集了 20 个旅游移动商务用户对 20 个景点进行评分，得到了不同情景下用户对景点的评分，实验中用户在考虑情景信息与不考虑情景信息两种情况下进行评分，共收集了 1 272 条评分记录，实验结果表明仅有 1/4 评分与情景信息无关。Book-Crossing 数据集是由 Cai-Nicolas Ziegler 使用爬虫程序在 2004 年从 Book-Crossing 图书社区上采集的 278 858 个用户对 271 379 本书进行的行为信息。通过对其进行信息抽取，可以获得包含用户 ID、年龄等的基本信息及位置情景信息（办公室、餐厅等）、环境情景信息（噪声、天气等）、时间情景信息（早、中、晚等）、状态情景信息（学习、运动等）[103]。

移动推荐性能的评价指标主要针对推荐的准确性，如 MAE（mean absolute error，平均绝对误差）[104]、$P@N$[105]、准确率[106]、召回率[107]等。MAE 预测的是推荐的准确性，其他几种属于分类精确度指标。在移动推荐过程中，系统的实时响应性也很重要，可以作为一个考核指标，评价移动推荐性能的优劣。由于缺少公开可用的数据集，在对移动推荐性能进行测评时，通常邀请志愿者使用相应的原型系统，根据自己的真实感受进行实际评价，以问卷调查的方式统计结果，以此来了解用户满意度，进而分析系统性能的有效性，这种方式是测试移动推荐性能的重要途径[108]。

目前，国内学者对移动电子商务推荐的研究主要集中在以下几个方面。

1. 移动商务用户偏好

王立才等[109]在分析移动商务用户偏好信息、提取综合用户偏好时，引入有效上下文及服务加工水平认知因素，分别提取基于两种认知因素的用户偏好，综合进行推荐。实验结果显示，融入认知心理学的偏好提取方法，考虑各种因素对偏好提取的影响，很好地提高了偏好提取准确性，从而提高了移动商务服务精确度。移动商务环境下，用户需求大多与所处情景密切相关，据此，刘启华[110]通过情景历史分析挖掘移动商务用户偏好，用于移动信息推荐服务，并在构建的 CAMTRS（context-aware mobile tourism recommender system，上下文感知的移动旅游推荐系统）中进行了实证研究，结果显示，该方法在提取旅游用户偏好上取得了较好的效果，能有效提高推荐系统的预测精度。黄洋[111]通过分析移动商务用户购买行为发现其兴趣偏好，进而进行推荐，该方法的优势在于依据移动商务用户偏好为其推送符合用户个性化需求的信息。孟祥武等[112]利用待推荐用户当前情景构造情景相似度集合，借鉴预过滤思想用情景相似度集代替当前情景作为过滤条件进行降维，最后利用传统推荐算法进行偏好预测。

2. 移动商务用户情景

袁静和焦玉英[113]认为提高预测效果的有效途径是将移动商务情景融入推荐系统中，因而提出融入情景的学习资源推荐方法。杨君等[114]构建了动态环境中的多维用户模型，并根据待推荐用户"最近邻"在当前情景下对项目评分的计算对用户做出最终的推荐。周朴雄和陶梦莹[115]通过 GPS[①]/GIS 定位技术获取用户情景信息，提出一种三维立体式推荐方法，有效提高了移动信息服务质量并实现了推送服务可视化。杨袁伟等[116]提出基于 LBS 的个性化推荐算法，该算法利用位置感知系统获取用户位置相关信息，借鉴多属性决策理论引入距离变量并结合协同过滤推荐算法进行移动商务推荐。试验结果表明，该算法很好地解决了位置变化敏感性及冷启动问题，具有较强的可行性。艾丹祥等[117]在研究移动电子商务餐饮推荐服务的过程中，设计了基于情景语义的移动推荐系统，该系统依据情景本体中的概念和语义关系，自动生成推荐规则，并通过规则推理产生推荐结果。翟丽丽等[118]提出基于情景聚类的移动商务推荐模式，该模式先对用户进行情景聚类，然后进行推荐，实验结果显示，该模式在提高移动商务推荐精确性方面取得了较好的效果。

3. 社会网络推荐

张海燕和孟祥武[119]针对基于社会标签的推荐问题，对现有研究进展进行了分类阐述，发现在社会标签的帮助下，用户兴趣表达、信息检索及推荐效果均有显著提升，并指明了未来的研究方向。邓晓懿等[120]利用情景信息对用户进行聚类，然后运用社会网络理论分析用户间的信任关系，进而改进相似度计算方法，进一步提高了移动商务环境下的信息推荐质量。张志军和刘弘[121]利用用户情景信息挖掘用户间社会关系，基于此获取与用户偏好相似的用户，进而进行移动推荐，实证研究显示，相较于传统推荐算法，该算法具有更高的预测准确率。唐晓波和孙飞[122]结合信任传递与度量方法，挖掘用户间复杂信任网络关系，进而进行推荐。实证选取新浪微博用户进行测试，结果表明基于复杂信任网络的社会化媒体好友推荐模型实现了社会化媒体好友推荐，为后续研究提供了参考价值。孟祥武等[123]认为，移动新闻推荐系统可以通过在移动商务用户社会关系网络构建的基础上，利用用户情景兴趣与信任的相似程度对目标用户进行推荐。郑孝遥等[124]构建基于信任的推荐模型，该模型算法通过融入通信信任、相似信任、传递信任三个信任度及通信情景，提高了推荐算法的准确性。

---

① GPS：global positioning system，全球定位系统。

4. 推荐多样性

张国富和徐升华[125]提出融合信任机制的推荐多样性算法，通过选择候选集中多样性较好的信任邻居作为代表，以此来调节推荐结果的多样性和准确性。姜书浩等[126]认为多样性能在某些情况下超过精确性给用户带来更好的满意度，因此，其提出一种基于用户间共同评分项目的数量，通过加权计算得出相对相似性指数，进而进行推荐的总体多样性推荐算法，在确保准确性的同时提高了推荐的总体多样性。王斌和曹菡[127]对MMR（maximal marginal releuance，最大边界相关）推荐算法进行改进，在原有模型算法基础上融入用户-项目交互因子，建立基于发现的多样性推荐模型，并应用于旅游推荐系统，得到了良好的推荐效果。张骏等[128]基于项目差异度进行聚类，利用项目聚类结果对初始推荐列表进行优化，从而实现推荐的多样性。李冰等[129]提出一种考虑了多样性和精确性的多目标混合推荐模型，该模型研究客户对服务内容的多样化选择偏好，从众多倾向性变量中抽象并概括出三个具体因子，即二次选择因子、个性选择因子和热门选择因子，这三个因子变量能够从宏观上概括和解释客户的多样化选择情况，揭示出事物之间本质的联系；基于三个多样化因子构建混合推荐策略，同时满足客户对服务内容的重复选择、差异选择和热门选择的倾向性需求。高长元等[130]为了提高推荐结果的精确度和多样性，利用用户相似性构建二部图网络结构资源传递路径权重，改变传统资源均等传递情况以提高推荐的精准度，同时，通过对物品间属性海明距离的计算，改变资源从用户向物品传递的规则，增加了推荐物品的种类。

5. 推荐系统效用评价

刘建国等[131]根据推荐系统任务的不同，首先对六种评价推荐精准度的指标，从优缺点及适用环境的角度进行了详细的阐述；其次，针对精准度以外的其他指标，如新颖性、流行度、覆盖率等度量标准进行综合分析，并指出未来的改进方向。朱郁筱和吕琳媛[132]对推荐结果的精确性、覆盖率、新颖性及多样性等多个推荐系统评价指标进行了多角度全方位的阐述，并指出以用户体验为中心设计推荐系统将成为影响推荐服务发展的关键因素，进而给出了相应的建议。刘辉等[133]对衡量推荐系统性能的召回率、准确率、半衰期指标、ROC（receiver operating characteristic，受试者工作特征）曲线等指标进行了深入分析，针对推荐系统评价指标研究现状，阐述每个指标的优缺点及适用环境，并指出推荐的关键是获得用户的认同，而不仅仅是提高预测结果的精确性。

1.3.2 移动商务推荐研究发展

1. 移动商务推荐研究发展的难点

从上述文献对移动商务推荐的研究状况的总结中可以看出，国内外学者对移动商务推荐的研究大体相同，大多数集中对移动商务用户偏好、用户情景、社会网络及多样性等问题进行研究，但目前的研究中还存在如下问题。

（1）针对移动商务用户情景推荐问题，根据移动情景与移动商务推荐系统的结合方式，主要有情景预过滤、情景后过滤和情景化建模三种方式，但大多研究的开展以整个用户群体的整个情景信息进行推荐，并未考虑用户个体差异性，致使推荐精确度不高，无法满足个体用户的体验需求。

（2）针对社会网络推荐的研究，国内外学者往往通过融合社会化信息和用户偏好信息解决稀疏性、冷启动等问题，相比传统推荐算法得到进一步的提升和优化，然而，移动商务用户面临社会化信息过载或稀疏性问题，加之不同社会信任信息环境下的推荐问题难以解决，不能保证预测结果准确性，影响用户体验度。

（3）针对多样性推荐，研究的开展大多致力于特定类型的推荐系统，如何优化多样性推荐方法并对其进行有效组合，设计一种能全面提高系统多样性的推荐框架仍有待深入研究。

（4）我国学者对有关推荐系统效用评价的研究还较少，尤其是针对移动推荐的性能进行评价时，评价指标如何选择，是首先需要解决的关键问题。

2. 移动商务推荐研究未来趋势

通过对与移动商务推荐研究相关的国内外相关文献的梳理，发现该方向已日渐成为国内外学者研究的热点与前沿课题，移动商务推荐研究作为一个新兴的研究领域，虽然已取得了一定的进展，但还有待进一步深入，今后几年移动商务推荐研究发展的趋势主要集中在以下几个方面。

（1）移动商务用户网上购物时，个性化推荐功能不够完善，造成用户无法从爆炸式的移动商务信息中得到良好的购物体验过程及结果，对各项功能的感知体验影响了用户真实购买决策行为的发生，因此，以用户体验为视角，从移动商务用户的网络购物行为中挖掘用户的需求和心理，提炼用户的行为特征，从而有针对性地构建一个良好的交互体验模型，并从服务提供方式的角度，给予移动商务用户购物决策帮助，成为移动商务发展的核心问题。

（2）作为开展个性化推荐的重要基础，移动商务用户偏好获取技术已成为移动商务个性化服务研究领域的热点之一。移动商务环境下用户偏好快速挖掘，缺乏对移动商务用户在位置、时间、业务需求等方面的综合分析,如何利用移动商务用户情景与用户偏好信息进一步提高移动个性化服务的精确性和实时性,成为移动商务用户偏好获取技术的主要任务。

(3)移动商务环境下,用户在接触推荐信息时,对于情景信息的接受意愿还取决于对信息可信性的判断,用户信任问题的解决有助于提升移动商务用户的用户体验,进而产生购买意愿和购买行为。当前已有研究表明在移动推荐过程中引入社会网络理论可有效缓解用户信任问题,但移动商务用户仍面临社会化信息过载及不同信任特征环境下的推荐问题,如何在确定用户情景偏好的基础上运用社会网络分析(social network analysis)提高移动推荐服务质量,成为移动商务推荐领域亟待解决的热点问题。

(4)更加多样化、新奇化的产品推荐不仅可以提高用户体验满足感,而且对于移动商务商家而言,相较于知名产品,知名度低的商品可能毛利率更高。遗憾的是,移动推荐服务的新颖性、多样性与准确性之间存在一定的矛盾。如何深度挖掘用户行为,权衡三者之间的矛盾,成为移动商务推荐亟待解决的一个重要问题。

(5)移动推荐系统的性能,需要在相应的数据集上使用相应的评价指标来衡量,如 MAE、ILD(intra-list dissimilar)、coverage 等指标通常被用于评价移动推荐的精确性、个体多样性、覆盖率等。但目前,由于缺少可直接测试移动商务推荐系统的公开可用的数据集,在一定程度上给移动推荐系统的性能评价带来了不小的困难,因此,研究者通常邀请志愿者使用相应的原型系统,要求用户根据自己的真实感受进行实际评价,以问卷调查的方式统计结果,以此来了解移动商务用户满意度,并对系统性能的有效性进行分析。但问卷调查方式的样本数量相对较少且成本花费较大,因此,如何对系统性能进行有效的评价,成为移动商务推荐领域需要研究的问题之一。

综上所述,本书基于用户体验理论、移动商务理论及移动推荐理论,构建基于用户体验的移动商务推荐模式,实现为移动商务用户提供情景粒度更为相关、服务信息更加多元化的精准便捷式推荐服务,进而促进移动商务更好、更快地发展。

1.4 本章小结

本章内容是本书的基础,介绍了移动商务、个性化推荐等基本概念的界定,对国内外的移动商务、个性化推荐技术、移动推荐研究现状进行了总结。基于目前移动商务推荐研究主要集中于推荐算法的优化研究，缺乏以用户为中心的移动电子商务推荐研究，本书提出基于用户体验的移动商务推荐模式。

参 考 文 献

[1] 白东蕊，岳云康. 电子商务概论[M]. 北京：人民邮电出版社，2013.
[2] 杨帆. 移动电子商务个性化信息服务研究[D]. 苏州大学硕士学位论文，2015.
[3] 鲁耀斌，邓朝华，陈致豫. 移动商务的应用模式与采纳研究[M]. 北京：科学出版社，2008.
[4] 郁云宝. 移动电子商务服务质量对顾客契合的影响研究[D]. 辽宁大学博士学位论文，2018.
[5] Tsalgatidou A, Veijalaineni J. Mobile electronic commerce: emerging issues[J]. Computer Science, 2000, 1875: 477-486.
[6] Varshey U, Vettey R. Mobile commerce: framework, applications and networking support [J]. Mobile Networks and Applications, 2002, 7: 185-198.
[7] Cyr D, Head M, Ivanov A. Perceptions of mobile device website design: culture, gender and age comparisons[J]. Mobile and Ubiquitous Commerce, 2006, 43: 950-963.
[8] Wang Y S, Liao Y W. The Conceptualization and measurement of m-commerce user satisfaction[J]. Computers in Human Behavior, 2007, 23（1）: 381-389.
[9] Tsalgatidou A, Pitoura E. Business models and transactions in mobile electronic commerce: requirements and properties[J]. Computer Networks, 2001,（37）: 221-236.
[10] Campanovo G, Gopal A. Business model analysis applied to mobile business[C]//Paper Presented at the 5th International Conference on Enterprise Information Systems, 2003,（8）: 23-26.
[11] Varshney U. Business models for mobile commerce services: requirement, design and the future[J]. Service Providers, 2008, 13: 48-55.
[12] Wallbaum M, Dornbusch P. Design considerations for a platform supporting location-aware services[J]. Mobile Network sand Applications, 2003, 8（4）: 377-387.
[13] Fouskas K, Giaglis G, Kourouthanassis P, et al. A road map for research in mobile business[J]. Mobile Communications, 2005, 3（4）: 350-373.
[14] Donner J, Tellez A. Mobile banking and economic development: linking adoption, impact and use[J]. Asian Journal of Communication, 2008, 18（4）: 318-332.
[15] 曹淑荣，傅铅生，米传民. 我国移动电子商务市场发展现状与前景展望[J]. 商业时代，2008,（30）: 78-79.
[16] 杨云，陈春光，张小锋. 3G时代的移动电子商务发展研究[J]. 中国商贸，2009,（17）: 84-85.
[17] 张向国，吴应良. 移动商务价值网商业模式与运营机制研究[J]. 软科学，2005, 19（6）: 34-37.
[18] 叶郁，吴清烈. 移动电子商务的商务模式[J]. 现代管理科学，2005,（10）: 65-66.
[19] 王燕，高玉飞. 移动商务的价值链与商务模式研究[J]. 物流科技，2006, 29（133）: 63-66.

[20] 张千帆, 梅娟. 移动商务商业模式分析、评价与选择研究[J]. 科学管理研究, 2009, 29（3）: 249-251.
[21] 罗巍. 基于位置服务的移动电子商务平台构建[J]. 中国科技信息, 2010,（2）: 172-174.
[22] 强学刚. 我国手机支付商业模式研究[D]. 北京交通大学硕士学位论文, 2011.
[23] 潘旭. 一个基于短消息的移动小额支付平台解决方案[J]. 计算机应用, 2004, 24（10）: 144-146.
[24] 沈祥. 国内用户使用移动广告行为的意向的实证研究[D]. 中国科学技术大学博士学位论文, 2008.
[25] 田华, 王光. 移动电子商务应用——手机订票服务实证研究[J]. 中国商贸, 2010,（4）: 84-85.
[26] Resnick P, Varian H R. Recommender systems[J]. Communications of the ACM, 1997, 40（3）: 56-58.
[27] Goldberg D, Nichols D, OKI B. Using collaborative filtering to weave an information tapestry [J]. Communications of the ACM, 1992, 35（12）: 61-70.
[28] 黄创光, 印鉴, 汪静, 等. 不确定近邻的协同过滤推荐算法[J]. 计算机学报, 2010, 33（8）: 1369-1377.
[29] Breese J, Heckerman D, Kadie C. Empirical analysis of predictive algorithms for collaborative filtering[C]//Proceedings of the 14th Conference on Uncertainty in Artificial Intelligence. San Francisco: Morgan Kaufmann Publishers, 1988: 43-52.
[30] 杨君. 基于情景感知的多维信息推荐研究[D]. 武汉大学博士学位论文, 2011.
[31] Felfernig A, Mairitsch M, Mandl M, et al. Utility-based repair of inconsistent requirements[C]// Next-Generation Applied Intelligence. Berlin: Springer Berlin Heidelberg, 2009: 162-171.
[32] Jannach D. Fast computation of query relaxations for knowledge-based recommenders[J]. AI Communications, 2009, 22（4）: 235-248.
[33] Mirzadeh N, Ricci F, Bansal M. Supporting user query relaxation in a recommender system[C]// E-Commerce and Web Technologies. Berlin: Springer Berlin Heidelberg, 2004: 31-40.
[34] Ricci F, Mirzadeh N, Venturini A. Intelligent query management in a mediator architecture[J]. Proceedings of 2002 First International IEEE Symposium, IEEE, 2002, 3（1）: 221-226.
[35] Mirzadeh N, Ricci F, Bansal M. Feature selection methods for conversational recommender systems[C]//Proceedings of the 2005 IEEE International Conference on e-Technology, e-Commerce and e-Service, EEE 2005. Nashington: IEEE Computer Society, 2005: 772-777.
[36] Lorenzi F, Ricci F. Case-based recommender systems: A unifying view[C]//Workshop on Intelligent Techniques for Web Personalization, Berlin, 2005: 89-113.
[37] 艾聪聪. 推荐系统中多样性和新颖性算法研究[D]. 湖南大学硕士学位论文, 2014.
[38] Agrawal R, Imielinski T, Swami A. Mining association rules between sets of items in large databases[C]//Proceedings of ACM International Conference on Management of Data（SIGMOD93）, Nashington, 1993: 207-216.
[39] Agrawal R, Shafer J C. Parallel mining of association rules[J]. IEEE Transactions on Knowledge and Data Engineering, 2002, 8（6）: 962-969.
[40] Savasere A, Omiecinski E, Navathe S. An efficient algorithm for mining association rules in

large databases[J]. Proceedings of the 21th International Conference on Very Large Database, 1995: 432-444.
[41] Park J S, Chen M S, Yu P S. An effective Hash-based algorithm for mining association rules[C]//Proceedings of ACM SIGMOD International Conference on Management of Data, San Jose, 1995: 175-186.
[42] Lin J L, Dunham M H. Mining association rules anti-skew algorithms[C]//Proceedings of the International Conference on Data Engineering, Onlando, Florida, 1998: 486-493.
[43] Han J, Pei J, Yin Y. Mining frequent patterns without candidate generation[C]//Proceedings of the 2000 ACM SIGMOD International Conference on Management of Data, Dallas, 2000: 1-12.
[44] Cohen M, Datar M, Fujiwara S, et al. Finding interesting associations without support pruning[J]. IEEE Transactions on Knowledge and Data Engineering, 2001, 13（1）: 64-78.
[45] 邓爱林. 电子商务推荐系统关键技术研究[D]. 复旦大学博士学位论文, 2003.
[46] 王长春. 基于粒计算的移动电子商务推荐系统研究[D]. 西南交通大学硕士学位论文, 2016.
[47] 顾丽敏. 基于用户兴趣变化的协同过滤算法研究[D]. 天津师范大学硕士学位论文, 2014.
[48] Burke R. Hybrid Recommender Systerms: Survey and Experiments[J]. User Modeling and User Adapted Interaction, 2002, 12（4）: 331-370.
[49] Claypool M, Gokhale A, Miranda T, et al. Combining Content-Based and Collaborative Filters on an Online Newspaper[C]//Proceedings of ACM SIGIR Workshop on Recommender Systerms, Berkeley, 1999: 1-11.
[50] Basu C, Hirsh H, Cohen W. Recommendation as Classification: Using Social and Content-Based Information in Recommendation[C]//Proceedings of the 15th National Conference on Artificial Intelligence/Innovative Application of Artificial Intelligence, Menlo Park, 1998: 714-720.
[51] 龙超. 基于混合推荐技术的推荐系统设计与实现[D]. 电子科技大学硕士学位论文, 2017.
[52] 陈洁敏, 汤庸, 李建国, 等. 个性化推荐算法研究[J]. 华南师范大学学报, 2014, 46（5）: 8-15.
[53] Resnick P, Varian H R. Recommender systems[J]. Communications of the ACM, 1997, 40（3）: 56-58.
[54] Balabanovic M, Shoham Y. Fab: content-based, collaborative recommendation[J]. Communications of the ACM, 2007, 40（3）: 66-72.
[55] Pazzani M, Billsus D. Learning and revising user profiles: The identification of interesting Web sites[J]. Machine Learning, 1997, 27（73）: 313-331.
[56] Kazienko P, Adamski M. AdROSA-Adaptive personalization of web advertising[J]. Information Sciences, 2007, 177（11）: 2269-2295.
[57] Goldberg K, Rorder T, Gupta D. Eigentaste: a constant time collaborative filtering algorithm[J]. Information Retrieval, 2001, 4（2）: 133-151.
[58] Konstan J A, Miller B N, Maltz D. Group Lens: applying collaborative filtering to use net news[J]. Communications of the ACM, 2012, 40（3）: 77-87.
[59] Xu C, Xu J, Du X Y. Recommendation algorithm combining the user based classified regression and the item-based filtering[C]//Proceedings of the 8th International Conference on Electronic

Commerce: The New E-commerce: Innovations for Conquering Current Barriers, Obstacles and Limitations to Conducting Successful Business on the Internet. New York: ACM Press, 2006: 574-578.

[60] Adomavicius G, Tuzhilin A. Toward the next generation of recommender systems: a survey of the state-of-the-art and possible extensions[J]. IEEE Trans on Knowledge and Data Engineering, 2005, 17(6): 734-749.

[61] Bobadilla J, Serradilla F, Hernando A, et al. Collaborative filtering adapted to recommender systems of e-learning[J]. Knowledge-Based Systems, 2009, 22(8): 261-265.

[62] Yuan S T, Cheng C. Ontology-based personalized couple clustering for heterogeneous product recommendation in mobile marketing[J]. Expert Systems with Applications, 2004, 26(3): 461-476.

[63] Zheng N, Li Q D. A recommender system based on tag and time information for social tagging systems[J]. Expert Systems with Applications, 2011, 38(3): 4575-4587.

[64] Symeonidis P. Collaborative recommender systems: combining effectiveness and efficiency[J]. Expert Systems with Applications, 2012, 34(11): 2995-3013.

[65] Bridge D, Goker M, Mcginty L, et al. Case-based recommender systems[J]. The Knowledge Engineering Review, 2006, 20(3): 315-320.

[66] Felfernig A, Friedrich G, Jannach D. An integrated environment for the development of knowledge-based recommender applications[J]. International Journal of Electronic Commerce, 2009, 11(5): 11-34.

[67] Mirzadeh N, Ricci F. Cooperative query rewriting for decision making support and recommender systems[J]. Applied Artificial Intelligence, 2007, 21(2): 895-932.

[68] Velasquez J D, Palade V. Building a knowledge base for implementing a web-based computerized recommendation system[J]. International Journal on Artificial Intelligence Tools, 2007, 16(7): 793-828.

[69] 陈全, 张玲玲, 石勇. 基于领域知识的个性化推荐模型及其应用研究[J]. 管理学报, 2012, 9(10): 1505-1509.

[70] 金淳, 张一平. 基于 Agent 的顾客行为及个性化推荐仿真模型[J]. 系统工程理论与实践, 2013, 33(2): 463-472.

[71] 张玉洁, 杜雨露, 孟祥武. 组推荐系统及其应用研究[J]. 计算机学报, 2016, 39(4): 745-763.

[72] 朱国玮, 周利. 基于遗忘函数和领域最近邻的混合推荐研究[J]. 管理科学学报, 2012, 15(5): 55-64.

[73] 硕良勋, 柴变芳, 张新东. 基于改进最近邻的协同过滤推荐算法[J]. 计算机工程与应用, 2015, 51(5): 137-141.

[74] 巩军, 刘鲁. 基于个人知识地图的专家推荐[J]. 管理学报, 2011, 8(9): 1365-1371.

[75] 梁昌勇, 冷亚军, 王勇胜, 等. 电子商务推荐系统中群体用户推荐问题研究[J]. 中国管理科学, 2013, 21(3): 153-158.

[76] 叶枫, 吴善滨. 基于评价者过滤的个性化信任模型[J]. 管理工程学报, 2012, 26(3): 80-87.

[77] 田博, 覃正. B2C 电子商务中基于 D-S 证据融合理论的推荐信任评价模型[J]. 管理科学,

2008, 21 (5): 98-104.

[78] 陈婷, 朱青, 周梦溪, 等. 社交网络环境下基于信任的推荐算法[J]. 软件学报, 2017, 28 (3): 721-731.

[79] Yang W S, Cheng H C, Dia J B. A location-aware recommender system for mobile shopping environments[J]. Expert Systems with Applications, 2008, 34 (1): 437-455.

[80] Huang Z X, Lu X D, Duan H. Context-aware recommendation using rough set model and collaborative filtering[J]. Artificial Intelligence Review, 2011, 35 (1): 85-99.

[81] Dao T H, Jeong S R, Ahn H. A novel recommendation model of location-based advertising: context-aware collaborative filtering using GA approach[J]. Expert Systems with Applications, 2012, 39 (3): 3731-3739.

[82] Verbert K, Manouselis N, Ochoa X. Context-aware recommender systems for learning: a survey and future challenges[J]. IEEE Transactions on Learning Technologies, 2012, 5 (4): 318-335.

[83] Kim J, Lee D, Chung K Y. Item recommendation based on context-aware model for personalized u-healthcare service[J]. Multimedia Tools and Applications, 2014, 71 (2): 855-872.

[84] Majid A, Chen L, Chen G, et al. A context-aware personalized travel recommendation system based on Geo-tagged social media data mining[J]. International Journal of Geographical Information Science, 2013, 27 (4): 662-684.

[85] Ahn H, Kim K J, Han I. Mobile advertisement recommender system using collaborative filtering: Mar-cf[J]. Journal of Machine Learning Research, 2006, 10 (10): 623-656.

[86] Sae U S, Pinyapong S, Ogino A, et al. Personalized shopping assistance service at ubiquitous shop space[C]//Proceedings of 22th International Conference on Advanced Information Networking and Applications. Washington: IEEE Computer Society, 2008: 99-102.

[87] Girardello A, Michahellse F. App aware: which mobile applications are hot? [C]//Conference on Human Computer Interaction with Mobile Devices and Services. New York: ACM Press, 2010: 431-434.

[88] Shiraki T, Ito C, Ohno T. Large scale evaluation of multi mode recommender system using predicted contexts with mobile phone users[C]//Proceedings of the Conference on Recommender Systems 2011 Workshop on Context-Aware Recommender Systems, Chicago, 2011: 1-5.

[89] Huang W H, Meng X W, Wang L C. A collaborative filtering algorithm based on users' social relationship mining in mobile communication network[J]. Journal of Electronics & Information Technology, 2011, 33 (12): 3002-3007.

[90] Lee W P, Lee K H. Making smart phone service recommendations by predicting users' intentions: a context-aware approach[J]. Information Sciences, 2014, 277 (1): 21-35.

[91] Ziegler C N, Lausen G. Propagation models for trust and distrust in social networks[J]. Information Systems Frontiers, 2005, 7 (4/5): 337-358.

[92] Golbeck J. Generating predictive movie recommendations from trust in social networks[C]//Proceecdings of the 4th International Conference on Trust Management. Berlin: Springer-Verlag, 2006: 93-104.

[93] Quercia D, Capra L. Friend sensing: recommending friends using mobile phones[C]//

Proceedings of the Third ACM Conference on Recommender Systems, RecSys 2009. New York: ACM Press, 2009: 73-76.

[94] Huang W H, Meng X W, Wang L C. A collaborative filtering algorithm based on users' social relationship mining in mobile communication network[J]. Journal of Electronics & Information Technology, 2011, 33 (12): 3002-3007.

[95] Papadimitriou A, Symeonidis P, Manolopoulos Y. Geo-Social recommendations[C]//Proceedings of the Conference on Recommender Systems Workshop on Personalization on Mobile Applications, Chicago, 2011.

[96] Wang S S, Leng S P. Friend recommendation method for mobile social net works[J]. Journal of Computer Applications, 2016, 36 (9): 2386-2389.

[97] Ziegler C N, Lausen G. Making product recommendations more diverse[J]. Bulletin of the Technical Committee on Data, 2009, 32 (4): 23-32.

[98] Zhang M, Hueley N. Novel item recommendation by user profile partitioning[C]//International Conference on Web Intelligence and Intelligent Agent Technology. New York: ACM, 2009: 508-515.

[99] Cantador I, Castells P. Extracting multilayered communities of interest from semantic user profiles: application to group modeling and hybrid recommendations[J]. Computers in Human Behavior, 2011, 27 (4): 1321-1326.

[100] 史明哲. 基于实值 RBM 的长尾物品推荐研究[D]. 安徽农业大学硕士学位论文, 2017.

[101] Hosseini P M, NematbakhshE M A, Movahhedinia N. A multidimensional approach for context-aware recommendation in mobile commerce[J]. International Journal of Computer Science and Information Security, 2009, 3 (1): 86-91.

[102] Baltrunas L, Ludwig B, Peer S, et al. Context relevance assessment and exploitation in mobile recommender systems[J]. Personal and Ubiquitous Computing, 2012, 16 (5): 507-526.

[103] 高全力, 高岭, 杨建锋. 上下文感知推荐系统中基于用户认知行为的偏好获取方法[J]. 计算机学报, 2015, 28 (9): 1767-1776.

[104] Kim J, Lee D, Chung K. Item recommendation based on context-aware model for service[J]. Multimedia Tools and Applications, 2014, 71 (2): 855-872.

[105] Cyohulyad R, Leray P. A personalized recommender system relational model and users' preferences[J]. Procedia Computer Science, 2014, 35: 1063-1067.

[106] Lee S K, Cho Y H, Kim S H. Collaborative filtering with ordinal scale-based implicit ratings for mobile music recommendations[J]. Information Sciences, 2010, 180 (11): 2142-2155.

[107] Becchetti L, Bergamini L, Colesanti U M, et al. A lightweight privacy preserving SMS-based recommendation system for mobile users[C]//Proceedings of the Conference on Recommender Systems 2010, New York: ACM Press, 2010, 40 (1): 191-198.

[108] Yan B, Chen G L. App joy: personalized mobile application discovery[C]//Proceedings of the MobiSys 2011, New York: ACM Press, 2011: 113-126.

[109] 王立才, 孟祥武, 张玉洁. 移动网络服务中基于认知心理学的用户偏好提取方法[J]. 电子学报, 2011, 39 (11): 2547-2553.

[110] 刘启华. 基于情景历史的移动用户偏好挖掘研究[J]. 图书情报工作, 2012, 56(20): 81-84.
[111] 黄洋. LBS 模式的个性化推荐技术在移动电子商务客户关系管理中的应用[J]. 经营与管理, 2013 (11): 92-94.
[112] 孟祥武, 王凡, 史艳翠, 等. 移动用户需求获取技术及其应用[J]. 软件学报, 2014, 25(3): 439-456.
[113] 袁静, 焦玉英. 基于情景信息的学习资源个性化推荐[J]. 情报理论与实践, 2009, 32(7): 116-119.
[114] 杨君, 汪会玲, 艾丹祥. 一种基于情景的多维协同过滤新方法研究[J]. 图书情报工作, 2011, 55(21): 110-114.
[115] 周朴雄, 陶梦莹. 移动网络环境下情景敏感的个性化信息推荐系统研究[J]. 图书情报工作, 2012, 56(19): 80-84, 121.
[116] 杨袁伟, 麻旺勇, 沈张果. 基于 LBS 的个性化推荐算法[J]. 电脑与电信, 2014, (1-2): 30-31.
[117] 艾丹祥, 张玉峰, 刘高勇, 等. 面向移动商务餐饮推荐的情境语义建模与规则推理[J]. 情报理论与实践, 2016, 39(2): 82-88.
[118] 翟丽丽, 邢海龙, 张树臣. 基于情境聚类优化的移动电子商务协同过滤推荐研究[J]. 情报理论与实践, 2016, 39(8): 106-110.
[119] 张海燕, 孟祥武. 基于社会标签的推荐系统研究[J]. 情报理论与实践, 2012, 35(5): 103-105.
[120] 邓晓懿, 金淳, 韩庆平. 基于情境聚类和用户评级的协同过滤推荐模型[J]. 系统工程理论与实践, 2013, 33(11): 2945-2953.
[121] 张志军, 刘弘. 上下文感知的移动社交网络推荐算法研究[J]. 模式识别与人工智能, 2015, 28(5): 404-410.
[122] 唐晓波, 孙飞. 基于复杂信任网络的社会化媒体好友推荐研究[J]. 情报理论与实践, 2015, 38(11): 96-102.
[123] 孟祥武, 陈诚, 张玉洁. 移动新闻推荐技术及其应用研究综述[J]. 计算机学报, 2016, 39(4): 685-703.
[124] 郑孝遥, 鲍煜, 孙忠宝, 等. 一种基于信任的协同过滤推荐模型[J]. 计算机工程与应用, 2016, 52(5): 50-54.
[125] 张富国, 徐升华. 基于信任的电子商务推荐多样性研究[J]. 情报学报, 2010, 29(2): 350-355.
[126] 姜书浩, 张立毅, 张志鑫. 一种基于相对相似性提高推荐总体多样性的协同过滤算法[J]. 现代图书情报技术, 2016, (12): 44-48.
[127] 王斌, 曹菡. 基于新颖性和多样性的旅游推荐模型研究[J]. 计算机工程与应用, 2016, 52(6): 219-222, 234.
[128] 张骏, 丁艳辉, 金连旭. 基于属性值差异度的推荐多样性改进算法[J]. 计算机与数字工程, 2017, 45(2): 206-209.
[129] 李冰, 王虎, 王锐. 基于多样性选择因子的多目标混合推荐研究[J]. 武汉理工大学学报, 2019, 41(3): 299-304.

[130] 高长元, 段文彬, 张树臣. 基于差异路径权重的二部图网络推荐算法[J]. 计算机应用研究, 2019, 36（3）: 716-771.

[131] 刘建国, 周涛, 郭强, 等. 个性化推荐系统评价方法综述[J]. 复杂系统与复杂性科学, 2009, 6（3）: 155-156.

[132] 朱郁筱, 吕琳媛. 推荐系统评价指标综述[J]. 电子科技大学学报, 2012, 41（2）: 163-164.

[133] 刘辉, 郭梦梦, 潘伟强. 个性化推荐系统综述[J]. 常州大学学报, 2017, 29（3）: 51-59.

第 2 章　基于用户体验的移动商务用户购买决策行为产生机理与推荐模式架构

2.1　消费者决策行为理论

2.1.1　消费者决策

消费者决策是消费者行为学研究的范畴，有必要先对消费者行为的概念进行阐述。

消费者行为研究始于 19 世纪末，20 世纪 60 年代以后得到迅速发展，对于消费者行为的定义，不同的研究者根据其研究立场的不同给出了不同的定义。

Glock 和 Nicosia[1]首先提出了消费者行为的定义，他们认为消费者行为是描述或解释消费者在一段时间内或特定时间内所采取的选择与购买行为。

Demby[2]认为消费者行为是个体评估、获得和使用对个体具有效用的产品或服务的决策程序和行动过程。

Woods[3]将消费者行为定义为，人们在获得他们需要的东西时所进行的活动。

Williams[4]认为消费者行为是与顾客购买产品或服务有关的全部活动、意见和影响。

Engel 等[5]认为消费者行为是顾客为了获得和使用经济性的商品或服务所直接付出的行为，其中就包括了进行购买决策的过程。

Horner 和 Swarbrooke[6]认为研究消费者行为就是研究人们为什么要购买某种商品或服务，以及他们是如何做出购买决策的。

Sheth 和 Banwari[7]指出消费者行为是消费者对商品和服务做出的付款、购买及使用的心理或实际活动。

Blythe[8]提出的有关消费者行为的定义具有代表意义，他认为消费者行为是对消费者为了满足某种需要而产生的购买产品的一切行为活动的统称，是消费者心理的外在表现。这与 Engel 等[5]的定义有所不同，因为 Engel 等的研究认为消费者行为还应该包括决定这些行为的决策过程。

Engel 等[5]及 Kotler 和 Armstrong[9]的研究对消费者购物过程中包括购买前、购买中和购买后的所有行为活动展开，并将这些行为描述为一个决策过程。

Kotler 和 Armstrong[9]的研究认为，在消费者决策过程中，消费者的社会统计特征、是否购买的表现和最终购买的具体产品容易被观察到，但消费者在购买行为实施之前的购买决策思考过程并不容易被观察到，因而将这一过程称为"消费者购买行为决策过程"。"消费者购买行为决策过程"这一概念认为消费者购买产品是一种外在表现行为，这种行为表现反映的是由于消费者接收到某种行为刺激，在经过复杂的心理分析判断过程后，最后所表现出来的行动反应，如表现为是否购买及于何时何地购买何种产品等。

从以上学者所给出的定义上来看，大多学者认为消费者行为是消费者为了满足自己的欲望和需求而进行购买产品或服务时的决策及行动过程。

因此，本书认为消费者行为学的主要研究框架可以简单概括为消费者购买行为决策过程及影响因素。

2.1.2 消费者决策行为研究

由于消费者决策主要发生在消费者行为当中，而消费者行为从微观层面上讲主要是研究消费者如何选择、购买商品的，主要针对消费者的购买过程及影响因素进行探索，试图寻找到其中的规律性，因此，针对消费者决策行为的研究主要集中在消费者购买商品这一行为当中，主要从以下几个方面进行，这对于本书的研究有着重大的借鉴意义。

1. 理性视角下消费者决策行为研究

20 世纪以前，日趋成熟的新古典经济学对消费研究越来越关注。研究者认为，消费过程包括简单的购买和购后反应，购买决策只是理性与有意识计算行为，消费者在其偏好、商品及相关商品价格既定前提下，根据收入决定购买所需的商品，实现效用最大化。在此基础上，研究者构建了较为简单个体的消费行为理论，形成了"三个规律""一个惯性""一个剩余"，即边际效用递减规律、需求规律、需求的价格弹性规律、消费习俗的惯性和消费者剩余。

然而,这些经典经济学消费理论在特定假定前提内是有效的(如消费量与价格成反比),其中最受争议的是借用古典经济学"经济人"的假定,该理论认为,所有消费者在购买决策时非常理性。然而,经济学家伊娃·马勒于1954年在一项消费行为研究中发现这个假定是存在问题的,她发现在所抽取的研究样本中,只有四分之一的人在购买时会对购买决策进行深思熟虑。

马歇尔认为,商品的效用是由商品的内在品质产生的,效用的大小由消费量来决定。事实上,商品的效用不仅来自商品的内在功能与属性,也来自一系列外部因素。同时,马歇尔所构建的消费者选择模型忽视了消费者是如何形成品牌与商品偏好的。West和Albaum[10]认为纯经济学理论不能单独解释消费中的所有变量,对顾客消费活动的管理需要更多相关理论提供支持。

2. 行为视角下消费者决策行为研究

与理性视角下强调消费者决策行为理性不同的是,行为视角强调消费者决策行为过程中外部环境因素的影响,认为外部环境因素才是形成购买行为的主要原因。因此,行为视角下的消费者决策行为研究假设用户内心是一个黑箱状态,行为是消费者对外部事件的反应,它更多关注外部环境的暗示,如广告对消费者决策行为的刺激影响。行为视角下消费者决策行为理论可分为两大分支,即经典条件反射与操作性条件反射。

3. 认知视角下消费者决策行为研究

认知视角认为,信息在顾客购买决策时是十分重要的。它把消费者视为一个积极收集信息解决问题者,消费者总是通过收集信息来达到控制消费行为的目的。信息处理理论是认知视角的中心,也是这个视角下所涌现的众多心理认知层级理论的基础。Barry和Howard[11]认为,这些理论都假定消费者对促销信息会经过如下心理过程:感知、感受、冲动,贯穿这三个心理过程的是认知,认知对行为会产生直接的影响。

信息处理理论在刚提出时并没有得到消费行为学家的重视,同一时期基于特质、动机、社会、态度视角的研究较为广泛,直到20世纪60年代以后,在信息指导下,学者才相继提出众多消费者购物决策模型。最典型的是Glock和Nicosia[1]、Engel等[5]、Barry和Howard[11]分别提出了三个综合性消费者决策模型,这些模型都是把顾客消费行为作为一个信息处理过程,并力图将这一过程中的心理活动做完整的描述。Engel等[5]认为,高涉入购买行为包括以下几个步骤,即认识问题、信息搜寻、可供选择方案的确定、购买及购后评价的行为。同时,这一过程辅以信息处理过程,其大体过程是信息的披露、注意、理解、接受与保留的过程,购买结果是满意或认知不协调。高涉入购买行为是指对比较重要、价格较贵的商品的购买行为，如购买数码相机、笔记本电脑，消费风险很大；低涉入购买行为是指对不重要、价格不贵的商品的购买行为，如购买口香糖等，消费风险很小。Festinger[12]将认知不协调引入消费者行为分析中，认为它影响消费者将来的购买行为。Engel 和 Blackwell[13]认为环境因素也可以影响顾客购买动机与倾向。这些模型都假定消费行为是一种心理状态，而信息的处理结果决定了这些心理状态。

4. 个体特质视角下消费者决策行为研究

从日常购买经验可以看出，消费者的购买行为与消费者个体特质有关，个体特质差异可以从消费者对价格的敏感度、商品提升自我形象的差异、对商品的偏好程度等方面反映出来。最早有 Mead[14]运用角色理论来解释人的社会与个人属性，将戏剧学的知识运用到消费者行为中，认为消费者在消费中表演着不同的角色。Goffman[15]引入管理情境，也就是说人们总是在管理自己在他人眼中的形象，通过消费活动，传递欲表现自我的形象。特质因素的理论意义就在于，理解消费者在社会环境中的角色是如何形成的，从而预测他们的行为，同时，虽然人的特质存在差异，但同一特质的消费者的集合是形成市场细分及实施差异化营销的基础。

5. 动机视角下消费者决策行为研究

20 世纪 50 年代，一部分学者试图将弗洛伊德等的心理学理论引入消费者行为研究中，他们的成果形成消费动机理论早期研究。而另一部分学者，如 Ditcher 提出运用心理学的方法来揭示消费动机，他认为，人们不能直接回答他为什么那样做，因为在大部分时间内，他根本不知道自己为什么那样做[16]。

动机理论学者在深入研究顾客价值的本质的同时，强调利益细分、生活形态、兴趣爱好集合、心理描绘图等概念与工具的运用。其中，运用最多的是生活形态概念。生活形态概念下的营销暗示着营销应通过消费方式来了解顾客。顾客的消费内容集合构成生活形态，因为属于同一生活形态的消费品往往会构成一体，会被同类型的消费者选中。

6. 社会视角下消费者决策行为研究

该视角认为商品反映出消费者的社会地位，社会阶层关系影响着个人消费行为，消费传递着社会与文化象征意义。Veblen 是第一个引入炫耀性消费的学者，他认为财产所有权能带来符号性价值[17]。消费者往往服从规范，因为他们受社会的影响，特别是存在迎合集体的愿望时表现更加突出。规范的形成取决于多重因素，其中一个重要因素就是物理空间的接近。Festinger 等[18]的一个研究表明，物理空间结构影响着友谊的形成和谣言的传播，物理空间距离与交往的增多有利于规范的形成。交流的频率也决定消费参考群体的形成，规范对消费的作用就在于参考群体的价值成为社群整体的价值观，从而将群体价值渗入个体之中。许多研究将社会作为主要影响变量引入消费行为中。

显然，各种社会与个人因素在影响着消费者的行为。而且，各种商品与个人的联系性的强弱取决于它对消费者自我观念与自我形象提升的一致性。消费也传递社会与文化象征意义。即使在高涉入购买行为中，当商品特别符合消费者自我观念时，消费者也可能采用非理性购买行为，如奢侈品的消费。

7. 态度视角下消费者决策行为研究

态度就是消费者在购物之前所持的倾向性看法。购买过程本是一个学习过程，也会导致态度的产生。虽然态度不能决定所有购买行为，但态度也是商品购买过程中外部因素、个人特质等方面综合的结果。

大部分学者同意态度由三个因素构成，即感知、行为、认知。感知是指消费者形成态度的过程；行为是指消费者欲实现态度目标而实施的行为倾向；认知是指消费者对所达到态度目标所持的信念。态度这三个构成因素是十分重要的，它对消费行为的影响力取决于对形成态度目标物的消费动机的强弱。态度视角下的研究者引入层级影响的概念来分析三个构成因素的相对影响。每一种层级理论都对三个态度构成因素有一个固定的排序。例如，认知信息处理理论认为，态度按认知、感知、行为排序；行为学习理论认为，态度按认知、行为与感知排序；体验层级理论认为，态度形成的顺序为感知、行为与认知；那些高涉入程度与高认知风险差异化购买行为的态度排序则是认知、感知与行为。通过认知信息理论可知，态度是基于认知、行为及感知三个过程之后的学习过程，也是感知、行为及认知三个过程的最终成果。

在消费者行为学中影响很大的 AIDA 模式就是态度视角的一个理论成果，即引起注意（attention）、激起兴趣（interest）、渴望（desire）、引起行动（action），此外，态度模型在界定消费者态度形成顺序及分析消费行为过程中具有重大意义，有利于营销者对广告的管理工作。一个典型的例子就是对"涉入悖论"的解决。涉入悖论指一些低涉入购买行为，即对不重要、价格不贵的商品的购买行为，如购买口香糖，虽然人们并不需要对这类商品的功能与属性进行深入理解，但人们需要简单记住它们的品牌，这类商品也需要对消费者进行更多的宣传刺激。相反，一些复杂的高涉入购买行为，即对比较重要、价格较贵的商品的购买行为，如购买数码相机、笔记本电脑，由于消费风险很大，也需要对消费者进行大量信息宣传。态度视角下的模型认为对于前一类商品的营销宣传，广告管理是关键，让信息不断充斥其周围；后一种商品的营销宣传，广告信息的内容是关键，让消费者真正了解商品的功能属性信息。

8. 情境视角下消费者决策行为研究

情境被定义为连接和超越消费者与商品特征的因素。例如，情境可以是行为（如朋友愉快地相伴）、体验（商场购物体验），也可以是感知（如时间的压迫），等等；情境反应也可以是知觉的，也就是情绪可以通过多种方式来影响购买行为，如压力可以削弱信息处理与问题解决能力，也影响购买决策。除了行为、体验与情绪的影响之外，消费者的物理与社会环境也影响着消费动机与对商品的评价，如消费者独特的社会身份或角色对消费行为产生的影响。情境角色另一面是消费者民族认同感与自我认同感，特别是当消费者被唤起这种情感时，他会把这种情感带到他的购买行为中去。此外，消费者情境的自我转换也是一种影响大的因素。

消费者将他们的购买置于特定的情境，他们觉得应在特定的地点进行特定的消费。消费者的情绪与认知对购买商品选择与购后评价的影响都是深远的。一个原因就是，行为为某种目标状态所引导。例如，当人们感到饥饿时会把更多的时间放在面包店，因为这些食物是其主要需求。消费活动追求的目标有两大类，即有形的功能性目标和无形的娱乐性目标。显然，购买过程中的一些情境因素，如购物环境、购买心理状态则会影响消费者的购物数量与时间[17]。

基于以上分析可知，众多学者已从不同的角度对消费者决策行为进行了广泛而深入的研究，并取得了丰富的成果，在消费者决策行为中提出了一些具有代表性的典型的消费者购买决策过程模型，接下来本书将对这些模型进行介绍，以便为本书的研究奠定理论基础。

2.1.3　消费者购买决策过程模型

20世纪以来，心理学家和营销学者一直致力于消费者行为研究，试图揭示隐藏在消费者行为背后的一般规律，国内外许多学者对消费者购买决策过程模型进行了大量的研究，并提出了一些具有代表性的典型模型，以揭示隐藏在消费者购买决策行为背后的一般规律。在西方学者的研究中，最主要的模型有三个，即尼科西亚（Nicosia）模型、霍华德—谢思（Howard-Sheth）模型，以及由恩格尔—科拉特—布莱克威尔（Engel-Kollat-Blackwell，EKB）模型发展出的EBM模型[19]。

1. 尼科西亚模型

尼科西亚模型是尼科西亚于1966年在其《消费者决策过程》一书中提出的。尼科西亚模型主要是将消费者购买过程划分成决策程序的流程图，以此对消费者决策过程进行模拟[19, 20]。该模型由四部分组成。第一部分为广告信息,也称为"从信息发布到消费者态度"。该部分表示企业通过广告宣传、产品体验等手段把有关信息发送给消费者,这些信息经消费者处理后转变成对产品的某种态度并输出。第二部分为调查评价,表示消费者对输出的态度开始寻找有关信息,并对广告及其所宣传的产品做出一定的评价,形成相应的购买动机。第三部分为购买行为,表示消费者在购买动机的驱使下做出购买决策并采取具体的购买行动。第四部分为反馈,表示消费者反馈产品的使用经验,是否满意决定了他们是否会产生重复购买行为。企业根据消费者的反馈,及时调整和改进产品与服务。尼科西亚模型的具体过程如图 2-1 所示。

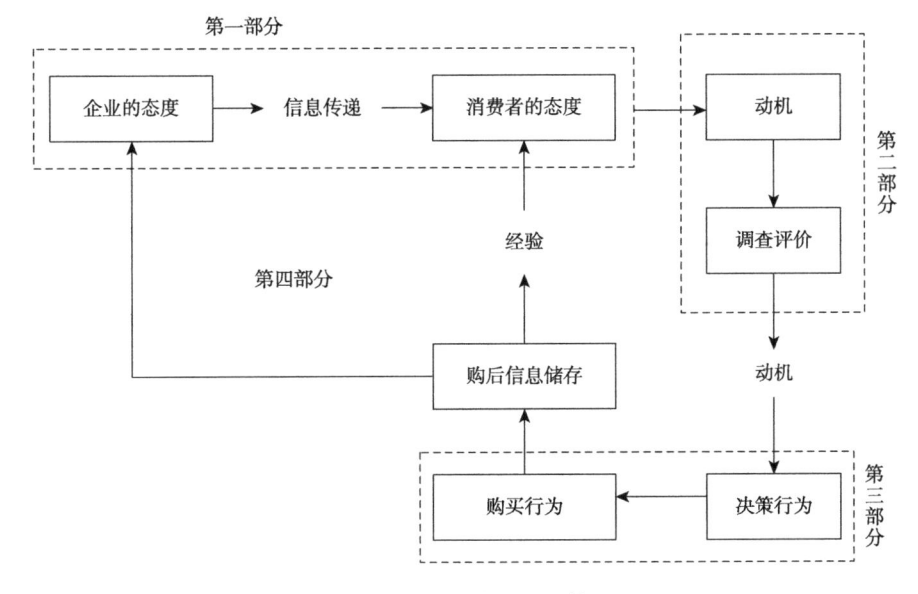

图 2-1 尼科西亚模型的具体过程

2. 霍华德—谢思模型

霍华德—谢思模型首先由学者霍华德于 1963 年提出,后与谢思合作经过修正于 1969 年正式形成[19, 20]。霍华德—谢思模型各变量及其关系如图 2-2 所示。

该模型主要通过四种变量来描述产品的品牌选择过程。第一种变量是刺激或投入因素,也称为输入变量。该变量又包括三种不同的刺激因素:一是产品实体刺激因素,如产品的质量、价格、特性、可用性和服务等;二是产品符号刺激因素,如品牌、商标和包装等;三是社会环境因素,如家庭、相关群体、社会阶层等。第二种变量是外在因素,也称为外在变量,主要包括影响购买决策过程的外部影响因素,如文化、个性、时间、压力、财务状况等。第三种变量是内在因素,

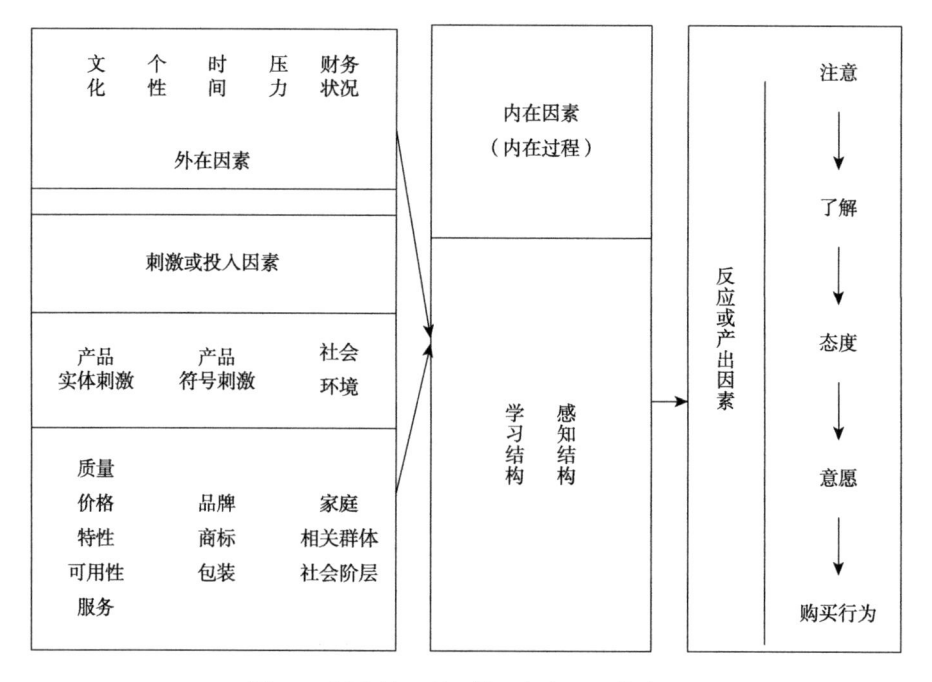

图 2-2 霍华德—谢思模型各变量及其关系

也叫做内在过程。该变量是指介于刺激与反应之间的心理活动过程，其目的在于说明外界刺激在消费者的大脑内部是如何进行加工并形成对某种产品的态度和购买意向的。第四种变量是反应或产出因素，也叫做结果变量，是指消费者经过刺激后产生某些反应，这些反应分别引起消费者对产品的注意，增加了解，产生某种态度，形成购买意愿，最后引起购买行为。

因此，可以认为，霍华德—谢思模型反映了消费者的认知过程，而这个过程会最终影响消费者的购买决策。

3. EKB 模型及 EBM 模型

EKB 模型是目前消费者行为中较为完整而清晰的一个理论。该模型是由美国俄亥俄州立大学的三位教授恩格尔（Engel）、科拉特（Kollat）和布莱克威尔（Blackwell）于 1968 年提出的，是以消费者制定购买决策的过程为基础建立起来的。该模型的优点是详细表述了与购买决策过程有关的一系列变量，它比霍华德—谢思模型和尼科西亚模型更详细和具体[19, 20]。

EKB 模型将消费者行为视为一个连续的过程，整个过程围绕购买决策展开，并受到内外因素的双重作用。EKB 模型分为四部分，即中枢控制系统（即消费者心理活动过程）、信息处理程序、决策过程和环境因素。其中，决策过程被划分为五个阶段，分别是问题认知、信息收集、方案评估、选择、购买结果。影响决策过程的因素分为环境因素（如外在的文化、参考群体、家庭的影响等）与个人因素（如动机、价值观、生活形态、人口统计变量等）。EKB 模型的具体内容如图 2-3 所示。

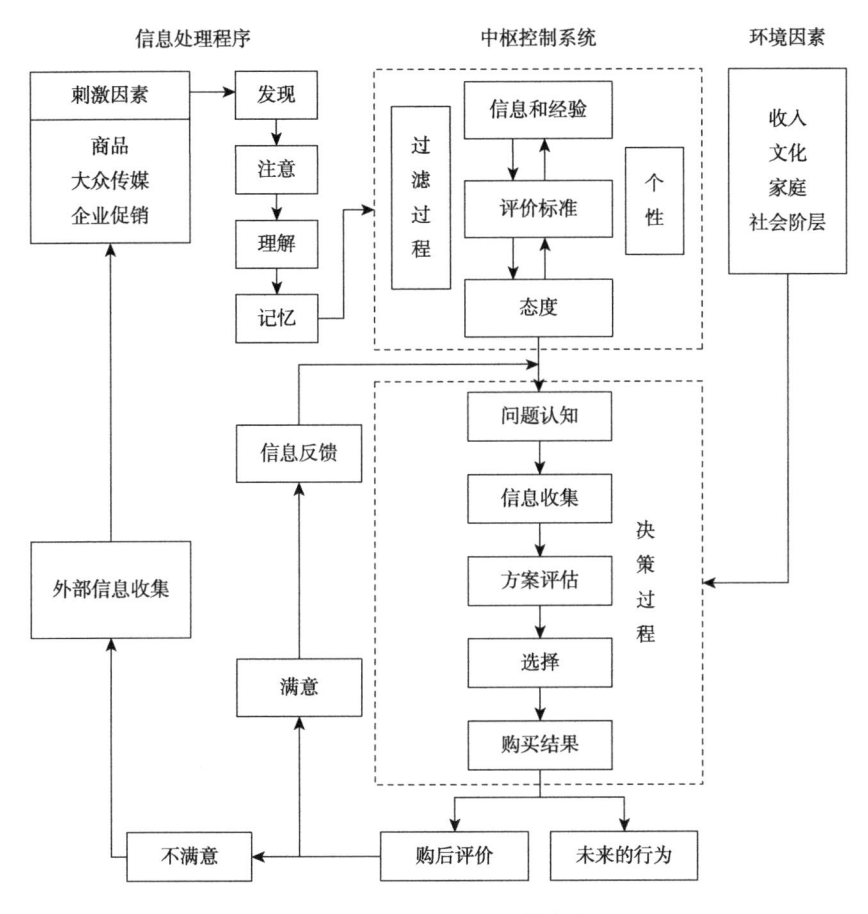

图 2-3 EKB 模型的具体内容

恩格尔、布莱克威尔和米尼亚德（Miniard）三人于 1995 年在 EKB 模型研究的基础上对其提出了新的修订，修订后的模型称为 EBM 模型。消费者决策行为理论（由恩格尔、布莱克威尔和米尼亚德的研究形成，简称 EBM 理论）认为消费者购买决策过程由确认需求、信息搜集、评估方案、购买决策与购后行为五个阶段组成。按照消费者决策行为理论："当消费者受到主观需要或外因刺激时就产生了需求，进而形成购买动机；而购买行动始于信息搜集，它包括根据消费者的经验、知识和记忆获取与其需求相关的产品和服务信息或通过推送、广告等方式获取信息；通过对信息进行分析、推理、判断等一系列思维活动，形成对所需产品的评价标准，并根据这些评价标准对备选方案进行评估；经过反复比较和评选后，对最终确定的目标形成购买意向进而实施购买行为；购买后，消费者基于满意度对购后结果进行评价，并将评价结果和形成的经验进行反馈以影响下一次购买决策活动"[21]，EBM 理论模型如图 2-4 所示。

```
确认需求 → 信息搜集 → 评估方案 → 购买决策 → 购后行为
```

图 2-4　EBM 模型

4. 四个模型对理解消费者在线购买决策行为的意义

尼科西亚模型着重强调消费者与厂商之间信息交流的过程，它贯穿于消费者购买决策过程的始终，与霍华德—谢思模型相比，它更强调信息交流的过程是双向的，而不仅仅是消费者单向的认知，也就是说，在消费者购买决策过程中，厂商也可以扮演主动的角色，根据消费者的信息反馈去相应地调节营销组合，从而影响消费者的认知过程，并进一步改变消费者行为。虽然尼科西亚模型是一个传统的消费者决策模型，但其对信息交流的重视也为厂家重视网上购物平台的建构提供了理论基础，这个平台可以使完全无计划购物和提醒购物的消费者也能顺利地做出网上购买的决策。

霍华德—谢思模型可以看作一个认知模型，强调顾客满意度对消费者决策过程的影响。消费者通过对付出与所得之间的对比，形成满意或者不满意的感觉，进而决定消费者的购买行为。

EKB 模型及 EBM 模型是一个典型的问题解决模型，它将消费者的购买决策看成一个问题解决的过程。一般的问题解决模型由四个阶段组成，即对问题的认知、信息的寻求与评价、购买活动、购买后的反应，而 EKB 模型及 EBM 模型只是将信息的寻求与评价这个阶段分成了两个具体的过程。因此，如果把信息的寻求与评价这个阶段的媒介（手段）具体化到网络这个虚拟的平台上，EKB 模型及基于 EKB 模型重新修订的 EBM 模型就是一个简单的适用于网上消费者购买决策的模型。

可见，无论是霍华德—谢思模型，还是 EBM 模型，都强调了消费者的感知过程，而网上消费者仅仅是通过网上商城的电子商务界面所提供的商品信息来了解商品，这种单一的视觉认知、心理感知过程也提醒电子商务网站经营者对建构网上购物平台的关注和重视。一方面，要提供货真价实的产品，尤其是和网上商城界面所提供的商品图片及相关信息相符的产品；另一方面，需要重视每一次的接受订单、配送商品、售后服务的流程，使消费者感到满意，从而提高网站的信誉[17]。

2.2 用户体验理论

2.2.1 体验

英文的"experience"一词源于拉丁文"experientia",意指尝试的行为。在《不列颠百科全书》中,体验一词的定义是"通过观察或参与获得实用的知识或技能"。《辞海》中体验一词的定义是"亲自处于某种环境而产生的认识"。在哲学领域,古希腊哲学家亚里士多德(Aristotle,公元前384年-公元前322年)认为,体验是感觉记忆,是由许多次同样的记忆在一起形成的经验。在心理学领域,体验则被定义为一种受外部刺激影响导致的心理变化,即情绪[22]。

由此可见,体验是人在特定的外界条件作用下产生的一种情绪或者情感上的感受,它包括四个要素,即主体(人)、感知(观察或参与)、感受(获得知识或认识)和环境(物质和非物质的)。体验具有以下特点。

(1)参与性。主体必须参与到某个活动中,才有可能获得体验。

(2)互动性。一方面,主体可以有意识地去选择参与的对象;另一方面,对象的客观状态会直接影响主体的感受或收获,二者互相影响。

(3)差异性。体验的感受、认知或收获往往会因主体而异,相同的对象(事件、过程、系统、产品、服务等)带给不同的人感受可能完全不同。

(4)情景性。体验与情景密切相关,这里情景包括主体的心情、状态,也包括客观物质(自然)与非物质(社会、经济、虚拟)环境。同样的事情在不同的场合(环境)带给人的感受可能是不同的。

(5)延续性。体验作为一种人所特有的感受,或许在瞬间获得(如第一印象、一见钟情等现象),但并不会马上消失,具有一定的延续性,以记忆的形式而存在。

(6)沉浸性。在体验发生的过程中,主体通过感知与客体的交互是自然而然、无影无踪的,具有一定的沉浸性的特点。换句话说,体验带有一定的不自觉性,就像人们常常忽视空气的存在、鱼儿并不觉得水的存在一样。体验所具有的这种沉浸性的特点,也是为体验而体验的做法往往适得其反的原因。

体验与人类的社会和经济状况紧密相连。就其本质来看,人们的日常生活从衣、食、住、行到工作、学习、科学研究,从休闲、娱乐到购物、消费,都可以被认为是一个体验的过程。

2.2.2 体验经济

体验同商品和服务一样可以被看作实在的经济物品，不是虚无的感受。体验经济是以服务为舞台，以商品为道具，消费者融入其中的经济形态，体验经济被称为是继产品经济、商品经济和服务经济之后的第四个社会经济演进阶段，它是服务经济的延伸，是在服务经济进一步商业化，顾客不断追求多样化和个性化消费需求背景下产生的。

作为一种全新的社会经济形态，体验经济具有极强的参与性、感官性和记忆性，为引起顾客的注意力，其从具体的情境出发塑造感官体验和思维认同，以发掘新的商业价值。体验经济的概念最初由 Joseph 和 James 在合著的 *The Experience Economy*（《体验经济》）一书中提出，作者在书中阐述了体验经济是随着经济社会的不断发展进化而产生的，它是从服务经济分离出来的，在一定程度上表明了经济社会的发展方向[23]。在体验经济时代，每个人都可以在体验策划者设计的独特情境中，以个性化的方式参与到事件之中，其重要的特征是顾客可以享受到置身其中、不可复制又难以忘怀的体验。在旅游业、娱乐业和互联网等行业，体验经济更显示出它的重要价值，微软曾经开发的"Windows XP"就是体验窗口的意思；而人们旅游的目的就是追求自由自在的休闲和审美体验。

1. 体验经济的特征

马斯洛的需求层次理论认为人总是在满足了低层次的需求后，才将注意力转移到更高层次的需求上。现阶段经济的飞速发展，产品的日益同质化，都给用户观念和消费方式带来了深刻的变化，用户已经进入最高层次需求——追求"自我实现"的阶段。消费需求的结构、内容、形式都发生了显著变化，用户对个性化服务的需求越来越强烈，关注的焦点从产品的功能和特色转移到是否能带来情感上的满足。这些变化表明，产生于市场经济大背景之下的体验经济，与工业经济和服务经济相比，具有自身的特征。

第一，体验经济以满足用户个性化需求为出发点。在体验经济条件下，企业的经济运行首要考虑用户的个性化需求，整个产品或服务的设计与提供都要保证用户个性化需求的全面满足。

第二，体验经济为用户提供定制化服务。根据用户需求，为其提供适合其需求的定制化服务，使用户产生积极的用户体验，从而产生放大效应。

第三，体验经济遵循的原则是"以用户为核心"。企业在体验经济运行中扮演着策划者的角色，发挥着为用户提供"舞台"的作用，用户是体验经济的主体。

用户参与到产品或服务的设计和使用中，"体验"产品或服务带来的效果。用户对企业的经济运行工作参与度越高，说明用户对企业越信任，企业品牌价值的实现程度就会越高。

第四，体验经济使经济运行更加开放、健康。体验经济的发展促使企业不断提高自己的开放程度，使企业在社会公众的关注与监督之下开展各项经济活动。这为拥有优质品牌的企业提供了更大的发展空间与机会，而对于那些拥有劣质品牌的企业则发挥的是矫正其思想与行为，约束其经济运行的作用。因此，体验经济的运行具有积极的功效，可以保证企业建立良性的运行机制，完善运行程序，满足更广阔的市场需求。

2. 体验经济是服务经济的延续

服务经济是市场竞争发展的必然产物，服务经济的运行使企业在其经济活动中，不仅要提供有形产品，还要提供无形服务。商品是提供服务的依托，而在纯粹的服务产业中，服务本身就是一种商品。

如同服务经济从商品经济中分离出来一样，体验经济也是从服务经济中分离出来的。随着服务经济的发展，企业不断挖掘服务中更深层次的内涵，"体验"由此产生。体验一般被看作服务的一部分，但实际上是一种商品。在服务经济阶段，许多企业只是将体验与传统产品打包在一起，帮助销售产品。未来，企业要彻底开发体验优势，让消费者愿意为体验付费。与过去不同的是，商品、服务对用户来说是外在的，但体验是内在的，存在用户心中，是个体在情绪、感知、认知上参与的所得，是来自个人的心境与事件的互动。体验的出现给用户带来了极好的感觉，从而形成巨大的拉动性需求，带来巨大的市场潜力，同时也使服务经济的内容更加丰富，更具有延展效应。因此，就像服务经济的出现不是对工业经济的替代，而是对工业经济的完善一样，体验经济的出现是服务经济的一种延续，是服务经济走向更大市场空间的必然结果。

3. 体验经济是网络时代的产物

网络时代促进了个性化服务的发展，使得按用户个性化需求提供不同产品或服务的目标得以实现。以科技发展和网络信息技术为依托的经济运行方式，使得经济运行变得简单化和便捷。随着经济的发展、信息技术的日益成熟、网络经济的普及，体验经济所要求的专门为用户设计和生产的产品或服务的成本增加值远远低于工业经济和服务经济时代的个性化服务成本。因此，信息网络时代为体验经济的形成和发展提供了必要的手段。

总而言之，体验经济是一种创造和支持用户体验而使企业获得成功的经济。其最大的特点是突出人性化，不从产品功能出发，也不从服务是否全面出发，而是从用户的体验出发。用户正日益成为体验经济的主导，用户体验又将决定市场的发展。

用户在工业经济时代注重产品功能、质量，服务经济时代注重服务态度、品质，体验经济时代注重用户体验。因此，在信息服务过程中，如何提高用户体验，提升信息服务水平将是信息服务行业不得不关注的问题[24]。

2.2.3 用户体验

1. 用户体验的概念及特征

1）用户体验的概念

随着体验经济的迅速发展，大量极具个性化的产品和服务呈现井喷之势，用户个性化需求的不断增长推动各行各业对用户体验的关注，国内外对用户体验在理论和实践方面的探索也逐渐增多。

用户体验是一个适用范围很广的概念，它最早兴起于人机交互领域，是由唐纳德·诺曼（Donald Norman）于20世纪90年代提出和推广的。Norman等[25]认为成功的用户体验必须首先做到在不骚扰、不使用户厌烦的情况下满足顾客的需求；其次，提供的产品要简洁优雅，让顾客用得高兴，愉悦地拥有；最后，要能给用户带来额外的惊喜。

随着近几年用户体验的飞速发展，其内涵和框架也在不断扩充中，涉及的领域越来越多，并且纳入了心理学、行为学、人机交互等相关领域。迄今为止，关于用户体验的定义学者尚未达成一致，不过有多个学者和业内从业者从不同的领域和角度提出了对用户体验概念的看法[26]，具体如表2-1所示。

表 2-1 用户体验概念

视角	学者	用户体验释义
用户体验的内容	Joseph 和 James[23]	用户体验包括用户对品牌特征、信息可用性、功能性、内容性等方面的体验
	Leena[27]	用户体验包括使用环境的信息、用户情感和期望等内容
	UPA[28]（Usability Professionals' Association，可用性专业协会）	用户体验是传统人机交互和可用性的拓展，可以视为与产品、服务或者企业交互的所有方面组成的所有用户感知
人机交互	Morville[29]	以价值实现为终极目标，指出用户体验除了系统有用性、易用性以外，还应包括可接近、可靠、可寻、合意及价值性五个维度，并从系统界面设计是否能让用户满意，系统功能是否有用、易用等方面予以定义
	Hassenzahl 和 Tractinsky[30]	用户体验是指在特定交互环境下，具有易用性、可用性、功能性等特征的系统与用户需求、动机、期望等内心的状况相互作用而产生的结果

续表

视角	学者	用户体验释义
信息服务	邓胜利和张敏[31]	用户体验设计要求遵循以用户为中心的原则对信息服务进行组织、设计与提供，它是用户与信息服务互动的客观反映，包括对信息内容性、可用性、功能性、品牌特征等方面的体验
	王晓艳和胡昌平[32]	以信息服务为视角对用户体验进行界定，认为它包括美学、功能和技术三个体验维度。其中，美学体验描述产品能否使用户愉快地完成任务，包括好看、好听等要素；功能体验描述系统能否帮助用户完成任务，包括可用及易用性要素；而技术体验则是表达系统帮助用户高效地完成任务的能力，包括省时、省力等要素

2）用户体验的特征

（1）交互性。用户体验交互性主要运用于计算机和多媒体领域，它可理解为用户与产品（服务）间的互动性或用户的参与性，体现了用户与产品（服务）间的相互关系。任何形式的体验都是顾客全程参与下的身心体智状态与事件间互动作用的结果。交互性也是互联网或移动互联网服务最突出的特征，用户在网络信息服务环境中对产品功能体验的参与性更强。

（2）主观性。用户体验本身具有一些模糊的不确定因素，是用户在享用产品（服务）整个过程中的感知和情感反应，这决定了它带有极强的主观性。因而，在一定程度上，用户体验会因为个体背景、自我认知、信仰、学历等方面的差异而有所不同。

（3）感官性。感官性是指用身体的各个器官来体会和感知。感官性的特点与狭义的用户体验概念相对应，是对用户体验最初的解释。用户在使用产品或享受服务时，先对其有触觉、视觉、听觉等方面的感受，并通过调动身体五官来增强体验的强度。

（4）个性化。用户体验作为一个不断发展变化的学科和领域，与新时代用户（尤其是年轻的用户）所追求价值观念的变化紧密相关。社会经济发展水平的提高使人们开始更多地关注"自我实现"这一顶层需求，对于具有独特性产品或服务的需求逐渐增大，用户体验中"个性化"的特征也显得越发重要。

（5）动态性。用户体验不是静止不变的，不同的产品或服务会产生不同的体验内容，同一用户在不同时间或状态下的感受也是随之变化的。信息服务水平的加深和用户个性化需求的多样化也进一步突出了用户体验动态性的特点。

（6）可记忆性。体验作为服务经济下的特殊"商品"，存在与传统商品不一样的重要特征——可记忆性。用户在享用完一种服务之后会留下深刻的记忆，一个美好而愉悦的回忆既是用户体验的结果，也是完成用户体验的目的。

2. 移动商务环境下的用户体验内涵

虽然国内外学者从不同角度定义了用户体验，但普遍认为其具有动态性、环境依赖性和主观性的特点，是用户在特定条件下与产品、系统或服务进行交互所获得的主观感受。因此，本书综合上述观点，将移动商务环境下的用户体验界定为用户在与移动商务提供的产品或服务交互的过程中，通过对其所提供服务功能与客观价值的使用而产生的一系列主观感受。

3. 用户体验的构成

迄今为止，在用户体验的构成方面，形成了几个比较有代表性的理论，即情景体验理论、用户参与（user engagement）理论、最佳体验（flow experience）理论等[33]。情景体验理论指出用户体验包括直接体验和间接体验，直接体验是指现实环境中的用户体验，间接体验是指用户在虚拟环境下的体验；用户参与理论指出用户体验包括美学、可用性、情感、注意力、挑战、反馈、动机、感知控制性及感官吸引度等；最佳体验理论指出用户体验研究属性包括可用性、用户技能、挑战、注意力、愉悦性、唤醒度及临场感等。

文献研究表明，大多数文献在进行用户体验研究中并没有明确按照以上某个理论进行用户体验构成的划分，而是根据实际研究问题选择用户体验的构成要素。例如，Hassenzahl 和 Tractinsky[30]认为用户体验是由实用性和享乐性两种方式构成的，具体指标包括识别性、激励性、操作性及启示性四个方面。Roto[34]认为用户体验是由功能性、可用性、愉悦性及自豪感组成的，细化用户体验的具体指标应从用户、环境和系统三方面入手。Partala 和 Kallinen[35]从用户心理需求、用户情感及系统交互环境三个方面将用户体验划分为用户最满意体验和用户最不满意体验。廖小丽和胡媛[36]结合用户体验理论，从功能体验、技术体验和美学体验三个方面讨论影响用户对网站信息接受的关键因素。Park 等[37]指出用户体验是由用户个性化需求、系统可用性、用户情感、自我满意度及产品附加意义等因素构成。孙利[38]基于认知心理学理论，将体验划分为审美、情感、意义和功能四个基本类型，并分析了四种体验之间的关系，基于此建立以情感体验为核心的体验格式塔。不论是网站还是产品的设计都需要以提升用户满意度为目标，因此，在设计过程中融入用户体验要素，不仅能更好地满足用户需求，还有助于提高用户忠诚度，但是其动态性、情景依赖性和主观性的特点决定了用户体验测量的多样性。尽管学者从不同角度给出了用户体验的构成，但定量模型中对其维度的划分研究仍很匮乏。

4. 用户体验模型

学者基于不同的研究视角设计了适用于不同环境的模型。关于用户体验模型使用并进行拓展研究最为广泛的是 Davis[39]提出的技术接受模型（technology acceptance model，TAM）。学者大多以该模型为理论基础，结合具体环境探讨外部因素对用户体验及行为意向的影响，该模型被公认为是信息系统领域中研究用户对系统功能接受程度的最佳模型。Davidson 等[40]在改进 TAM 基础上，建立了用户体验过程及框架模型。该模型指出，在用户体验过程中，认知部分被定义为体验，其维度包括技术特征与非技术特征，这些特征通过与系统的互动来感知。Morville[29]从信息构建的角度认为网站用户体验除了系统有用性、易用性因素以外，还应包括可接近、可靠、可寻、合意及价值性五个维度，并建立了用户体验"蜂巢"模型，从系统界面设计是否能让用户满意，系统功能是否有用、易用等方面予以阐述。郭红丽和王晶[41]指出影响 B2C 用户体验的主要因素是用户特性、用户参与、网站特性及交易成本四个维度，并结合 TAM 构建适用于 B2C 电子商务环境下的用户体验模型，对 B2C 环境下用户体验研究理论进行了较好的补充。赵杨和王娟[42]通过分析移动信息服务特性及其用户体验要素，设计了移动信息服务的用户体验框架模型，并对用户体验框架模型下的移动信息服务自适应机制、动态交互机制及多元协同机制进行了详细研究。胡昌平和张晓影[43]结合社会化推荐的特点及 TAM，通过在原有模型基础上增加"感知交互性"的维度，构建了社会化推荐环境下的用户体验模型，并为社会化推荐服务的质量改善提供了依据。

5. 用户体验应用现状

用户体验应用主要集中于网页和电子产品。Huang[44]指出用户体验不足是导致网站用户流失的主要原因，对网站的可用性进行分析与设计可有效提升网站用户体验度，增加用户黏性。李阳晖等[45]认为良好的用户体验设计能有效提高数字图书馆的个性化服务能力，并通过界面设计、人力因素、信息构建及可用性四个用户体验维度的研究，提出改善数字图书馆个性化服务的方案，确保向用户提供满足其需求的个性化服务信息。Thiesch[46]从网站用户视觉体验的角度，提出网站设计应从色彩、技术、多样性及简洁性四个方面入手增强用户体验，并在实际应用过程中验证了网站用户体验评价标准的有效性。O'Brien[47]通过对电子商务网站用户体验影响因素的分析，构建适用于电子商务网站的用户体验模型，并指出在设计过程中应考虑的因素。Bargas 和 Hornbk[48]统计了用户体验应用的比率，统计结果显示网页的研究占 12%，移动设备、游戏等电子类产品占 42%，研究者自己构想的产品占 9%，艺术作品的研究占 22%。李森等[49]以用户体验为视角深入分析了 B2C 网站用户体验要素，通过结合吸引力和可用性两个维度的分析提出了 B2C

可用性偏好模型。Park 等[37]将 iPad 作为研究对象，分析了可用性、情感及用户价值对用户体验的影响，并据此设计了用户体验模型，为其定量化研究提供了思路。Georgiadis 和 Chau[50]研究发现电子商务用户需求随着电子商务的不断发展而改变，其中用户体验成为影响电子商务发展的关键因素。郭雅楠[51]通过对实体店与网店购买服装的不同体验的比较，分析网购体验不足之处，在充分考虑用户实际购物体验的基础上设计了服装推荐系统，为提高服装商务网站成单量、提升用户网购服装的满意度提供了可行的方案。

6. 用户体验研究评述

目前，国外学者在用户体验的定义、构成、模型及应用等方面进行了大量的探索，并将理论成果应用于电子产品设计、网站信息建设及电子商务开展等方面，为用户体验理论的发展与应用打下了坚实的基础。与国外研究成果相比，国内研究还有待进一步深入。

（1）用户体验理论处于发展中，缺乏完整的理论体系，对用户体验的定义、构成、模型、多阶段多指标融合的评价方法等有待深入研究。

（2）定量模型中用户体验维度划分在科学性及合理性方面仍有不足，缺乏权威的划分方法。

（3）关于电子商务网站的用户体验研究，与国外同类研究相比，国内的研究成果相对较少，仍停留在对概念的抽象理解及理论的引证阶段，对网上购物用户体验的实证性研究相较于国外还存在差距。因此，本书认为通过研究用户在网上购物中体现出的不同的感知因素和个性化需求，来指导购物系统进行有针对性的交互设计和主动推送服务是非常必要的。

（4）用户体验的应用领域还在不断扩大，怎样将其化为实际的具有可行性的方法，运用到移动商务服务中还有待深入研究。

2.3 技术接受理论

随着新的技术不断应用到组织中来，学者在 20 世纪末对用户技术接受行为展开研究，并形成多个较为经典的理论。移动商务推荐系统作为一种信息筛选和决策支持系统，属于信息技术的范畴，因而移动商务用户感知、体验和接受推荐功能进行购物的行为属于用户技术接受行为的一个具体方面，因此，本书将技术接受理论汇总如下。

2.3.1 理性行为理论

Fishbein 和 Ajzen[52]在 1975 年提出了理性行为理论（theory of reasoned action, TRA），用以解释与预测人类行为决策的过程。该理论主张人类"行为"（behavior）产生于"意向"（intention）。TRA 指出，行为意向（behavior intention, BI）是一种认知活动，反映个人对从事某项行为的意愿与有意识的计划，是预测行为最好的指标。意向产生于两个因素，一个是反映个人的因素"对行为的态度"（attitude toward the behavior），另一个是反映社会影响的因素"主观规范"（subjective norm）；对行为的态度由个体对行为结果的信念决定；主观规范由个体的标准信念决定。总之，TRA 认为个人价值观和关于社会价值取向的信念决定了某一行为最终是否会发生。TRA 模型结构如图 2-5 所示。

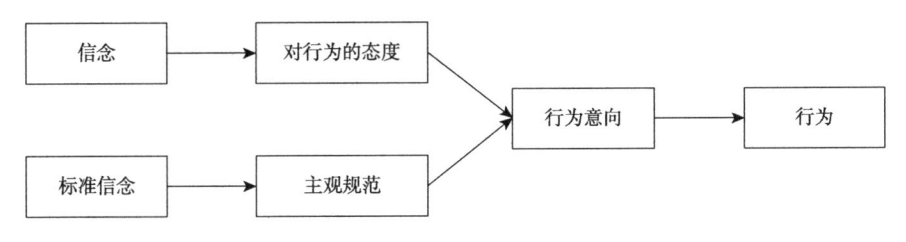

图 2-5 TRA 模型结构

费舍宾对 TRA 模型中包含的主要变量进行了描述和概念界定，见表 2-2，这为该模型在各个领域学术研究中的广泛应用奠定了理论基础。TRA 模型在信息系统方面研究中的作用在于它认为任何影响行为的因素都是通过影响态度和主观规范来间接影响行为的。费舍宾和阿耶兹将系统设计特征、用户特征（感知的形式及其他个性特征）、任务特性或执行过程、组织结构等因素定义为外部变量，这样，TRA 模型就综合考虑了影响用户行为的、不受控制的环境因素，以及能够进行控制的因素。

表 2-2 TRA 模型中的变量描述和概念界定

变量名称	英文名称	概念
行为	behavior	个体在一定时间内和某个环境中采取的有指向性的行动
行为意向	behavior intention	个体是否采取某种行为的直接决定因素
对行为的态度	attitude toward the behavior	个体对于采取某种行为的积极的或者负面的感觉
主观规范	subjective norm	个体在社会生活过程中形成的对世界事物的判断标准
信念	belief	个体对某种特定行为后果的信念及主观估计
标准信念	normative belief	参照群体认为个体是否应该采取某种行为

尽管 TRA 模型在费舍宾模型的基础上做出了改进，但是该模型在应用的过程中仍然存在一定的问题，主要表现在对不完全由个人意志所能控制的行为无法给出合理的解释。首先，TRA 没有充分考虑环境因素对人们行为的影响；其次，个体有时候是先有了某种行为，才改变了态度和观念；最后，在很多情况下，利用意愿来预测行为缺乏一定的合理性。

2.3.2 计划行为理论

Ajzen[53]将多属性态度理论（theory of multi-attribute attitude，TMA）与 TRA 相结合，提出了计划行为理论（theory of planned behavior，TPB），以增强模型预测用户行为的准确性，模型结构如图 2-6 所示。该模型重点关注个体在无法完全控制他们行为的情况下对行为的态度、行为意向和行为之间的关系。和 TRA 相似，TPB 认为行为意向变量直接决定行为，行为意向是用户态度和主观规范的函数，但是 TPB 增加了一个行为意向的影响因素，即感知行为控制（perceived behavior control，PBC），认为感知行为控制会影响行为意向，从而影响行为。

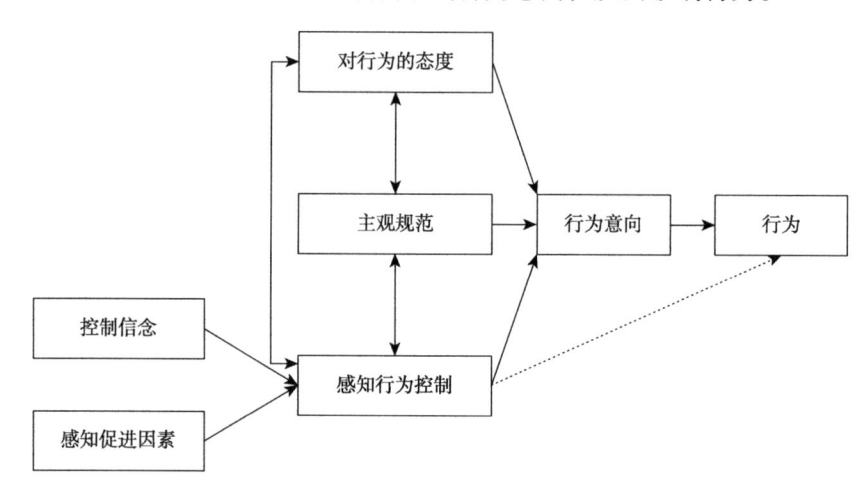

图 2-6 TPB 模型结构

TPB 是在"行为的发生是基于个人的意志力控制"的假设下，对个人的行为进行预测、解释，认为个人对行为的意志控制程度往往会受到时间、金钱、信息和能力等诸多因素的影响，其核心思想如下：行为不仅由行为意向引起，而且受感知行为控制变量的影响；行为意向由对行为的态度、主观规范和感知行为控制共同决定；感知行为控制由控制信念和感知促进因素共同决定。费舍宾和阿耶兹不仅利用该理论重新审视了对行为的预测问题，还将该模型中包含的变量重新进行了概念界定，如表 2-3 所示。

表 2-3 TPB 中的变量描述

变量名称	英文名称	含义
行为	behavior	个体在一定时间内和某个环境中采取的有指向性的行动
行为意向	behavior intention	个体想要采取某一特定行为的行动倾向
对行为的态度	attitude toward the behavior	个体实行某特定行为的正向或负向的评价
主观规范	subjective norm	个体在采取某一特定行为时对所感受到的社会压力的认知
感知行为控制	perceived behavior control	个体预期在采取某一特定行为时所感受到可以控制或掌握的程度
控制信念	control belief	可能促进或阻碍个体行为表现因素的个人能力评估
感知促进因素	perceived facilitation	个体对其所具有的能力、资源和机会重要程度的估计

感知行为控制是指个体感觉到完成行为的难易程度，它受感知控制和感知便利的影响。感知控制指感知完成行为所必需的资源和机会存在或缺乏的程度；感知便利指人们对有关实现任务所需资源重要性的评价。TRA 和 TPB 都假定人们是理性的，在决策过程中会充分使用可获得的信息。如果行为处于不完全控制之下，人们将依赖必需的资源和机会来完成行为，行为受到个体坚信他拥有完成行为能力强度的影响。

TPB 为研究复杂的个体行为提供了一个有用的理论框架。大量研究发现对行为的态度、主观标准和感知行为控制可以预测行为意向，行为意向和感知行为控制可以解释大部分的行为变量。该理论在信息系统、投资决策等领域得到广泛的应用。一些学者基于 TPB 研究个体使用信息技术决策时发现：TPB 在许多情形下可以成功地预测行为意向和行为。感知行为控制对行为意向有显著的影响，是决定使用行为的一个重要影响因素。TRA 与 TPB 的基本假设有两个：第一，人们是理性的，并且有效地利用他们可获取的信息；第二，人们在决定从事或不从事一定行为之前，先考虑他们的行为的含义。

行为意向是任何行为表现的必需过程，是行为显现前的决定。威斯康星大学麦迪逊分校营销学教授彼得和宾夕法尼亚州立大学营销学教授奥尔森提出，对行为意愿的测量，可以用来预测实际行为的产生，也可以应用于电子商务对消费者行为的预测。关于行为意向的第一个决定因素，即对行为的态度的说法并不一致。根据费舍宾和阿耶兹的期望—价值理论，对行为的态度是个人对特定对象所反映的一种持续性的喜欢或不喜欢的预设立场，也可以说是个人实行某特定行为的正向或负向的评价，对行为的态度的形成可以从个人实行某特定行为结果的重要信念和对结果的评价两个层面解释[54]。行为意愿的第二个决定因素是主观规范，它是个人感知重要的他人或团体认为他应不应该实行某一特定行为的压力。行为意向的第三个决定因素是感知行为控制，其受可能促进或阻碍行为表现因素的个人能力和这些因素重要性的感知促进因素的影响，该变量与社会学习理论的创始人班杜拉提出的"自我效能"概念类似，二者都与指定某行为的感知能力或行为后果有关[55]。日本学者野谷指出，感知行为控制包括内在控制因素，如个人的缺点、技术、能力或情绪等，以及外在控制因素，如信息、机会、对他人的依赖性或障碍等[56]。

2.3.3 技术接受模型

戴维斯（Davis）、密西根大学洛斯商学院巴格泽（Bagozzi）、麻省理工学院华尔萧（Warshaw）运用 TRA 和 TPB 研究用户对信息系统的接受情况时提出了 TAM[57]，用以探讨外部因素对内部信念、使用态度及使用意向的影响。TAM 结构如图 2-7 所示。

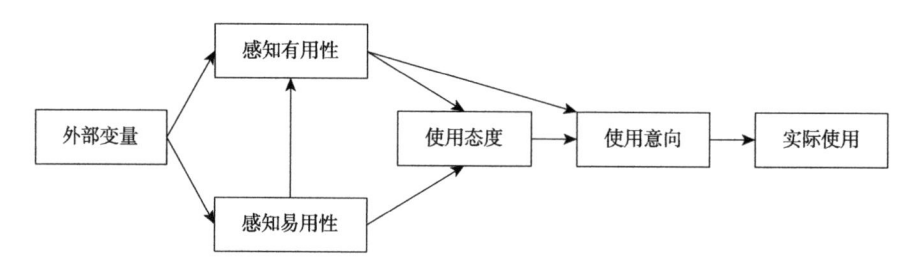

图 2-7 TAM 结构

TAM 中的感知有用性（perceived usefulness，PU）和感知易用性（perceived ease of use，PEOU）要素，是决定用户购买行为发生的主要决定性因素。感知有用性是用户对于他们接触和体验过的系统，给出的基于满意程度的综合评价；感知易用性是对于系统是否简单、易学、易操作的综合评价。TAM 指出，系统的实际使用由使用意向决定，而使用意向由使用态度和感知有用性共同决定，人们对于系统的使用态度又是由感知有用性和感知易用性决定的，感知有用性由感知易用性和外部变量共同决定，感知易用性是由外部变量决定的，外部变量包括系统设计特征、用户特征（自身的性格、兴趣）、平台环境等[58]。在用户购买决策过程中，对系统和易用性的感知影响其使用态度，即个体用户在使用系统时主观上积极的或者消极的体验，将决定用户是否产生购物行为的结果。

TAM 在预测用户是否接受新的信息技术的行为分析中得到了广泛的应用，实证结果也不断证实 TAM 是计算机信息系统相关领域中解释或预测用户对于系统接受程度的最佳模型。并且，在不断的实践过程中，已有研究表明，TAM 在解释和预测移动商务用户最终决策购买行为及评估移动商务用户接受新技术的程度方面具有很好的拟合性与解释能力[59]。该理论模型提供了一个理论基础：使用态度（决策者体验）决定使用意向，使用意向决定使用行为。

2.3.4 技术接受与使用统一理论模型

伴随计算机和信息技术在组织中的迅速推广应用，技术接受与使用统一理论（unified theory of acceptance and use of technology，UTAUT）模型被正式提出，在组织成员对信息技术采纳研究领域受到重视。Venkatesh[60]对信息技术采纳研究领域八个主要模型进行分析和归纳，借鉴各个模型的优势，将各个模型加以整合，正式提出 UTAUT 模型（图 2-8）。绩效期望指的是员工对技术改善其工作绩效的价值大小的认知。努力期望指的是员工对技术使用难易程度的认知。社会影响指的是员工使用新技术的过程中受到他人影响的程度。便利条件指的是组织为其员工使用新技术提供的便利程度。有学者对四个组织进行为期六个月的数据收集，证明了该模型具有较高的解释力，能够帮助企业经理人员认识到哪些因素影响员工对新技术的采纳，针对拒绝采纳新系统的员工采取一些积极主动的措施。之后，UTAUT 模型被运用于消费者行为研究，用于分析绩效期望、努力期望、社会影响与便利条件四个变量对用户采纳意愿和采纳行为的影响，在这个模型中，经历、使用的自愿性、性别与年龄对用户的采纳意向起到调节作用。在绩效期望对采纳意向的影响中，性别、年龄起到调节作用，对于男性来说，通常情况下对采纳意向影响最大的因素是绩效期望。在努力期望对采纳意向的影响中，性别、年龄和经历起到调节作用。对于女性特别是初步接触新技术的年轻女性，努力期望对其采纳意向的影响更大。在社会影响对采纳意向的影响中，性别、年龄、使用的自愿性和经历起到调节作用。当技术在非自愿使用的情况下，社会影响因素对年纪稍大且经验较少的女性影响更加显著[61]。

UTAUT 模型在原有理论基础上取得极大的发展，国外学者纷纷采用这一模型对信息技术的使用行为开展研究。有学者基于 UTAUT 模型研究哪些因素影响消费者网购低价航空机票。面对具体的研究情景，学者引入新的变量，修改完善了 UTAUT 模型。Venkatesh 等[62]在研究哪些因素影响用户对手机上网技术使用意向时，引入动机、价格和习惯变量，提出新的模型——UTAUT2，在此模型基础上，有学者研究不同年龄段的人对平板电脑使用意愿的影响因素[63]。学者 Yu[64]研究个体采纳移动银行的影响因素时，将感知的信任、感知的财务成本和感知的自我效能引入模型中。虽然 UTAUT 模型在之前模型基础上博采众长，但是国内学者在研究技术接受问题时很少采用此模型。

图 2-8　UTAUT 模型

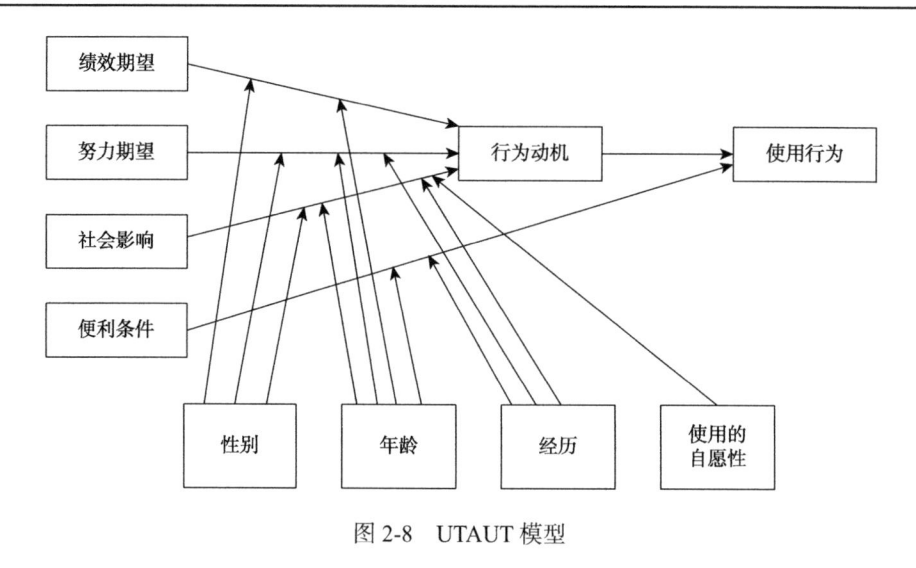

2.4　基于消费者决策行为理论的移动商务用户购买决策过程

2.4.1　移动商务用户购买决策驱动因素

近年来，随着移动商务成为电子商务发展的新方向，人们的消费观念与消费方式都发生了巨大的变化，移动商务用户购买决策的驱动因素既有用户自身的主观驱动因素，又有来自购物系统方面的客观驱动因素，如表 2-4 所示。

表 2-4　移动商务用户购买决策的驱动因素

移动商务用户购买决策的驱动因素		因素分析
主观驱动因素	便利效益因素	移动商务用户在使用移动设备进行购物时不需要花费很多的时间和精力，这种轻松、自由的购物方式容易被采纳和使用。传输效率更高的移动通信技术，可随身携带及智能化的移动设备，服务方式更加个性化及更为便捷的查询、订货、付款等功能，都能使移动商务用户认为该类购物方式既便捷又高效，因此，用户感知使用移动商务越有用，越会产生正向的使用行为
	交叉性及需求多样化因素	用户各种需求间广泛存在交叉现象，因此，其各层次消费并不孤立互斥，而是紧密联系的，如在移动商务用户的京东网站购物车中，既有古驰、路易威登等昂贵的奢侈品，又有毛巾、衣架等日常所需的生活用品，引发该类现象的原因是网络虚拟商店几乎可以囊括所有的商品，多种商品在人们无须花费过多时间成本的前提下受到关注，购买需求呈现多样化及交叉性[65]

续表

移动商务用户购买决策的驱动因素		因素分析
主观驱动因素	消费超前性及可诱导性因素	移动商务用户大多是具有超前意识的年轻人，他们愿意尝试时尚元素，对新鲜流行的事物接受速度快。在这个市场中，新产品和最时尚的商品会以最快的速度与用户见面，激发移动用户的新需求，唤起用户的购买兴趣，具有猎奇心理的用户必然很快接受这些新型商品，从而带动其他人尝试这种时尚和前卫的交易方式，促使他们将潜在的需求转化为现实的需要
	主动性及个性化因素	相对于固定 PC 端，移动终端具有更高的可连通性和可定位性，能及时发掘并响应用户需求，主动为每位用户提供令其满意的定制化服务，进而促使用户购物的主动性和个性化都得到显著提升
	社会影响因素	人是社会的一员，其心理特征、价值观及行为方式受参照群体的影响，因此，具有社会性。例如，用户 A 的同事、朋友大多使用移动设备进行购物，在多次使用均获得满意体验后均向用户 A 推荐，此时，出于对他人的信任或是对自身能力的自信，用户 A 产生一种想要尝试的心理倾向，该心理特征的产生源于其相信通过学习能轻松地掌握使用方法并提高购物效率，因此，用户对这种消费方式的信任受其周围人或社会媒体的影响[66]
客观驱动因素	即时价值因素	移动商务的即时响应性为用户交易节省了时间、提高了效率。通过移动商务，用户可以在自己方便时，不受时空限制，随时、随地获取所需的商品或服务信息。另外，相比电子商务位置敏感度较低的问题，移动商务可采用定位技术，满足用户与位置有关的需求，充分体现移动商务特有的即时价值
	内容丰富性因素	互联网的信息是丰富的，以互联网信息为主要信息来源渠道的移动商务能为用户带来传统商务无可比拟的资源丰富性
	交易成本因素	用户在使用移动商务时需要付出的代价，除了因使用移动数据产生的资费外，无须额外的支出，且无线网络的高覆盖性及移动数据资费的不断调整，使得用户对这种资费付出并不敏感。此外，相较于 PC 端电子商务，移动端优惠服务更多、折扣力度更大，价格优势成为节省交易费用的一种形式，因此，这种成本优势促进了用户使用移动终端进行交易的成单量
	服务形式可选择性因素	相对于传统购物方式，网购没有时间限制，还可以为用户省去现金支付过程及往返路程所花费的时间，这种省时省力、简单方便的服务形式对用户产生了极大的吸引力。同时，网络虚拟市场商品信息丰富、价格优势明显，透明可供比较的买家评价、卖家信誉、商品价格信息，使用户可进行自由对比后，再做出购买决定
	情景性因素	根据时间、地点、天气状况、周围人员等与用户相关的情景要素，及时为用户提供可能的服务，满足其即时即地的购物体验需求，同时也为移动商务全方位的发展提供更多的机会

2.4.2 移动商务用户购买决策过程

对移动商务用户网上购物决策过程及其与网站的交互行为进行分析，来发现影响用户决策方向、决策行为的交互问题。

基于 EBM 模型，结合移动商务服务过程，可以将移动商务用户购买决策过程分为四个阶段，即购买需求与动机产生阶段、信息对比和加工阶段、购买决策和执行购买阶段、购后行为阶段。用户在每个阶段都需要与移动商务平台进行一系列的交互活动。购买过程的起点是唤起需求，当其受到外因刺激或是出于主观需要而产生某种需求、动机时，用户迫切地希望这种需求得以满足，于是在购物网站上对所需商品或服务信息进行无意识的浏览或有意识的搜索，然后对收集的信息进行对比和加工；在信息对比和加工阶段，用户对之前浏览、搜索或推荐的信息进行信誉、价格等对比并最终形成购买意向；在购买决策和执行购买阶段，用户需要对加工后的信息进行购买决策、寻找购买入口、选择支付方式、填写邮寄信息等活动；用户购买商品后，开始关注商品物流信息，在商品到达后确定收货付款，并对商品或此次服务进行基于满意度的评价。基于 EBM 的移动商务用户购买决策过程流程如图 2-9 所示。

通过观察移动商务用户购买决策过程可以发现，用户与移动商务平台在此过程中发生的交互行为主要有两种：一种是用户与移动商务平台的感知交互行为，如商品推荐、商品对比等，这种感知交互行为需要经过用户的决策信息加工；另一种是用户与移动商务平台之间的操作交互行为，操作交互又可以分为两种，分别是与购物主任务直接相关的操作行为（如购买商品、确认购买、选择支付等），以及辅助购买主要任务完成的操作行为（如关注物流状态、确认收货、记录评价等）。

如图 2-9 所示，用户与移动商务平台的感知交互主要集中在购买需求与动机产生阶段及信息对比和加工阶段。

购买需求与动机产生阶段是用户加工符合其需求偏好信息前的信息汇集过程，该阶段决定了用户的决策方向，此时应考虑如何吸引并帮助用户在大量信息中挖掘符合用户兴趣的内容，进而产生购买意向。

在用户进入信息对比和加工阶段时，对服务功能的体验、信息结果的对比和加工决定了用户最终的购买决策和购买行为，因此，应从用户的感知需求出发，考虑影响其购买决策的主要因素，如用户是否关心情景信息、网友的推荐、卖家的信誉等购买前对商品或服务信息的感知因素，通过分析用户的搜索、浏览及历史购买行为等，确定其消费偏好，构建与用户现实购物心智模型匹配的概念模型，并根据其偏好从海量信息服务数据中提取令用户满意的相关产品或服务信息，为用户提供个性化服务，提升用户购物体验感[65]。

在购买决策和执行购买阶段，用户基于购买前期对信息的加工、对比和判断对备选方案进行评估，在经过反复比较和评选后，对最终确定的目标形成购买意向进而实施购买行为。在此过程中，若购物系统对用户购买过程中的交互行为及浏览行为进行深度分析，针对性地为用户提供多元化的、满足其兴趣偏好的信息，还可以激发用户计划外的购买行为，并帮助用户找回之前浏览过但被遗忘的商品，在用户获得更为满意的购买决策体验的同时，帮助其快速做出购买决策执行购买行为。

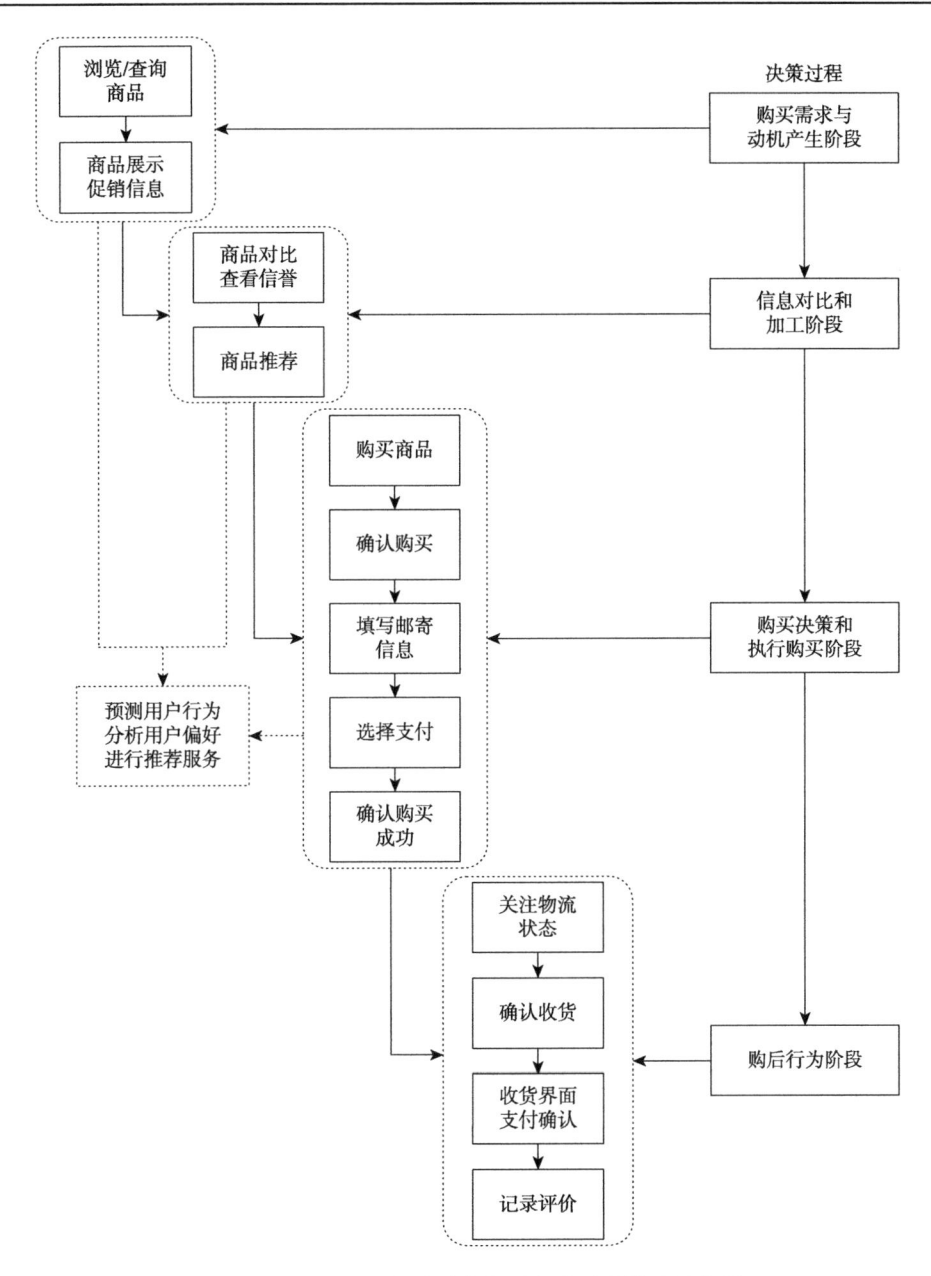

图 2-9　基于 EBM 的移动商务用户购买决策过程流程

在购后行为阶段，用户基于满意体验对购买结果及相关服务进行评价，并将评价结果和形成的经验进行反馈以影响用户下一次购买决策活动。此时，购物系统应根据评价记录实时更新评分数据库，为下一次对该用户提供更为精准的个性化服务提供参考。

通过对移动商务用户购买决策过程及行为的分析可以看出，当用户产生购买动机与需求，进行信息收集、对比和判断，进而对备选方案评估决策时，信息服务平台如何构建与用户现实购物心智匹配的概念模型，实现个性化推荐服务，减少用户获取有用信息的阻碍，提供令其满意的信息及积极的购物体验，将决定用户最终购买行为的发生。

2.4.3 用户体验与移动商务用户购买决策关系

1. 基于 TAM 的移动商务用户购买决策行为影响因素

国内外学者将 TAM 理论运用到移动商务用户购买决策行为的研究中，对移动商务用户购买决策行为的影响因素进行理论和实证分析，并取得了显著的成果，表 2-5 根据相关文献总结了移动商务用户购买决策行为影响因素的研究情况。

表 2-5 移动商务用户购买决策行为影响因素的研究情况

理论基础	作者	影响因素分析
TAM 理论	Pagani（2004）	用户在接受移动商务服务过程中影响其决策的关键因素为感知有用性、感知易用性、使用价格和连接速度[67]
	Carlsson（2006）	基于用户对技术接受的原理，提出了移动互联业务采纳与接受模型，通过实证研究发现，感知价格水平、感知娱乐性、感知系统有用性是用户决策及购买行为产生的关键要素[68]
	Hong（2006）	实证研究证实了感知娱乐性、感知有用性、感知易用性对移动商务用户的继续使用意向产生直接影响，并且通过三个维度的中介效应使用户体验产生差异性，同时作用于继续使用行为[69]
	陈天骄等（2007）	实证结果强调个性化、情景性、自适应性等对用户接受情景感知服务有显著作用[70]
	Malik 等（2013）	研究结果表明感知易用性、感知有用性和社会影响是消费者选择移动商务进行购物的决定性因素[71]
	Mishra（2014）	研究表明用户对移动商务的使用态度对继续使用意向有显著的影响[72]
计划行为理论 TAM 理论 信任机制	尚云婷（2014）	将 TAM 理论与计划行为理论进行整合，并采用回归方程对提出的九个假设进行验证，用以确定移动商务用户决策行为的影响因素，实证显示外界环境、个人创新性、感知有用性及感知易用性与用户决策行为显著正相关[73]
	Francisco 等（2014）	研究结果显示，用户使用态度、感知有用性、感知信任性和社群影响四个因素对移动商务推荐服务的用户采纳意向产生显著正向影响[74]

2. 用户体验与移动商务用户购买决策关系模型

消费者决策过程行为理论认为，"在信息加工、不确定的决策过程中，人的信念决定态度、态度决定意图进而决定购买行为"，同时强调，"决策者的体验（态度、信念）对购买行为的发生起决定性的影响和作用"。移动商务用户购买决策过程（图 2-9）的各阶段均伴随着不同维度的用户体验，因此，用户在此过程中感受到的积极或是消极的体验，将决定其购买行为的发生。这与 TAM 理论解释和预测移动商务用户最终购买决策行为的原理相吻合。

因此，基于以上分析可以看出，在移动商务用户购买决策过程的各阶段，用户根据自身需求与系统进行互动，系统通过互动行为进行信息处理，用户通过对信息处理结果的感知体验决定是否产生购买行为，其中，用户感知要素被视为用户体验维度的信息处理，基于此，本书建立用户体验与移动商务用户购买决策关系模型（图 2-10），用以描述用户体验对购买行为产生的决定性影响。

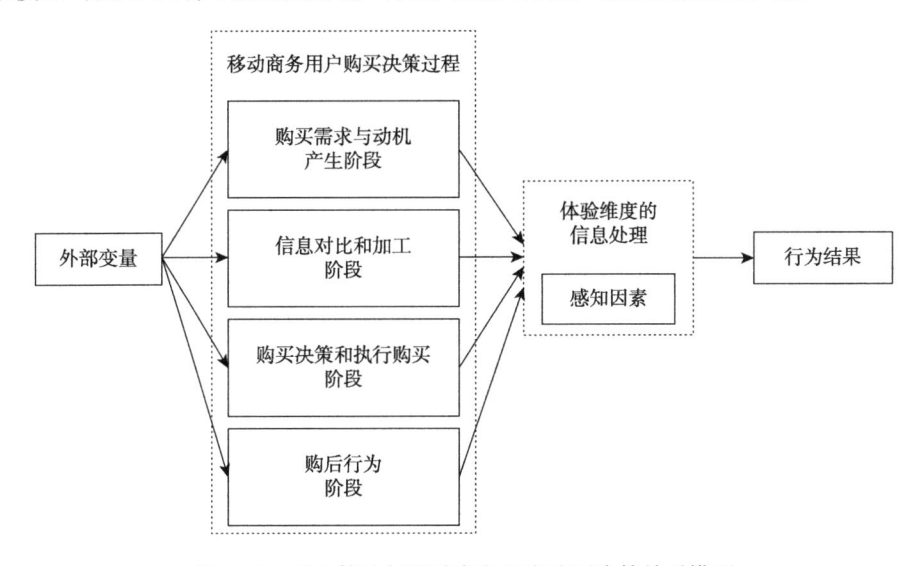

图 2-10 用户体验与移动商务用户购买决策关系模型

2.5 基于 TAM 的用户体验与移动商务推荐模式关系

2.5.1 个性化推荐对移动网络购物用户体验的影响

移动商务的第一法则是，如果用户不能找到他们感兴趣的商品，他们就不会购买它。随着互联网和移动商务的迅猛发展，用户越来越迫切地需要一种个性化推荐方法来帮助他们实现信息过滤和对商品、信息等的针对性推荐，帮助他们在信息资源超载的移动网络上找到希望购买的物品和信息。个性化推荐模型的构建是以方便用户的使用为主旨为用户提供决策帮助的一种模式。

个性化推荐模式的应用,对于改善移动网络购物的用户体验有着深刻的作用。

在对购买行为影响最大的购买决策阶段，个性化推荐向用户提供商品信息、店铺信息等用户决策所需的大量对比信息，可以帮助用户进行无负担的购买决策过程。同时，在购物交易过程中，不同推荐方式的应用，对于不同类型的用户也能够做到排除"千人一面"的现象，从而提升整体购物行为的用户体验度，也方便移动商务网站能够针对不同的用户类型提供不同的引导行为模式。

科学的个性化服务策略充分体现了以用户为中心的原则，不仅关注一类或几类群体用户，而且更侧重满足个体用户的需求，将以用户为中心的原则推行到极致，因此，个性化推荐必然是以提高用户体验为目标，并最终对良好的用户体验起到正面影响。对于不同的用户或者相似的用户群体，针对推荐内容、推荐方式及推荐时段进行个性化的设置，提升个性化推荐模式的针对性和准确度，能更好地提升用户的忠诚度，同时增加商品的销售量，从而提升用户购物的用户体验。

移动网络购物的用户体验带有一定的不确定的、模糊的因素，会随着用户个体差异、时间和使用情景的影响而产生变化，而且每个用户的真实体验是没有办法真实再现的，但是对于一个拥有共同目标和需求的用户群来说，即使其行为和态度有一定的差异，用户体验的共性还是能够根据科学的用户研究试验认识到的。因此，应通过在用户群所表现出的体验共性的框架之上，对个体用户的特征和使用行为进行跟踪，并设计出满足个体用户需求的个性化推荐策略。个性化推荐是解决用户体验的需求和实现之间的矛盾的一个有效工具，它最大限度地发挥了用户的影响力，针对用户的个体体验差别提供针对性的服务，不仅满足用户当前需要，也避免了资源浪费[65]。

2.5.2 移动商务环境下的用户体验影响因素维度

基于以上对移动商务用户购买决策过程的分析，以及对 TAM 理论模式在预测和解释用户的决策及购买行为方面的深入探讨，可以看出用户在使用移动商务平台进行购物时，推荐功能可以帮助用户与移动商务平台进行更好的感知交互活动，帮助用户获取满足其需求的服务内容，同时促使其做出购买决策行为。因此，用户采用推荐功能进行购物，可以看成是用户感知、体验和接受此类技术的一种新型服务模式[64]，而这种新型服务模式下，用户体验不仅是对系统的可用性、功能布局合理性、界面的美观性等直观层面上的内容做出判断，还希望可以借此服务随时随地获得满足自己个性化需要的信息。能否满足用户购物意向，为用户带来积极的服务体验，决定了用户对该类服务模式接受与否，这类似于用户对信息技术的使用意向，而用户对这种模式的最终体验又是建立在他们对各种推荐功能的感知基础上的。因此，本书运用 TAM，结合移动商务用户购买决策的驱动因素及国内外学者对移动商务用户决策行为影响因素的研究情况（表 2-4、表 2-5），在原有感知易用性与感知有用性维度基础上增加了感知情景性、感知信任性和感知多样性三个维度，深入分析影响移动商务用户网上购物体验的感知因素。移动商务环境下用户体验影响因素维度如图 2-11 所示。

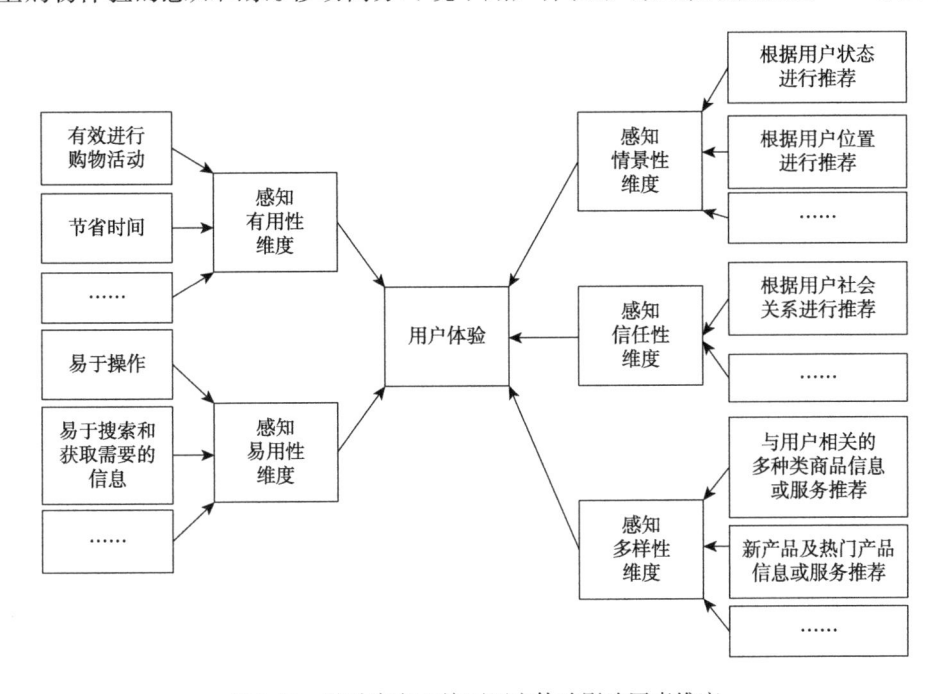

图 2-11　移动商务环境下用户体验影响因素维度

1. 感知有用性维度

在 TAM 中，感知有用性直接影响用户的态度和意向，是用户对信息技术接受与否的主要决定性因素之一。移动商务推荐系统可以被看作一个为移动商务用户提供商品或服务信息及其使用功能的信息系统。因此，只有用户感知并认为该系统能够有效地根据他们搜索、浏览的情况帮助他们找到自己满意的商品或服务时，才可能获得满意的体验进而产生购买行为。本书所提出的感知有用性，用以描述用户认为移动商务推荐服务对其获取满足其需求的信息所起到的帮助作用的程度。例如，在网页比较明显的位置会有该推荐系统的结果列表；该网站推荐系统界面布局合理，主次分明，能根据用户搜索、浏览行为或购买记录预测用户兴趣偏好进行推荐，其结果能使用户获得满意的购物体验。

2. 感知易用性维度

与感知有用性特征一样，感知易用性对用户体验的影响也十分重要。在移动商务推荐系统使用过程中，用户对系统使用的便捷程度会直接或间接地影响感知易用性，从而影响用户体验。例如，移动商务推荐系统交互式设计的简洁性、系统使用便捷性、导航布局合理性、信息响应及时性等，都会不同程度地影响用户感知系统易用或有用程度，进而影响用户体验，且已有研究认为部分用户不网购的原因之一就是系统设计复杂难于掌握，因此，易用易学的推荐系统可以使用户快速地找到想要的信息，节省用户成本，从而达到较高的用户满意度。

3. 感知情景性维度

移动商务用户登录移动终端进行购物时，首先接触的是与情景相关的信息，此时，用户的动机需求大多也与所处环境密切相关，如用户在旅游 APP 上定位自己的位置，查找附近的景点、美食、酒店信息等，而情景信息因人而异，因此，用户需求体验也不尽相同，只有将用户情景偏好与当前情景信息同时融入移动商务推荐系统，才能为每位用户提供更为精准的信息推荐结果，提升用户体验。因此，本书认为感知情景性用以描述用户认为移动商务推荐系统对其获取即时即地情景信息的有效程度。

4. 感知信任性维度

移动商务用户之间的交互行为更加频繁，这使得移动社会化网络的构建相比传统互联网社会化更容易实现，且真实、可靠，通过移动商务用户间折射出的相互信任关系，进而形成信任网络。这与现实生活中人们大都希望从自己信任的朋友、同事或亲属那里获取自己感兴趣的相关产品或服务信息是相契合的，因此，用户认为该类服务及其内容的可信程度，决定了该类服务能否最终被用户感知为有用并接受，可见，感知信任性的加入是必要的，并对用户体验产生影响。

5. 感知多样性维度

移动商务消费中，随着用户购物经验的积累及其求新求奇的驱动心理，用户需求也呈现多元化，此时，相比为用户推荐过多的热门流行商品或服务信息，用户更希望个性化推荐服务能帮助他们从海量移动商务信息中发现其感兴趣的"意外惊喜"，因此，感知多样性是影响用户体验的重要维度之一。

2.5.3 用户体验与移动商务推荐模式关系模型

1. 初始模型构建

基于以上对移动商务环境下影响用户做出购买决策的体验因素的分析，本书通过在原有 TAM 基础上增加感知情景性、感知信任性和感知多样性三个维度的中间变量，建立用户体验与移动商务推荐模式关系模型，用定量研究法确定影响用户对移动商务推荐功能的感知体验的因素，并从用户体验的角度，探讨其影响因素对移动商务推荐模式的影响机理，据此，为该类服务的改进设计相应的服务模式，提高服务质量。

由于无法直接获取和观测用户对移动商务推荐服务质量的感知程度，在模型设计过程中，本书将感知有用性、感知易用性、感知情景性、感知信任性及感知多样性五个维度作为中间变量进行处理。此外，本书结合移动商务服务的特点及相关的理论研究，从服务提供的角度提出了系统交互设计、推荐内容及推荐方式三个维度的自变量，通过中间变量影响用户体验。

首先，系统交互设计衡量界面布局是否合理，以及用户能否与系统进行愉悦、有效的交互活动。目前，移动商家竞争激烈，致使其提供的信息服务趋于同质化，若该类服务的操作功能及感官体验都无法满足用户需求，而仅仅只能保证信息内容的精准度，也势必会被淘汰。其次，推荐内容衡量该类服务是否准确、有效地为用户提供了满足其需求的信息内容。本书结合移动商务推荐功能的特点及其自身的定位，从对用户的吸引程度及推荐信息资源准确性入手，研究用户对该类推荐服务的满意度。最后，推荐方式主要衡量移动商务推荐服务是否能够为用户提供灵活多样且与其需求相匹配的推荐方式，该维度要求推荐系统能够及时、准确地获取用户的动态信息需要，并提供其真正感兴趣的、符合约束的移动商务信息，实现信息服务按需提供、内容按需推荐的服务模式。

首先，合理的界面布局与完善的帮助设计，能有效提升用户使用该类服务的效率，因此，系统交互设计通过感知易用性对用户体验有积极影响。其次，一项服务带给用户的满意程度，在于其能否为用户提供有用的功能并让用户感知到这种针对性，而对该类信息的评价恰恰是由推荐内容质量维度决定的，因此，推荐内容通过感知有用性对用户体验有积极影响。最后，推荐方式旨在以恰当的方式为用户提供满足他们需求的信息，因此，该项服务可以通过感知情景性、感知信任性、感知多样性对用户体验有积极影响。至此，基于 TAM 原理来建立用户体验与移动商务推荐模式关系模型（图 2-12），分析影响用户对各项服务功能体验的主要感知因素，并据此设计相应的移动商务推荐模式，更好地为移动商务用户提供满意的信息服务。

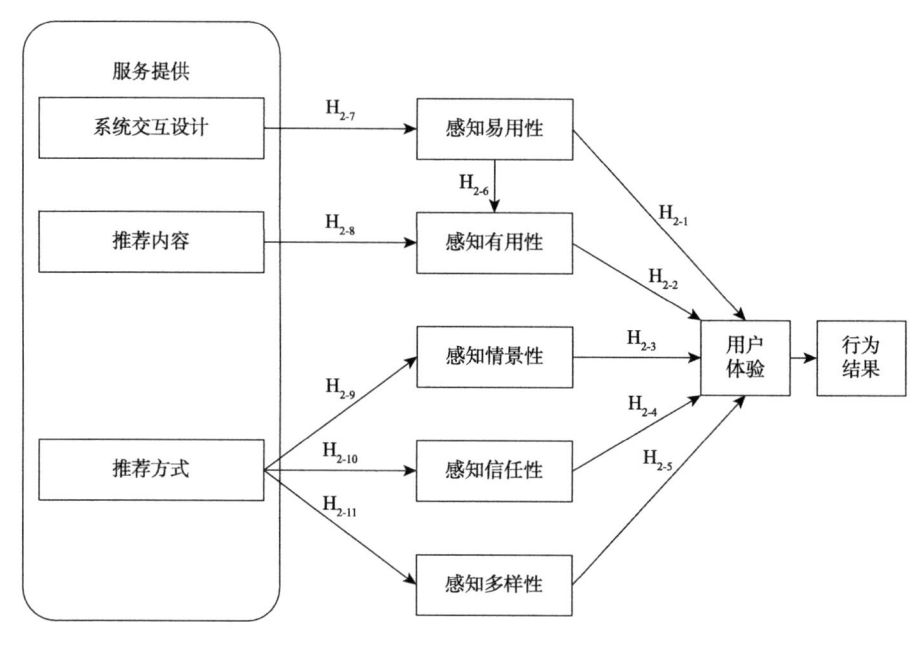

图 2-12 用户体验与移动商务推荐模式关系模型

1）研究假设

现将模型中所欲验证的假设归纳如下。

H_{2-1}：感知易用性对用户体验有积极影响。

H_{2-2}：感知有用性对用户体验有积极影响。

H_{2-3}：感知情景性对用户体验有积极影响。

H_{2-4}：感知信任性对用户体验有积极影响。

H_{2-5}：感知多样性对用户体验有积极影响。

H_{2-6}：感知易用性对感知有用性有积极影响。

H_{2-7}：系统交互设计通过感知易用性对用户体验有积极影响。

H_{2-8}：推荐内容通过感知有用性对用户体验有积极影响。

H_{2-9}：推荐方式通过感知情景性对用户体验有积极影响。

H_{2-10}：推荐方式通过感知信任性对用户体验有积极影响。

H_{2-11}：推荐方式通过感知多样性对用户体验有积极影响。

2）模型变量测量

模型变量测量是检验模型中各项假设是否有效的重要步骤。在用户体验与移动商务推荐模式关系模型研究框架基础上，本书将国内外相关的实证研究中所采用的测量指标进行了归纳和梳理[43, 75~78]，从中整理出适用于本书实证研究的测量指标,据此设计了相应的问题,具体如表2-6所示。

表2-6 测量指标的来源和设计

测量变量	对应题目	测量指标来源
感知有用性	A1:该网站推荐系统能够帮助我寻找感兴趣的商品; A2:该网站推荐系统可以帮省我寻找需要的商品的时间; A3:该网站推荐系统给我提供了不错的购买建议,对我非常有用	Pavlou[75], Koufaris[76]
感知易用性	A4:我认为学会并熟练使用该网站推荐系统寻找感兴趣的商品是容易的; A5:该购物系统服务功能操作简单,能适当提供帮助	Gefen 和 Straub[77], 游明辉[78]
感知情景性	A6:该网站能根据当时的时间有效地向我推荐商品信息或服务; A7:该网站能根据我的状态有效地向我推荐商品信息或服务; A8:该网站能根据我所处的位置及环境有效地向我推荐商品信息或服务; A9:该网站的情景感知推荐服务能使我的工作效率提高; A10:该网站的情景感知推荐服务基本符合我的需要; A11:该网站的推荐服务能让我感觉我是唯一的用户	笔者添加
感知信任性	A12:网站对推荐的原因做了解释(如"看了又看""根据浏览,猜你喜欢"等); A13:通过该网站的解释和说明(如"浏览了该商品的用户还浏览了以下商品"或"我购买过类似商品"等),我认为推荐这些商品的原因比较明确; A14:在该网站购物过程中,朋友或网友的推荐经常会对我的购物态度产生影响; A15:在该网站购物过程中,我愿意参考购物达人的购物心得; A16:在购物决策过程中,我会倾向参考买家秀或其他产品使用效果; A17:我经常会在该网站购买朋友推荐或有买家真人秀的商品	笔者添加
感知多样性	A18:该网站推荐系统推荐的商品包含多个不同类别; A19:该网站推荐系统推荐的商品能够满足我不同方面的兴趣及需求; A20:该网站推荐系统经常向我推荐多种多样的商品; A21:我经常看到该推荐系统推荐近期热门的商品; A22:我希望该网站为我推荐更多新奇有趣的商品	笔者添加
系统交互设计	A23:在网页比较明显的位置会有该推荐系统的结果列表; A24:该网站推荐系统的界面设计简单明了; A25:该网站推荐系统的界面布局合理,主次分明	胡昌平和 张晓影[43]
推荐内容	A26:推荐话题可以引发我的关注; A27:推荐资源可以满足我的需求	
推荐方式	A28:情景特征明显,满足当下需求; A29:该网站推荐服务方式灵活多样,满足个性化需求	
用户体验	A30:我认为该服务对我吸引力强; A31:我认为该推荐服务带来的用户体验良好、积极; A32:我愿意继续使用该服务寻找感兴趣的商品	Gefen 和 Straub[77], Pavlou[75]

本书采用问卷调查的方法,考虑到本书的研究对象是移动商务用户,故问卷只针对移动商务推荐服务中所涉及的应用平台(如糯米、淘宝网等移动终端)用户进行调查,对用户体验与移动商务推荐模式关系模型中的8个维度进行测定,并采用Likert量表形式,设置了"非常同意"到"非常不同意"5个等级(记为5、

4、3、2、1），本书的数据分析工作主要借助 SPSS 20.0 软件来完成。

2. 模型验证

模型验证是检验用户体验与移动商务推荐模式关系模型是否成立的重要步骤。结构方程测量方法具有多元数据分析、同时处理多个因变量的优势，因此，本书采用该方法探讨用户体验对移动商务推荐模式的影响机理。

1）数据收集与样本特征描述

本书选取国内经济较发达地区的年轻群体，且使用过移动商务推荐系统的用户作为主要调查对象。近年来，移动商务快速发展，从市场的角度来看，目前大多数使用者依然是对新鲜事物接受能力比较出众的年轻消费群体；而从调查实施的角度来看，年轻消费者可以较为准确地理解和把握移动商务，并且对于移动商家而言，基于本书的研究结果提出的管理建议也更有意义和针对性。2016 年 3~10 月本书通过网络调查的方式（调查问卷以微信、问卷星及邮件等形式进行发放）对实验数据进行了收集，其中，问卷星调查问卷地址为：https://sojump.com/jq/9898621.aspx。在回收的 293 份问卷中，为保证问卷有效性，将其中 18 份未填写完整的问卷予以删除，最终得到 275 份有效样本进行之后的数据分析。有效样本中，本书用性别、年龄、职业、受教育程度等特征变量对样本进行特征描述。具体的人口统计学特征如表 2-7 所示。

表 2-7　人口统计学特征

特征变量	类别	样本量	百分比
性别	男	120	43.64%
	女	155	56.36%
年龄	18 岁以下	4	1.45%
	18~24 岁	166	60.36%
	25~30 岁	68	24.73%
	31~40 岁	34	12.36%
	40 岁以上	3	1.09%
职业	全日制学生	138	50.18%
	公司或企业职员	74	26.91%
	公务员或事业单位人员	52	18.91%
	自由职业者	2	0.73%
	其他	9	3.27%
受教育程度	专科及以下	4	1.45%
	本科	135	49.09%

续表

特征变量	类别	样本量	百分比
受教育程度	硕士研究生	109	39.64%
	博士研究生及以上	27	9.82%
月可支配收入	1 000元以下	102	37.09%
	1 001~3 000元	129	46.91%
	3 001~5 000元	36	13.09%
	5 001~7 000元	6	2.18%
	7 001元及以上	2	0.73%
使用时间	1年以下	7	2.55%
	1~3年	42	15.27%
	3~5年	88	32.00%
	5年及以上	138	50.18%

注：由于舍入修约，数据有偏差

2）信度分析

本书采用Cronbach's α指标值来测量问卷的内在信度并评价其可靠性[79]，具体公式为

$$\alpha = \frac{K}{K-1}\left(1 - \frac{\sum S_i^2}{S_T^2}\right) \quad (2-1)$$

其中，K为问卷中题项的总数；S_i^2为第i题得分的题项方差；S_T^2为全部题项总得分的方差。

通常而言，大于等于0.7为可接受的信度值，而本书有效样本中，所有变量对应题设的α系数均大于0.8（表2-8），证明问卷具有较好的内部一致性及可靠性。

表2-8 调查问卷各个变量及总体的信度检验结果

维度	指标项	α系数
感知有用性	A1、A2、A3	0.902
感知易用性	A4、A5	0.909
感知情景性	A6、A7、A8、A9、A10、A11	0.857
感知信任性	A12、A13、A14、A15、A16、A17	0.887
感知多样性	A18、A19、A20、A21、A22	0.833
系统交互设计	A23、A24、A25	0.922
推荐内容	A26、A27	0.915
推荐方式	A28、A29	0.838
用户体验	A30、A31、A32	0.888

3）效度分析和因子分析

测量问卷的结构效度，本书采用 SPSS 软件中的主成分分析法，分析问卷是否能够反映出本书的研究目的及相关假设。该方法是建立在使用相关系数为因子提取标准的基础上的，因此需要通过 KMO 检验和 Bartlett 球形检验来判定各变量之间是否具有足够的相关性，只有相关性较高时才适合进行因子分析[80]。从表2-9可以看出，问卷各维度 KMO 值均大于 0.7，且 Bartlett 检验结果为 0，达到显著水平，检验结果证明，数据比较适合做因子分析，量表各因子共同度均接近 0.7，总体方差解释度大于 70%，说明各题项对变量有很好的解释，所有测量项很适合做因子分析。

表 2-9 各变量的因子分析

维度	KMO 值	总体方差解释程度
感知有用性	0.742	82.512
感知易用性	0.758	87.397
感知情景性	0.710	74.680
感知信任性	0.737	78.890
感知多样性	0.701	71.406
系统交互设计	0.766	89.316
推荐内容	0.762	86.499
推荐方式	0.705	73.693
用户体验	0.735	77.354

在通过检验的前提下，本书利用因子分析法对模型进行进一步的统计分析。首先，对各指标进行探索性因子分析，得到的具体结果为如表 2-10 所示的旋转成分矩阵。观察量表指标的因子载荷量，因为 A15 的因子载荷量小于 0.5，考虑到因子的显著性，故将其予以删除。删除后各项指标因子载荷量均大于 0.5，且因子内部具有较好的一致性，符合因子分析的要求，至此修改后的问卷题项通过了结构效度检验，可以作为进一步统计分析的依据。

表 2-10 量表指标的因子载荷量

指标项	成分					
	1	2	3	4	5	6
A1	0.345	0.172	0.716	0.317	0.157	−0.019
A2	0.570	0.151	0.642	0.171	0.156	0.096
A3	0.409	0.269	0.690	0.185	0.184	0.045

续表

指标项	成分					
	1	2	3	4	5	6
A4	0.253	0.768	0.389	0.084	0.121	0.178
A5	0.220	0.727	0.452	0.090	−0.012	0.298
A6	0.527	−0.208	0.323	0.376	0.264	0.351
A7	0.585	−0.377	0.255	0.195	0.402	0.245
A8	0.661	−0.032	0.163	0.171	0.427	0.216
A9	0.591	0.219	0.363	0.366	0.440	0.051
A10	0.615	0.228	0.288	0.317	0.340	0.160
A11	0.680	0.492	0.071	−0.271	0.280	0.194
A12	0.251	0.348	0.082	0.079	0.787	0.051
A13	0.322	0.209	0.211	0.289	0.695	0.208
A14	0.408	0.317	0.128	0.177	0.708	0.144
A16	0.243	0.495	0.185	0.052	0.602	0.218
A17	0.321	0.290	0.149	0.188	0.721	0.160
A18	0.329	0.136	0.219	0.834	0.183	0.159
A19	0.336	0.188	0.262	0.788	0.138	0.155
A20	0.548	0.282	0.187	0.670	0.127	0.186
A21	0.267	0.601	0.172	0.538	0.314	0.114
A22	0.406	0.115	0.072	0.565	0.415	0.223
A23	0.259	0.761	0.314	0.279	0.042	0.188
A24	0.216	0.789	0.318	0.348	0.032	0.102
A25	0.134	0.688	0.390	0.282	0.123	0.223
A26	0.792	0.242	0.364	0.098	0.176	0.179
A27	0.770	0.346	0.350	0.167	0.116	0.157
A28	0.135	0.735	0.195	0.343	0.225	0.209
A29	0.232	0.890	0.200	0.020	0.163	0.104
A30	0.115	0.170	0.817	0.317	0.159	0.104
A31	0.060	0.157	0.859	0.204	0.119	0.317
A32	0.259	0.250	0.735	0.216	0.199	0.102

注：1~6 表示抽取到的因子

4）模型确定

使用回收的 275 份有效样本对初始模型中各维度变量进行修正与分析，并得到它们之间的影响作用关系。本书利用 Lisrel 软件，对初始模型进行修正。首先，从小到大依次删除模型中没有显著关系的路径，即 T 值小于 1.96 的路径。根据路径测定结果，推荐内容→感知有用性（H$_{2-8}$）的路径没有通过显著性检验，予以删除。其次，根据测定结果在模型中从 MI（modification index，修正指数）值最大的路径开始添加一定的路径关系。推荐内容维度实质上是用户对推荐结果情景相关性、信任相关性及多样性感知程度的测定，因此，添加推荐内容—感知情景性（H$_{2-12}$）、推荐内容—感知信任性（H$_{2-13}$）、推荐内容—感知多样性（H$_{2-14}$）的路径影响；而推荐方式实质上是衡量服务方式是否与用户需求相匹配，为用户提供了有效的帮助，进而提升了用户体验，因此，添加推荐方式—感知情景性—感知有用性（H$_{2-15}$）、推荐方式—感知信任性—感知有用性（H$_{2-16}$）、推荐方式—感知多样性—感知有用性（H$_{2-17}$）的路径影响。最后，检验修正模型拟合度，结果见表 2-11。模型拟合系数均在可接受范围内，表明样本数据与结构模型具有良好的拟合关系，修正模型具有较高的解释度。修正后的用户体验与移动商务推荐模式关系模型及各项路径系数如图 2-13 所示，表 2-12 显示了各假设的检验结果。

表 2-11 模型拟合系数

指标项	χ^2/df	RMSEA	NFI	RFI	CFI	TLI	AGFI
推荐值	<5	<0.05	>0.90	>0.90	>0.90	>0.90	>0.50
实际值	2.680	0.032	0.946	0.932	0.983	0.912	0.680

注：χ^2/df 为卡方自由度比值；RMSEA 为近似误差均方根；NFI 为标准拟合指数；RFI 为相对拟合指数；CFI 为比较拟合指数；TLI 为非标准拟合指数；AGFI 为调整的拟合优度指数

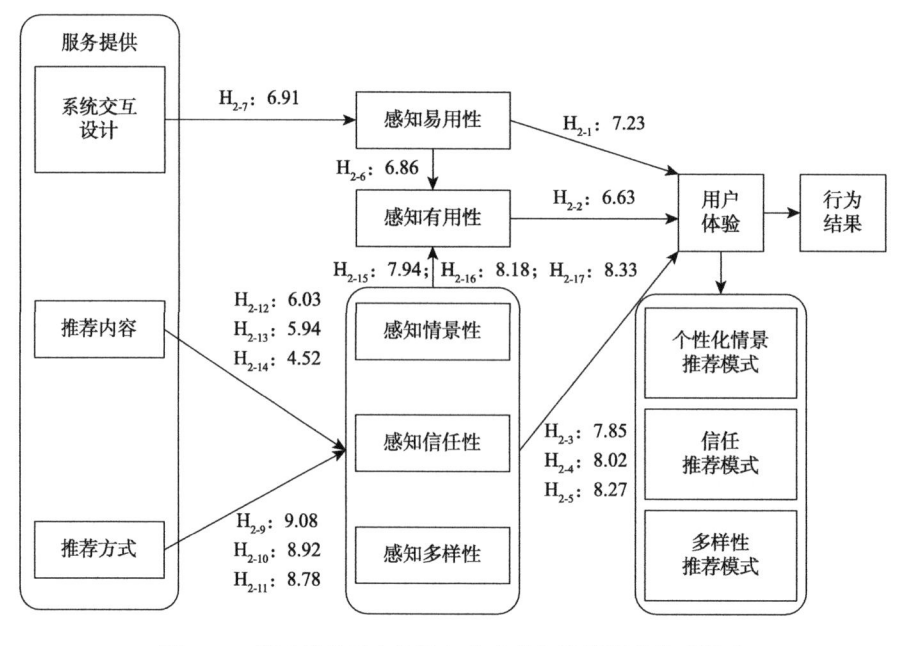

图 2-13 修正后的用户体验与移动商务推荐模式关系模型

表 2-12 假设检验结果

假设描述	检验结果
H_{2-1}：感知易用性对用户体验有积极影响	显著，支持原假设
H_{2-2}：感知有用性对用户体验有积极影响	显著，支持原假设
H_{2-3}：感知情景性对用户体验有积极影响	显著，支持原假设
H_{2-4}：感知信任性对用户体验有积极影响	显著，支持原假设
H_{2-5}：感知多样性对用户体验有积极影响	显著，支持原假设
H_{2-6}：感知易用性对感知有用性有积极影响	显著，支持原假设
H_{2-7}：系统交互设计通过感知易用性对用户体验有积极影响	显著，支持原假设
H_{2-8}：推荐内容通过感知有用性对用户体验有积极影响	不显著，拒绝原假设
H_{2-9}：推荐方式通过感知情景性对用户体验有积极影响	显著，支持原假设
H_{2-10}：推荐方式通过感知信任性对用户体验有积极影响	显著，支持原假设
H_{2-11}：推荐方式通过感知多样化对用户体验有积极影响	显著，支持原假设
H_{2-12}：推荐内容通过感知情景性对用户体验有积极影响	显著，支持新的假设
H_{2-13}：推荐内容通过感知信任性对用户体验有积极影响	显著，支持新的假设
H_{2-14}：推荐内容通过感知多样性对用户体验有积极影响	显著，支持新的假设
H_{2-15}：推荐方式通过感知情景性对感知有用性有积极影响	显著，支持新的假设
H_{2-16}：推荐方式通过感知信任性对感知有用性有积极影响	显著，支持新的假设
H_{2-17}：推荐方式通过感知多样性对感知有用性有积极影响	显著，支持新的假设

5）结果分析

本书通过对用户体验与移动商务推荐模式关系模型的构建与验证，得到影响用户体验该类服务功能的感知因素及其与推荐模式的关系，具体结果分析如下。

（1）感知因素与用户体验。移动商务平台中，TAM 在解释和预测用户对推荐服务这种新型购物模式的接受程度方面，具有很强的拟合力和解释能力。首先，感知易用性和感知有用性对用户体验仍然起着重要作用。系统交互设计通过感知易用性正向影响用户体验，推荐系统界面简洁明了、功能布局主次分明，便于用户快速找到自己感兴趣的商品或信息，进而影响用户感知有用性，有助于增强用户的体验感受。

其次，推荐内容质量通过感知情景性、感知信任性、感知多样性正向影响用户体验。对其进行改善，需要根据实际情况对相关服务模型及算法进行不断的调整及优化，同时还需要将用户需求及兴趣偏好相联系，进行深度匹配，为用户选取理想的信息内容并进行推荐。

最后，推荐方式可以直接通过感知情景性、感知信任性、感知多样性正向影响用户体验，也可以通过感知情景性、感知信任性、感知多样性正向影响感知有用性，进而影响用户体验。

（2）用户体验与推荐模式。在用户与移动商务推荐服务功能交互过程中，推荐方式通过感知情景性、感知信任性及感知多样性对总体体验产生的影响作用最大，因此，推荐系统若能及时、准确地获取用户的动态感知体验需要，针对性地指导优化活动的开展，并为用户提供真正感兴趣的、符合约束的移动商务信息，实现信息服务按需提供、内容按需推荐的服务模式，不仅可以增强用户体验感受与使用黏度，还可以帮助运营商改善和提升现有服务质量，进而推进移动商务平台的快速发展。

2.6 基于用户体验的移动商务推荐模式架构

2.6.1 设计原则

（1）以用户为中心原则。为了建立科学合理的基于用户体验的移动商务推荐模式，应遵循以用户为中心的原则。对于不同用户、不同需求进行深度挖掘，最大限度地发挥用户的影响力，重视用户个体体验的差别，从而提供有针对性的个性化服务方式，提高移动商务购物系统的用户体验度。

（2）实时性原则。在大规模移动商务环境下，用户需求随环境变化而变化，因此，必须以移动商务用户情景信息为基础进行个性化推荐，才能更好地适应快速变化的环境，满足用户需求。

（3）科学性原则。移动商务用户的购物体验带有一定的不确定的、模糊的因素，会随着用户决策行为过程、个体差异、时间及使用情景变化而变化，基于用户体验的移动商务推荐模式的构建，必须合理地刻画该类服务环境下影响用户体验的要素及其关系，设计相应的推荐策略及方法，以保证推荐服务活动顺利进行。

2.6.2 基于用户体验的移动商务推荐模式的总体架构和内容体系

1. 基于用户体验的移动商务推荐模式的总体架构

由移动商务用户购买决策过程分析可以发现，个性化推荐服务功能可以帮助用户与移动商务平台进行更好的感知交互活动，用户对个性化推荐服务功能的最终体验影响其真实购买决策行为的发生，而用户对这种推荐服务的最终体验又是建立在他们对各项功能的感知基础上进行的，因此，根据用户的购买决策行为过程及每个阶段影响用户体验的感知因素进行分析，本书认为基于用户体验的移动商务推荐模式应由个性化情景推荐模式、信任推荐模式及多样性推荐模式组成，其相互关系如图 2-14 所示。

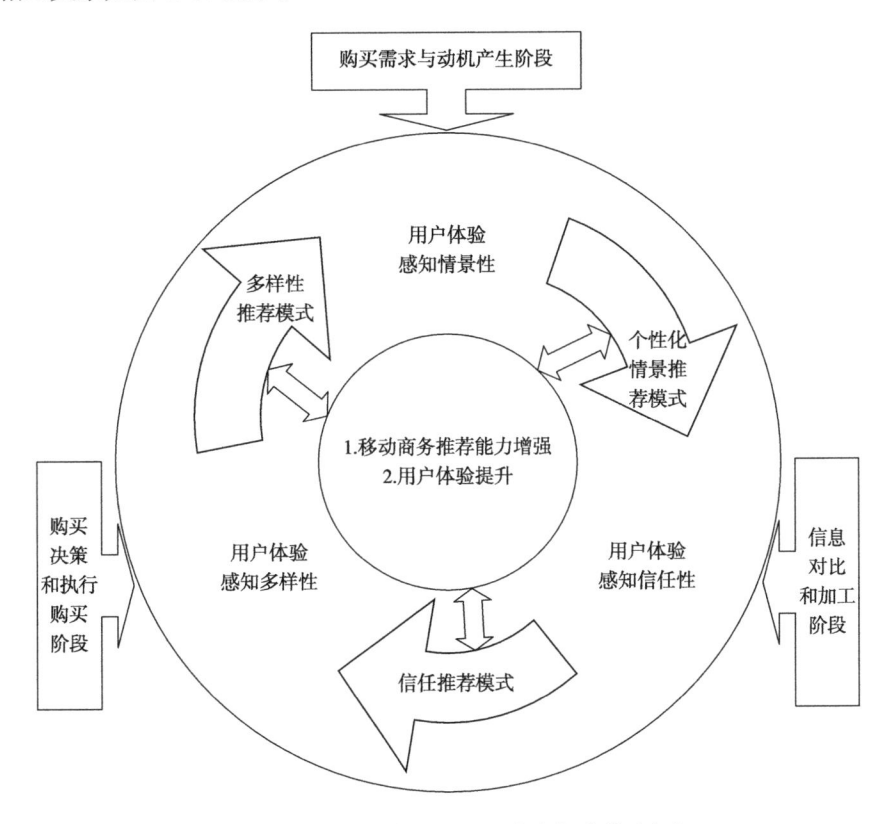

图 2-14　基于用户体验的移动商务推荐模式框架

2. 基于用户体验的移动商务推荐模式的内容体系

移动商务用户购买决策过程包含四个阶段，即购买需求与动机产生阶段、信息对比和加工阶段、购买决策和执行购买阶段、购后行为阶段，而用户对推荐服务功能的体验主要集中在购买需求与动机产生阶段、信息对比和加工阶段、购买决策和执行购买阶段，这三个阶段被看作复杂决策过程中的信息加工阶段。用户对不同阶段的推荐服务功能进行感知交互活动并体验，此时，应尽量构建与用户现实购物情景、偏好匹配的概念模型，以恰当的服务方式提供令用户满意的服务信息，进而促成用户决策及购买行为的发生。据此，本书根据用户决策行为过程及各阶段影响用户体验的感知要素设计了以个性化情景推荐模式、信任推荐模式及多样性推荐模式构成的基于用户体验的移动商务推荐模式。

（1）个性化情景推荐模式。根据移动商务用户体验因素实证分析，感知易用性通过推荐列表位置、推荐功能的布局等对用户的总体积极体验仍起至关重要的作用，而推荐方式及其推荐内容质量通过感知情景性、感知信任性及感知多样性作用于感知有用性，进而影响用户体验。因此，在基于用户体验的移动商务推荐模式设计中，先完成用户在产生购买需求与动机，登录系统时的情景感知体验。为避免以往移动推荐系统以整个用户的整体情景为研究对象进行推荐，从而忽略了用户个体行为偏好、体验的差异性，必须对个体用户的偏好特征和使用行为进行追踪，为每位用户找出影响其做出最终选择的情景要素加以分析，即建立用户个性化情景服务方式，有效地提高推荐质量，提升用户体验。

（2）信任推荐模式。用户进入搜索、浏览或对比系统提供的服务信息阶段时，通过分析移动商务情景下用户间的社会网络信任关系及其对决策结果的影响，建立信任服务方式，不仅可以为用户提供更精准的推荐服务内容，还可以在展示推荐能力的同时，使用户在感知推荐服务可信的过程中获得有用的信息及满意的体验。

（3）多样性推荐模式。通过对推荐信息的体验和加工进行决策及购买，新用户可能更倾向热销流行的商品，而老用户可能希望获得更加多样化和新奇的产品信息，此时，根据用户交互行为及浏览行为，为用户提供多种多样的满足用户偏好的商品及服务信息，有助于用户快速做出购买决策执行购买行为，获得满意的购物体验感。因此，该阶段模式设计的重点在于，对于老用户或者对信息有求新、求奇类需求的用户，在保证推荐准确性的同时还应提供给用户符合其偏好的多样性商品信息或服务信息，在购买决策阶段，流行的商品、新颖性的商品、符合其兴趣的长尾商品同时出现在推荐列表当中，使用户有更加多样化的选择。

2.7 本章小结

根据对移动商务用户购买决策过程的分析，发现个性化推荐功能可以帮助用户与移动商务平台进行更好的感知交互活动，用户对个性化推荐功能的最终体验影响其真实购买决策行为的发生，而用户对这种推荐服务的最终体验是建立在他们对各项功能的感知基础上进行的，这与用户对信息技术使用态度模型原理相吻合。因此，本章引入 TAM 建立用户体验与移动商务推荐模式关系模型，用以描述用户体验对移动商务推荐模式的影响机理。在该模型中运用定量研究法确定影响用户对移动商务推荐功能体验的感知因素，据此，根据用户决策行为过程及其感知体验因素，设计了由个性化情景推荐模式、信任推荐模式、多样性推荐模式组成的基于用户体验的移动商务推荐模式总体架构。

参 考 文 献

[1] Glock C Y, Nicosia F M. Sociology and the study of consumers[J]. Journal of Advertising Research, 1963, 3: 21.

[2] Demby E. Psychographics and Form Where It Comes, Lifestyle and Psychographics[M]. NetJersey: Prentic Hall, 1973.

[3] Woods W A. Consumer Behavior[M]. New York: North Holland, 1981.

[4] Williams T G. Consumer Behavior: Fundamentals and Strategies[M]. St. Paul: West Publishing Co., 1982.

[5] Engel J F, Blackwell R D, Miniard P W. Consumer Behavior[M]. New York: Prentice-Hall, 1995.

[6] Horner S, Swarbrooke J. Marketing Tourism, Hospitaity and Leisure in Europe[M]. London: International Thomson, 1996.

[7] Sheth J N, Banwari M. Consumer Behavior: A Managerial Perspective[M]. Cincinnati: The Thomson Corporation South-Western College Publication Press, 2002.

[8] Blythe J. Marketing Strategy[M]. New York: Mc Graw-Hill Education, 2003.

[9] Kotler P, Armstrong G. Princples of Marketing[M]. Harlow: Prentice Hall, Third European Edition, 2001.

[10] West H J, Albaum G. Modern marketing thought[M]. 3rd ed. London: Collier Macrmillan Publishers, 1974.

[11] Barry T E, Howard D. A review and critique of the hierarchy of effects in advertising[J]. International Journal of Advertising, 1990, 9: 124.

[12] Festinger L. A Theory of Cognitive Dissonance[M]. New York: Row, Peterson and Company, 1957.

[13] Engel J F, Blackwell R D. Consumer Behaviour[M]. 4th ed. New York: Dryden, 1982.

[14] Mead G H. Mind, Self and Society[M]. Chicago: University of Chicago Press, 1934.

[15] Goffmaw E. The Presentation of Self in Everyday Life[M]. New York: Douleday Anchlor Books, 1959.

[16] 李怀祖. 决策理论导引[M]. 北京：机械工业出版社，1993.

[17] 许应楠. 面向知识推荐服务的消费者在线购物决策研究[D]. 南京理工大学博士学位论文，2012.

[18] Festinger L, Schachter S, Back K. Social Pressures in Informal Groups: A Study of Human Factors in Housing[M]. Stanford: Stanford University Press, 1963.

[19] Thompson S H, Yeong Y D. Assessing marketplace[J]. The International Journal the Consumer

Decision Process in the Digital of Management Science,2003,31(5):349-363.
[20] 朱姝,程毅. 消费者行为学[M]. 上海:华东理工大学出版社,2009.
[21] 张灵莹. 面向交易全过程的网络消费者购买决策模型研究[D]. 哈尔滨工业大学博士学位论文,2014.
[22] 王晨升. 用户体验与系统创新设计[M]. 北京:清华大学出版社,2018.
[23] Joseph P,James G. The Experience Economy[M]. Massachusetts:Harvard Business School Press,1999.
[24] 邓胜利. 基于用户体验的交互式信息服务[M]. 武汉:武汉大学出版社,2008.
[25] Norman D,Miller J,Henderson A. What you see, some of what's in the future, and how we go about doing it:HI at Apple Computer[C]//Conference companion on Human Factors in Computing Systems. Massachusetts:ACM,1994:155.
[26] 丁一,郭伏,胡名彩,等. 用户体验国内外研究综述[J]. 工业工程与管理,2014,19(4):92-97.
[27] Leena A. Capturing user experience for product design[EB/OL]. http://www.msh-alpes.prd.fr/ADAMOS/material/arhippa2.pdf,2009-03-20.
[28] UPA(Usability Professionals' Association). Glossary. http://www. usabilitybok.org/glossary.
[29] Morville P. User experience design[EB/OL]. http://semanticstudios.com/user_experience_design/,2009.
[30] Hassenzahl M,Tractinsky N. User experience—a research agenda[J]. Behaviour & Information Technology,2006,25(2):91-97.
[31] 邓胜利,张敏. 用户体验——信息服务研究的新视角[J]. 图书与情报,2008,(4):18-23.
[32] 王晓艳,胡昌平. 基于用户体验的信息构建[J]. 情报科学,2006,24(8):1235-1238.
[33] Thiemann C,Treiber M,Kesting A. Estimating acceleration and lane-changing dynamics from next generation simulation trajectory data[J]. Transportation Research Record:Journal of the Transportation Research Board,2008,(1):90-101.
[34] Roto V. User experience building blocks[C]//Proceedings of 2nd COST294-MAUSE Workshop-Towards a Unified View. New York:ACM Press,2006:124-128.
[35] Partala T,Kallinen A. Understanding the most satisfying and unsatisfying user experiences:emotions, psychological needs, and context[J]. Interacting with Computers,2012,24(1):25-34.
[36] 廖小丽,胡媛. 基于用户体验的团购网站信息构建模型研究[J]. 图书情报工作,2012,56(10):138-143.
[37] Park J,Han S H,Kim H K. Modeling user experience:a case study on a mobile device[J]. International Journal of Industrial Ergonomics,2013,43:187-196.
[38] 孙利. 用户体验形成基本机制及其设计应用[J]. 包装工程,2014,35(10):29-32.
[39] Davis F D. Perceived usefulness, perceived ease of use, and user acceptance of information technology[J]. MIS Quarterly,1989,13(3):319-340.
[40] Davidson R J,Goldsmith H,Scherer K R. Handbook of the Affective Sciences[M]. New York:Oxford University Press,2003.

[41] 郭红丽,王晶.基于TAM模型的B2C客户体验模型研究[J].科技管理研究,2013,33(19):184-188.

[42] 赵杨,王娟.基于用户体验的移动信息服务运作机制探究[J].情报资料工作,2013,34(2):89-93.

[43] 胡昌平,张晓影.社会化推荐服务中的用户体验模型构建[J].情报杂志,2014,33(9):181-186.

[44] Huang A. A research taxonomy for e-commerce system usability[C]//Proceeding of the 8th Americas Conference on Information System, Dallas, 2002: 638-642.

[45] 李阳晖,吴红梅,赖全萍.用户体验与数字图书馆个性化服务的关系分析[J].图书情报工作,2009,53(11):88-91.

[46] Thiesch M T. Facets of visual aesthetics[J]. International Journal of Human-Computer Studies, 2010, 68(10): 689-709.

[47] O'Brien H L. The influence of hedonic and utilitarian motivations on user engagement: the case of online shopping experiences[J]. Interacting with Computers, 2010, 22(5): 344-352.

[48] Bargas A J, Hornbk K. Foci and blind spots in user experience research[J]. Interactions, 2012, 19(6): 24-27.

[49] 李森,夏静,刘玮琳,等.基于用户体验的B2C电子商务网站评价研究[J].工业工程与管理,2012,17(6):97-100.

[50] Georgiadis E C K, Chau P Y K. Introduction to the special issue on user experience in e-Business environments[J]. Information Systems and e-Business Management, 2013, 11(2): 185-188.

[51] 郭雅楠.基于用户体验的个性化服装推荐技术研究[D].河北农业大学硕士学位论文,2014.

[52] Fishbein M, Ajzen I. Belief, Attitude, Intention, and Behavior[M]. Massachusetts: Addison-Wesley, 1975.

[53] Ajzen I. From Intentions to Actions: A Theory of Planned Behavior[M]. Berlin Heidelberg: Springer, 1985.

[54] Ajzen I. The theory of planned behavior[J]. Organizational Behavior and Human Decision Processes, 1991, 50(2): 179-211.

[55] Bandura A. Self-efficacy: toward a unifying theory of behavioral change[J]. Psychological Review, 1977, 84(2): 191-215.

[56] 芦文娟.消费者网上购物行为意愿影响因素研究——基于多理论整合模型的实证研究[D].南开大学博士学位论文,2010.

[57] Davis F D, Bagozzi R P, Warshaw P R. User acceptance of computer technology: a comparison of two theoretical models[J]. Management Science, 1989, 35(8): 982-1003.

[58] 王勇.基于用户体验的豆瓣网用户活跃驱动因素研究[D].北京邮电大学硕士学位论文,2015.

[59] Agarwal A M, Prasad P C. Developing and validating an instrument for measuring user perceived web quality[J]. Information and Management, 2002, 39(6): 467-476.

[60] Venkatesh V, Morris M G, Davis G B, et al. User acceptance of information technology: toward a unified view[J]. Systems, 2003, 27(3): 425-478.

[61] 杨盛. 移动电商推荐系统采纳意向影响因素研究——以手机淘宝为例[D]. 山西财经大学硕士学位论文，2018.

[62] Venkatesh V, Thong J Y L, Xu X. Consumer acceptance and use of informationtechnology: extending the unified theory of acceptance and use of technology[J]. Social Science Electronic Publishing, 2012, 36（1）: 157-178.

[63] Magsamen-Conrad K, Upadhyaya S, Joa C Y, et al. Bridging the divide: using UTAUT to predict multigenerational tablet adoption practices[J]. Computers in Human Behavior, 2015, 50: 186-196.

[64] Yu C S. Factors affecting individuals to adopt mobile banking: empirical evidence from the UTAUT model[J]. Journal of Electronic Commerce Research, 2012, 13（2）: 104-121.

[65] 张彦. 基于用户认知与个性化推荐的购物系统用户体验度研究[D]. 北京邮电大学硕士学位论文，2010.

[66] 杨玉兔. 消费者使用移动设备进行购物的影响因素研究[D]. 吉林财经大学硕士学位论文，2016.

[67] Pagani M. Determinants of adopting of third generation mobile multmedia services[J]. Journal of Interactive Marketing, 2004, 18（3）: 46-59.

[68] Carlsson H, Bouwman H, Molina C, et al. Adoption of mobile devices/eervicee-searching for answers with the UTAUT[C]//Proceedings of the 39th Hawaii International Conference on System Sciences, Hawaii, 2006.

[69] Hong S J, Thong J Y L, Tam K Y. Understanding continued information technology usage behavior: a comparison of three models in the context of mobile internet[J]. Decision Support Systems, 2006, 42（3）: 1819-1834.

[70] 陈天娇, 胥正川, 黄丽华. 情景感知服务的用户接受模型研究[J]. 科技进步与对策, 2007, （2）: 142-147.

[71] Malik A, Kumra R, Srivastava V. Determinants of consumer acceptance of m-mommerce[J]. South Asian Journal of Management, 2013, 20（2）: 102-126.

[72] Mishra S. Adopting of m-commerce in India: applying theory of planned behaviour model[J]. Journal of Internet Banking and Commerce, 2014, 19（1）: 1-17.

[73]]尚云婷. 移动电子商务消费者行为影响因素研究[D]. 北京邮电大学硕士学位论文，2014.

[74] Francisco L C, Juan S F, Francisco M L. Antecedents of the adoption of the new mobile payment systems: the moderating effect of age[J]. Computers in Human Behavior, 2014, 35（7）: 464-478.

[75] Pavlou P A. Consumer acceptance of electronic commerce: integrating trust and risk with the technology acceptance model[J]. International Journal of Electronic Commerce. 2003, 7（3）: 101-134.

[76] Koufari M. Applying the technology acceptance model and flow theory to online consumer behavior[J]. Informs, 2002, 13（2）: 205-225.

[77] Gefen D, Straub D. The relative importance of perceived ease of use in IS adoption: a study of e-commerce adoption[J]. Journal of the Association for Information Systems, 2000, 1（8）: 1-28.

[78] 游明辉. 影响消费者网站特性认知、网上购物接受程度及网上购物意图因素研究[D]. 重庆大学硕士学位论文, 2004.
[79] 张洁, 赵英, 余红. B2C 电子商务网站用户体验评价研究[J]. 情报科学, 2013, 31（12）: 86-87.
[80] 焦婧, 刘东, 李亚文. 用户体验蜂窝模型在网络教学中的应用研究[J]. 北京联合大学学报, 2013, 27（2）: 27-30.

第3章 基于个性化情景的移动商务推荐模式

3.1 个性化情景内涵

3.1.1 情景

1. 情景的含义及分类

目前情景有多种定义,《现代汉语词典》对情景的解释为"具体场合的情形、景象或境地",*Webster's Dictionary* 将情景定义为"与某一事件相关的整个情景、背景或环境",《牛津简明词典》认为情景是"一个存在着某种事态的地方"[1]。

情景在某些情况下很容易理解其含义,如某次看电影的伴侣、出去旅游的季节等很容易成为确知的情景,但要给情景下一个通用的定义比较困难。早期的研究主要通过枚举方式来定义情景,如一些学者将情景分为三类来定义。

(1)计算情景,如网络的可用性、通信开销、网络带宽、计算机本身情况、周边的打印机等资源。

(2)用户情景,包括用户的基本特征信息、所处位置、家庭成员,甚至社会关系等。

(3)物理情景,如季节、时间、光线的明暗、噪声的大小、交通状况、气候、温度等。

1994 年,Schilit 等[2]使用了 context-aware 这个词,将情景归为"位置、人和物体周围的标识与这些物体的变化",之后又进行了补充,将情景具体划分为:用户情景,如用户介绍、偏好、位置、情绪、当前的活动;使用设备的信息,如移动设备处理能力、显示能力、存储容量、网络连接方式、带宽等;空间情景,如室内或者室外、气温、天气信息、所处环境的噪声、光线亮度等。

Shardanand[3]认为：情景是指描述一个设备或用户所处环境的因素的集合。每个情景可以用一个唯一性的名字来标识。每个情景都有一组相关的属性。例如，情景"时间"可以由属性"年""月""日""上午"等构成。而情景的属性可以根据当前的环境用各种值来确定。

Brown 等[4]将情景定义为：位置、用户周围的人的标识、时间、季节和温度等。

Snowdon 和 Grasso[5]将情景定义为多层结构：个人的（personal）、项目的（project）、群组的（group）和组织的（organisation）。这里，在个人层，情景包括个体当前活动的信息，如他们在哪里，他们读哪些文档，他们和谁在一起。这些信息是个性化的，与协作组以外的人无关。在项目层，情景包括项目截止期及与项目协作伙伴有关的所有信息。在群组层，情景和每日活动关系稍弱，但关注的是全局、整体和长期的性质。在组织层，情景不仅关注战略层，也关注相关的其他群组的活动。

顾君忠[6]和林鹏辉[7]认为，情景实际上反映了从以计算机为中心到以人为中心的转变，因此，应当以人为本，围绕着用户（人）来考虑情景。因此，可以定义一个谱系，将情景分成：计算情景（computing context），如网络连接性、通信开销、通信带宽和附近资源；用户情景（user context），如用户概要信息、位置和社会地位；物理情景（physical context），如亮度、噪声、交通条件和温度；时间情景（time context），如时、分、日、周、月和四季；社会情景（social context），如制度、法律、风俗和习惯。

黄硕[1]认为情景有场景、场合之意。情景含有对某一活动或事件的推测、预想之意，既可用于产品设计的前期策划阶段，对整个产品线做出大方向上的预测。也可以贯穿在产品设计的整个过程中，强调未来用户使用产品时所处的真实环境和条件，以及用户与产品交互时的心理感受和变化等。在产品设计开发过程中，情景能够模拟和还原用户、产品与周围环境之间的相互影响的微妙关系。在不同的情景下，产品体现出不同的价值属性，不仅包括产品的物理属性，还包括产品及产品所处的情景对用户的心理变化造成的影响。因此，同一产品如果所处情景不同，用户的情感和行为就会存在较大的差别，这就会直接影响到用户体验。因此，情景要素是用户体验设计中不可分离的关键环节。

除了以上的定义，学者普遍引用的是博士 Dey 对情景的定义，即情景是环境本身及环境中各实体所明示或隐含的可用于描述其状态（含历史状态）的任何信息。目前，国外许多研究者都对个性化推荐中用户环境信息的重要性进行了广泛的研究及验证，并将影响用户行为、决策的环境和场景信息称为"context"，而国内学者在个性化推荐研究中多称之为"情境""情景"或"上下文"等概念，这些描述在本质上表达了相同的内涵，在本书中统一采用"情景"来描述。

在 Dey[8]等学者对情景内涵描述的基础上，结合移动商务的特点，本书将情景界定为有关影响移动商务用户即时信息需求的时间、位置、环境等信息,如用户的偏好及所处的时间、地点、天气状况等。

根据上述定义,本书用树形结构图对影响移动商务用户即时信息需求的情景要素进行分类,如图3-1所示。

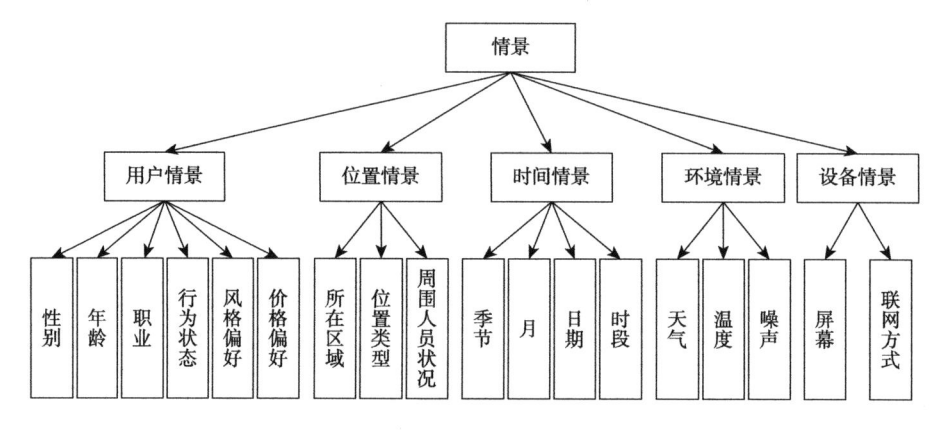

图3-1 移动商务环境下的情景要素

(1)用户情景。用户情景主要指用户的基本情景信息及使用系统时的行为状态及其历史偏好。例如,用户正在学习还是正在工作,休息时喜欢运动还是喜欢宅在家里,这些情景要素都会影响用户注意力的分配与选择,是影响推荐结果的重要变量因素。

(2)位置情景。根据文献[9]对位置情景的描述,可知它是指与用户位置相关的情景信息,如用户是在学校还是在家里、所处位置周围的情况信息等。本书的用户位置情景主要包括用户所在区域(城市)、用户所处位置类型(学校、家、商场)、用户周围人员状况(同学、家人、同事)等。

(3)时间情景。时间情景主要以时间属性来表示用户所处的情景及偏好,如用户通过 iPad 浏览团购网站的时间(早、中、晚等不同的时段)、用户在节假日和工作日对信息资源需求的不同,在节假日喜欢关注休闲娱乐,而在工作日更多关注工作学习类信息[10]。

(4)环境情景。这里的环境是指用户在使用推荐系统时所处的环境信息,包括天气、温度、噪声等自然环境。移动商务用户所处的环境多变,在设计推荐系统时更应通过对环境因素的分析,了解用户使用系统的真实状态,有利于发现用户需求及其变化[11]。

(5)设备情景。目前,移动商务用户大多通过移动终端设备(手机、iPad等)获取信息资源,设备信息主要包括两个方面:一是硬件设备信息,如屏幕的大小,影响每页显示信息的数量;二是网络信息,指设备的联网方式,包括2G

（2-generation wireless telephone technology，第二代手机通信技术）、3G、4G 和 Wi-Fi 等，不同的联网方式网速差别较大，因此推荐系统需要及时捕捉这些信息，以适当的方式把信息推荐给用户，为用户提供更好的服务[12]。

2. 作用

情景作为联系、沟通用户与资源对象之间的桥梁，在智能信息检索、知识表示与推理及信息服务等层面都扮演着辅助知识理解的重要角色，并成为解决信息超载和个性化服务问题中的重要知识支持。目前，情景已经在诸多领域得到了关注，如制造业、娱乐和新闻资讯推荐、医疗保健服务等。尤其在个性化推荐领域中，用户情景已成为协助个性化推荐系统提高其推荐性能和质量的重要支持手段与方法，根据用户当前的情景向其推送符合当前场景的信息资源或服务，其重要性已为越来越多的研究者所认识。个性化推荐的内涵强调的是推荐内容和推荐方式的个性化，即想用户所想，最大限度地满足用户需求。一个良好的个性化推荐服务应该以用户为中心，能够预见用户的潜在需求，进而为用户提供更准确的推荐，然而，传统的个性化推荐服务往往忽略了用户情景的重要性，仅仅考虑了用户和信息资源之间的关联性来将最合适的信息资源对象提供给用户，或者为资源对象找到最适合推荐的用户[13]。

随着国内外学者对个性化推荐服务的广泛研究，越来越多的研究者发现了各种情景因素对用户潜在需求的影响。Bettman 等[14]较早地对复杂情景下的消费者决策影响机制进行了研究，该研究发现情景的变化可能会影响消费者的潜在需求，从而导致消费者的购买行为发生显著的变化；Palmisano 等[15]和 Mallat 等[16]在其研究中通过对用户的购物行为进行分析来验证情景在个性化服务中的重要性，他们指出将情景信息融入用户行为模型中能够提高对用户行为的潜在预测能力，从而更好地发现用户的购买需求。而国内学者胡慕海和蔡淑琴[17]认为如果在个性化推荐中引入并应用情景，能够更加准确地识别不同用户的偏好及需求，进而为用户提供更合适的信息资源及服务。

3. 情景感知

1）情景感知的定义

在开放的、动态的普适计算（ubiquitous computing）环境中，为了让用户无缝地使用各种个性化服务，需要具备获取与环境和用户相关的情景信息的能力，这种能力就是情景感知能力。关于情景感知的探讨，最早应该追溯到 1992 年 Olivetti 公司的 Active Badger 研究项目。该项目首次致力于普适计算环境与情景感知的相关研究。从这个项目研究开始，陆续有许多学者和机构开始研究情景感知。

情景感知技术起源于普适计算的研究，早在 1994 年 Schilit 等[2]讨论了情景感知的定义，认为情景感知应用能够自动适应情景，也可以将情景告知应用。系统能够获取关于用户及计算机、通信设备等的状态的知识，包括网络的可用性、网络带宽、通信开销、计算机本身情况、周边环境、形势和位置等。Kim等[18]认为情景感知最简单的定义是获取和应用情景（acquiring and applying context），应用情景包括适应情景和使用情景。Dey[8]对前人的研究成果进行系统总结，他指出，桌面计算机、移动设备及普适计算环境中所有使用情景的应用，都可以称为情景感知。

我国学者杨君[19]将情景感知定义为：感知内（外）部环境的动态变化，并随之对系统进行调整，以满足用户的各种个性化需求。内部环境主要指计算机、手机等通信环境，外部环境主要指与用户相关的一些环境，如时间、地点、季节等。情景感知的目的是试图利用人机交互或传感器提供给计算机、手机等设备关于内/外部环境变化的信息，并让计算机、手机等设备做出相应的反应。

在综合以上学者对情景感知内涵描述的基础上，本书将情景感知界定为：情景感知是指应用设备可以利用传感器及其相关技术来"感知"到用户当前的情景，从而使应用更好地适应情景、利用情景，以提供更好的信息服务。

根据不同的分类标准，情景感知可以有不同的分类结果。例如，根据情景获得的方式，可以把情景感知分为直接的显式情景感知和间接的隐式情景感知两类。直接的显式情景感知主要是指直接输入一些环境信息，如位置信息、时间信息和设备环境信息等。间接的隐式情景感知是指使用一些工具，通过分析获取一些间接的隐式的情景信息，如用户的特点、偏好、习惯、知识层次等。根据系统向情景反应的主动程度可以分为主动情景感知与被动情景感知。主动情景感知是指系统主动改变行为自动适应发现的情景。被动情景感知是指系统向感兴趣的用户呈现新的情景，或者保存这些情景以便让用户以后检索，用户根据这些情景调整系统。

情景感知的目的是利用传感器或人机交互技术，使计算设备可以获取与用户和设备环境相关的情景信息，并做出相应的处理和反应。这种对情景的获取和反应，应当满足情景适应性、情景敏感性、计算机反应性、响应性和环境导向性等。

2）情景感知系统的基本结构

情景感知系统主要由情景获取、情景处理、情景利用三部分组成，如图3-2所示。

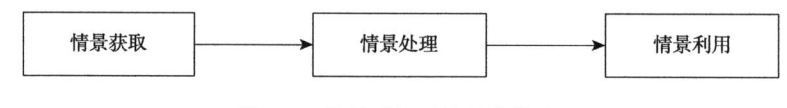

图3-2 情景感知系统基本构成

（1）情景获取。情景获取就是通过传感器或人机交互方式获取情景信息。

情景信息包括原始情景信息和高级情景信息两类。原始情景信息，如地理位置信息、时间信息、声音信息等，可以通过 GPS 或射频识别技术（radio frequency identification，RFID）获取位置信息，计算机内置时钟可以获取时间信息，声音信息可以通过话筒来得到。高级情景信息，如用户当前活动状态、历史行为习惯、历史购买信息等，可以通过对系统日志、用户日程安排的处理及其他人工智能技术获得。

（2）情景处理。情景处理主要是将原始情景数据表示和转换成有价值的信息的过程。第一个阶段获得的情景数据，无论是从各种情景感知工具处直接获得的原始情景数据，还是通过间接方式获得的高级情景数据，格式均没有统一，系统无法处理这些杂乱的数据。此时，需要对各种格式的数据进行统一定义，形成规范的、标准的数据形式。情景处理主要包括情景建模、情景说明与情景表示、情景推理与融合。

情景建模。情景建模是以一种机器可以处理的形式定义情景数据。可以采用以下方法对情景数据进行建模：①模式标识模型；②图形模型；③本体模型。情景建模主要是从形式上及语义上对情景信息标准化、统一化。在情景建模方法中，模式标识模型与图形模型是从形式上对情景建模，而本体模型是从语义上对情景建模。

模式标识模型对情景数据进行建模的方法与标识语言，如 HTML（hyper text markup language，超级文本标记语言）、XML（extensible markup language，可扩展标记语言）等描述数据的方式比较类似。模式标识模型采用标签（tag）分层的方法标识情景数据。目前，已有一些模式标识的标准，如 W3C（world wide web consortium，万维网联盟）组织定义的 Composite Capabilities/Preferences Profiles（CC/PP）等，这些标准主要采用 XML 来表述，通过扩展，可以用于对情景数据进行建模。

在多种图形建模工具中，统一建模语言（unified modeling language，UML）是一种表达能力丰富的、强有力的建模语言。UML 由美国 Rational 公司发起并与其他十几家公司共同推出，在面向对象领域受到广泛的关注。UML 是一种用于软件系统开发的建模语言。它使用可视化的图形符号作为用户、系统分析员和开发人员相互交流和沟通的工具，并用它记录分析和设计的过程。由于 UML 采用的是可视化的图形符号形式，具有很强的普适性，可以用来进行情景建模。

由于从不同情景感知工具处获得的情景信息具有不同的意义，如何从语义上面对情景统一显得十分重要。本体原本是一个哲学概念，是指关于存在及其规律的学说，后来被人工智能引入，特指对概念化的一个显式的规格说明，并应用于智能体间的通信、异构信息源的集成、语义 Web 等领域。

情景说明与情景表示。情景说明是对情景进行说明，说明某个应用需要使用哪些情景，而情景表示是指采用上一步建好的模型结构与形式显示情景，采用的模型不同，情景表示就不同。

情景推理与融合。情景推理与融合主要是指从多个情景中找出这些情景的关联，恰当地进行推理，以联合多个情景向用户提供一个合成情景。同时，情景推理与融合还包含从传感器采集或用户输入的显式情景中推导出更多的隐式情景信息。

（3）情景利用。情景信息被获取之后经过情景处理，最后要作为系统输出而被用户使用。情景信息被用户有效地使用是情景感知最终的目标。通过处理的情景信息应该被很好地保存。可以采用不同的结构来存放情景数据，如采用表、对象、树或者图。存放的方法可以是集中式也可以是分布式。

情景利用的操作包括情景搜索、情景选择、情景协调和情景应用。情景搜索是通过相关的人机交互界面对情景信息进行搜索的操作，其目的是找到与应用相关的情景。情景选择的目的是只选择与应用相关的当前情景信息。情景协调是指当多个情景感知应用同时发生的时候，需要设置适当的协调机制来对多个情景感知应用调度安排，使情景感知任务能够协调有序的完成。情景应用就是指用户最终应用情景信息完成相关操作，如用户通过应用当前的地理位置情景信息，选择一个物美价廉的餐馆。情景应用分为主动情景应用与被动情景应用。主动情景应用是指系统主动改变行为自动适应发现的情景。被动情景应用是指系统向用户呈现新的情景，或者保存这些情景以便让用户搜索，然后用户根据这些情景调整系统[19]。

总之，情景感知系统是一个更加智能化的系统，它能够自动地感知其工作的场景信息，并根据场景的变化主动调整其操作行为。

3.1.2 个性化情景描述

目前，学者对基于情景的推荐研究主要集中于以全部用户的整体情景为研究对象，而对用户个性化情景分析略显不足，导致推荐结果在一定程度上偏离用户即时信息需求。在移动商务信息推荐过程中，情景信息因人而异。例如，旅游推荐系统中时间、地点、季节和温度是很重要的情景要素，但有的用户认为以上情景要素都重要，而有的用户认为这些情景要素对他们都没有影响，还有一部分用户认为只有时间或者地点要素对他们来说是重要的。如果能从全部的情景信息中，为每位用户找出影响其做出最终选择的情景要素加以分析，不仅可以减轻系统运行负担，而且能使预测结果更为理想[20]。

高旻和吴中福[20]创造性地提出"个性化情景"的概念，周朴雄等[21]借鉴这种思想，对个性化情景的内涵又进行了扩展，本书采用周朴雄等[21]所给出的定义，即个性化情景是指影响待推荐用户即时信息需求的最大的 K 个情景要素。本书借鉴周朴雄等[21]的方法，以用户评分为衡量标准，首先，在用户评分矩阵的训练集上进行训练，得到融入情景要素的用户推荐评价矩阵；其次，将每位用户 K 个最优评分下的 K 个情景要素组成该用户的个性化情景。其中，K 值为系统根据最优评分结果自动设定。

个性化情景确定的具体过程，分为以下几步。

步骤1：将评分矩阵分为训练集 D 和测试集（按80：20的比例进行划分），然后将 D 按照用户的当前情景 $C=\{c_1,c_2,\cdots,c_t\}$ 划分为 t 个子集，即 $D=\{d_1,d_2,\cdots,d_s\}$。

步骤2：将信息推荐质量评价标准设为 $P_{X(U,D)}$。其中，该评价标准所采用的推荐算法记为 X；用户集记为 U；训练集记为 D。例如，$P_{X(u_s,d_t)}$ 表示以 u_s 为目标用户，算法 X 在基于情景 c_t 的训练集 d_t 上训练，用户 u_s 对信息推荐质量的评分。

步骤3：得到基于情景的用户推荐评价矩阵 P_c。

$$P_c = \begin{bmatrix} p_{x(u_1,d_1)} & p_{x(u_1,d_2)} & \cdots & p_{x(u_1,d_s)} \\ p_{x(u_2,d_1)} & p_{x(u_2,d_2)} & \cdots & p_{x(u_2,d_s)} \\ \vdots & \vdots & & \vdots \\ p_{x(u_s,d_1)} & p_{x(u_s,d_2)} & \cdots & p_{x(u_s,d_s)} \end{bmatrix} \quad (3\text{-}1)$$

步骤4：通过步骤3为每个用户找出相应行中 K 个最优值所对应的情景要素，组成的情景集 $C'=(c'_1,c'_2,\cdots,c'_K)$，即用户的个性化情景。

3.2 基于个性化情景的移动商务推荐模式构建

3.2.1 推荐模式形式表达

1. 传统的基于情景的推荐模式分类

传统的基于情景的推荐模式是将情景信息引入已有的推荐方式中，进而提出"基于情景"或"情景感知"的推荐等。例如，Adomavicius 和 Tuzhilin[22]将含有情景信息的推荐函数引入传统二维推荐函数的个性化推荐模式中，并将其推荐函数形式化为 $R:U\times I\times C\rightarrow R$，其中 C 为位置、季节、行为状态、风格偏好等情景。随后，Adomavicius 和 Tuzhilin[23]通过深入分析与研究已有的基于情景感知的推荐系统，依据情景的引入方式提出了情景预过滤（contextual pre-filtering）、情景后过滤（contextual post-filtering）和情景化建模（contextual modeling）三种不同的个性化推荐模式，具体如表3-1所示。

表 3-1　基于情景的推荐模式分类

类型	模式解析	应用
情景预过滤推荐模式	该模式是指首先利用当前情景过滤掉与当前情景信息无关的数据,对过滤后的数据集采用传统推荐方法(基于知识的推荐、基于关联规则的推荐、混合推荐、基于用户的推荐等)进行推荐	该模式在现有研究中应用较为广泛,如 Baltrunas 和 Amatriain[24]、Palmisano 等[25]在此基础上分别提出了改进的上下文预过滤方法(基于情景的用户聚类,基于情景的项目、用户分类,基于决策树的情景用户偏好划分等),并利用电子商务零售、旅游、移动广告等应用领域的实验数据展开研究[26]
	例如,假定一个用户想在周末看电影,可以首先根据"周末"这条情景信息具体实例(如上午、下午、晚上)将"非周末"的用户偏好数据过滤掉,利用传统推荐技术为其生成一个推荐列表	Liu 等[27]利用季节信息进行数据过滤,然后对过滤后的数据集使用 Slope One 推荐技术进行旅游产品推荐,并将此方法实际应用到旅游套餐推荐中。杨君[19]结合情景预过滤思想建立输入情景化推荐模型,先利用当前情景过滤掉不符合约束条件的无用数据,再对经过降维且与当前情景足够相似的数据集采用二维推荐算法进行推荐,结果表明输入情景化推荐方法有效提高了推荐效率,优化了推荐结果
情景后过滤推荐模式	与情景预过滤推荐模式相反,该模式是对推荐结果起调整作用的一种基于情景的预测模式。该模式先采用传统推荐技术生成初始推荐结果,再根据用户当前情景对推荐结果进行过滤。例如,假定用户想在"周末"看电影,首先通过传统推荐技术为其生成一个推荐列表,如果已知他在"周末"只看喜剧电影,则可以从推荐列表中过滤掉非喜剧电影	van Setten 等[28]在移动旅游推荐应用中采用当前情景信息与用户需求进行匹配,实现了一个情景后过滤推荐模式;Panniello 等[29]将情景要素引入协同过滤推荐系统,并采用情景后过滤推荐模式在公开可用的电子商务网站数据集上进行了实验。此外,Karatzoglou 等[30]先利用协同过滤推荐算法生成初始推荐结果,再引入情景矩阵进行情景匹配,实现了移动 APP 中的查询与推荐服务
情景化建模推荐模式	该模式是在推荐过程中,通过设计推荐算法将情景融入资源评价阶段,进而进行推荐	Ma 等[31]采用概率矩阵分解法将社会情景因素引入推荐模型,实证结果显示,该方法能更好地挖掘用户偏好,为用户提供更精准的推荐结果;Picon 等[32]在分析不同情景下的用户选择行为基础上,提出采用用户兴趣选择模型进行推荐

此外,针对基于情景的个性化推荐模式的应用,已有实证研究表明情景预过滤及情景后过滤推荐模式较容易在传统二维推荐模式上进行扩展,这两种模式都将基于情景的推荐模式转化为传统二维空间推荐方式,均明显提高了推荐的质量,尤其是情景预过滤推荐模式仍是主流推荐模式,因此,研究人员认为针对情景预过滤推荐模式展开深入的研究并不断地完善是未来的研究趋势[13]。

2. 基于个性化情景的移动商务推荐模式设计思路

近年来,国内外研究人员主要以用户的整体情景为研究对象,对情景推荐进行研究,虽然已经取得一定的成果,但其成果大多未考虑不同移动商务情景下对不同用户信息需求影响的差异性,缺乏对每个用户个性化情景的深入分析。为此,本书结合情景预过滤思想，根据移动商务环境的特点，对情景要素进行分类，得到影响移动商务用户即时信息需求的主要情景要素，并通过训练集的方法为每个用户找出对其信息需求影响最大的 K 个情景要素，在此基础上构建融入个性化情景的移动商务推荐模式。该模式的建立，不仅弥补了已有的情景预过滤推荐模式的不足，而且为提高移动商务推荐准确率，有效改善用户体验提供了新的思路。

3. 基于个性化情景的移动商务推荐模型

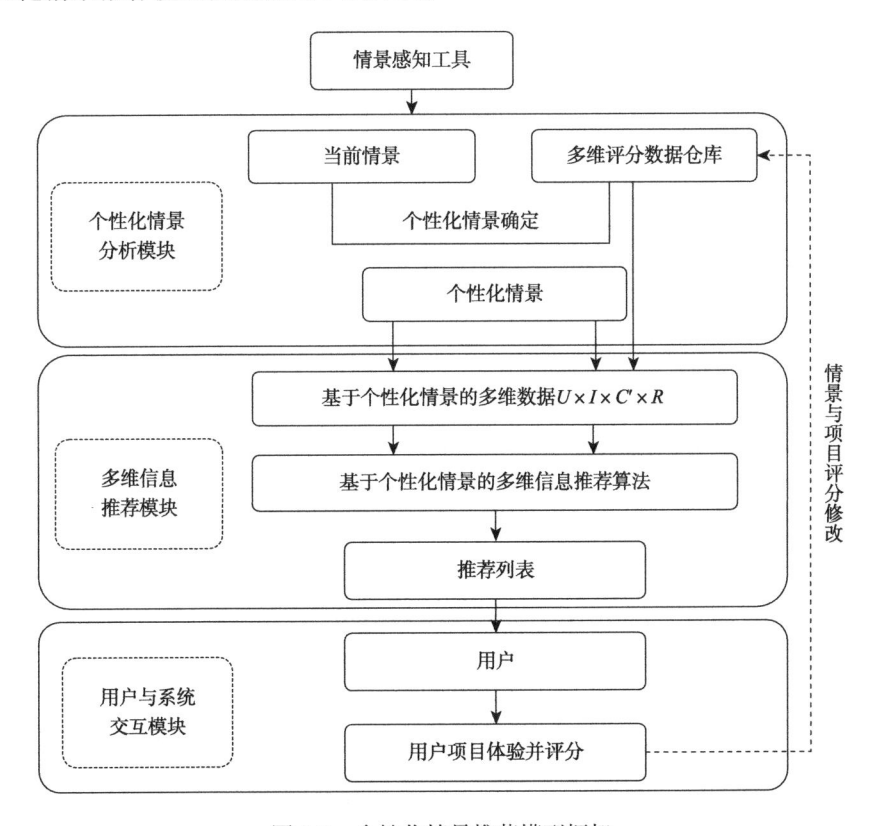

本书在已有情景推荐研究的基础上引入用户个性化情景，构建个性化情景推荐模型。该模型的推荐流程开始于通过用户当前情景和多维历史评分数据生成用户的个性化情景，然后联合使用从多维评分数据仓库中获得的多维评分数据，得到基于个性化情景 C' 的多维数据 $U(用户) \times I(项目) \times C'(个性化情景) \times R(评分)$，并把它作为选择相关评分数据的输入条件，基于这些选定的评分数据再结合本书提出的个性化情景推荐算法进行评分预测，按预测结果生成 TOP-N 列表 $\{I_1, I_2, I_3, \cdots, I_n\}$，个性化情景推荐模型框架如图 3-3 所示。

图 3-3 个性化情景推荐模型框架

（1）个性化情景分析模块。其主要功能是从感知到的全部情景信息中，找出对用户即时信息需求影响最大的 K 个情景要素，即用户的个性化情景，而用户当前情景和多维评分数据仓库是系统生成用户个性化情景的依据。用户当前情景可以通过移动终端设备内置的传感器、RFID 等方式获取。多维评分数据仓库存储用户已接受项目的历史评分记录，每个评分记录先由用户、项目、情景各维度文档提取出各维度文档的主属性，再结合系统保存的评分记录组成一条多维历史评分数据并储存[33]，该数据仓库是用户个性化情景确定的重要依据，也是多维信息推荐的关键数据来源。

（2）多维信息推荐模块。该模块是模型中最重要的组成部分。该模块首先使用多维历史评分数据与从个性化情景分析模块中获得的用户个性化情景，得到基于个性化情景的多维数据 $U \times I \times C' \times R$；其次，采用本书提出的基于个性化情景的多维信息推荐算法进行项目推荐。

（3）用户与系统交互模块。用户是移动商务系统的服务对象，在其浏览、搜索或对比移动商务系统服务信息时，该行为被视为用户提出了推荐需求，因此，系统根据用户当前情景需求及历史行为偏好提供推荐结果，用户针对该次推荐结果进行体验并给出评分[34]，然后，评分与生成该评分的用户当前情景将被即时地传输到多维评分数据仓库中，进而实现情景与评分的更新。因此，该模块是模型中不可或缺的一部分。

3.2.2　情景与个性化情景耦合程度

通常而言，若两个事物间存在相互作用及影响的关系，那么这种关系就称为"耦合关系"（coupling relationship），而两者之间的互相依赖程度（也称密切关系程度），即"耦合程度"（coupling degree）。个性化情景推荐模式的耦合程度显示了向移动商务用户推荐过程中，当前情景及用户个性化情景的使用阶段，并体现了用户、用户当前情景及用户个性化情景之间的耦合程度，如图 3-4 所示。

该模式在数据输入阶段，通过数据资源确定用户个性化情景。在资源评价阶段，通过个性化情景过滤评分数据，选取出的数据不但涵盖了所含情景与个性化情景"足够"相似的评分数据，还包含了与个性化情景相同的记录同时作为推荐的基础。在资源评价阶段，用户个性化情景信息被作为获取用户偏好的选择条件，充分考虑了用户个性化需求，因此，个性化情景推荐模式中用户、用户当前情景及用户个性化情景之间为紧耦合（tight coupling）关系，有益于进一步提高推荐结果的准确性。

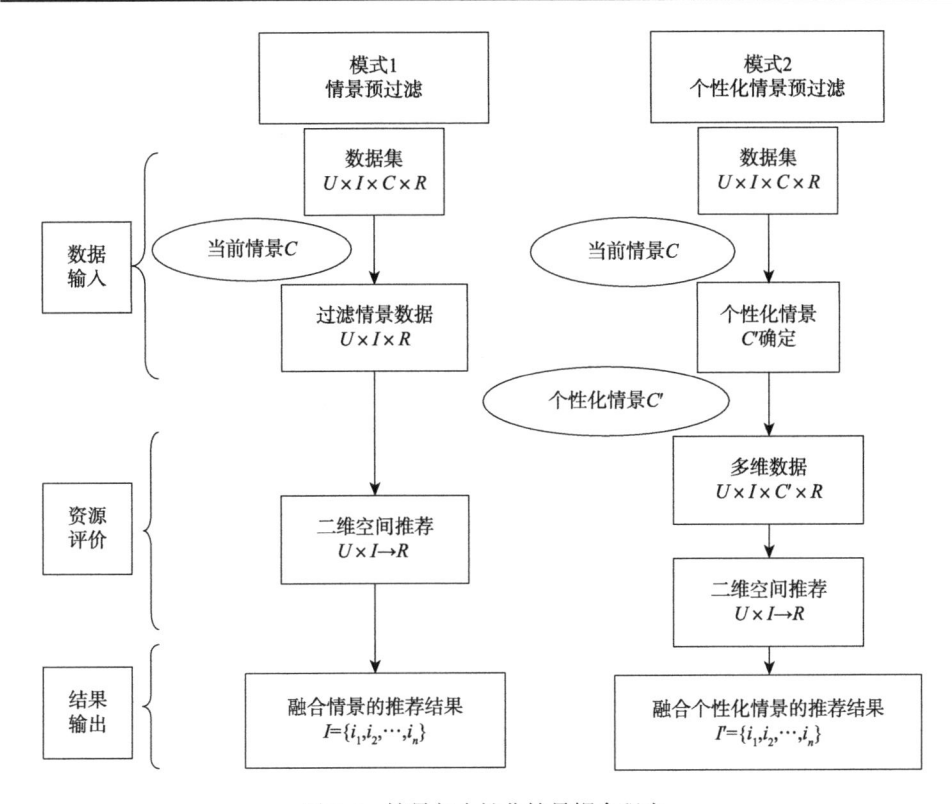

图 3-4　情景与个性化情景耦合程度

3.2.3　推荐算法及推荐结果生成

1. 算法思想设计

本书用移动商务用户个性化情景 C' 代替当前情景 C 作为过滤条件，排除了对用户评分影响较小的情景要素所含的评分数据，选取出所含情景与个性化情景 C' 足够相似的评分数据段，并判断其是否存在某一用户在不同情景下对同一项目存在不同评分的情况，然后利用传统二维推荐算法进行相似度计算，进而生成最终的推荐结果。本书对已有的融入情景要素的推荐算法的改进[34]，不仅可以减轻系统运行的负担，而且有效地提高了推荐的质量。

实际情况中，在使用个性化情景 C' 对多维数据进行选择时，过于明确的情景可能会导致评分矩阵极端稀疏，因此，本书采用的选择条件是 $C' \in S_{C'}$，$S_{C'}$ 是个性化情景 C' 所属的上级情景，如 $C'=$"女朋友"，则 $S_{C'}=$"朋友"。

2. 算法过程描述及推荐结果生成

输入：MR 数据集（multidimensional ratings，多维评分），MR = $\{(U_j, I_k, C_l, R_{U_j,I_k,C_l})\}$，$j=1,2,\cdots,m$，$k=1,\cdots,n$（$m$ 表示用户集合，n 表示项目集合）；用户个性化情景 C'，目标用户 u_1；C_l 为多维评分数据中的历史情景，$l=1,2,\cdots,q$。

输出：目标用户 u_1 在个性化情景 C' 下对项目 I_i 的预测评分 P_{u_1}，I_i，C'。

具体过程主要分为两步：首先，基于用户个性化情景计算用户之间相似性；其次，依据其结果生成最近邻集合并预测评分，得到最终的推荐结果。

1）基于个性化情景的用户相似性计算

步骤1：对 MR 进行过滤，筛选出所含情景与用户个性化情景 C' 足够相似的评分数据集 MD。

步骤2：判断步骤1是否由于数据稀疏性难以构造所含情景与个性化情景 C' 足够相似的评分数据段 MD，如果不存在该问题，直接执行下一步，否则，采用 $S_{C'}$ 代替 C' 作为选择条件进行评分数据段的选取，$S_{C'}$ 为个性化情景 C' 所属的上级情景。

步骤3：判断 MD 中是否存在某一用户在不同情景下对同一项目存在不同评分的情况，如果不存在该问题，直接执行步骤4，否则，对该用户在不同情景下对同一项目的不同评分进行聚合计算，得到该用户对某一项目的最终评分，即 $R_{U_j}, I_k = \text{AVG}(U_j, I_k, C_l)$，这样保证了该用户对同一个项目有唯一的评分值，从而得到进行了个性化情景过滤后的最终的评分数据段 MD。

步骤4：对 MD 采用传统二维推荐算法进行相似度计算，即

$$\text{sim}(u_1, U_j) = \frac{\sum_{s \in I(s_{u_1, U_j})} \left(R_{u_1, s} - \overline{R_{u_1}}\right)\left(R_{U_j, s} - \overline{R_{U_j}}\right)}{\sqrt{\sum_{s \in s_{u_1, U_j}} \left(R_{u_1, s} - \overline{R_{u_1}}\right)^2} \sqrt{\sum_{s \in s_{u_1, U_j}} \left(R_{U_j, s} - \overline{R_{U_j}}\right)^2}} \quad (3\text{-}2)$$

其中，目标用户 u_1 对 MD 中所有项目评分的平均值用 $\overline{R_{u_1}}$ 表示；用户 U_j 对所有项目评分的平均值记为 $\overline{R_{U_j}}$。

2）推荐结果生成

通过以上算法预测待推荐项目的评分，并按评分值大小进行降序排列，取排名最靠前的 TOP-N 作为最终的推荐结果，具体计算如式（3-3）所示。

$$P_{u_1, I_i, c'} = \overline{R_{u_1}} + k \sum_{j=1}^{N} (R_{U_j, I_i} - \overline{R_{U_j}}) \times \text{sim}(u_1, U_j) \quad (3\text{-}3)$$

其中，$k = \dfrac{1}{\sum_{U_j \in U'} \left| \text{sim}(u_1, U_j) \right|}$，与待推荐用户 u_1 最相似的 N 个（N 值一般由系统预先设定）用户集合记为 U'。

3.3　基于个性化情景的移动商务推荐模式适用条件

个性化情景推荐模式是针对移动商务用户购买决策过程中，登录购物系统时未有明确购物目标或只对情景相关服务有需求的用户设计的。

在用户购买决策过程中，移动商务用户由于某种刺激或需求登录移动终端购物系统时，先接触到的是与情景相关的信息，此时，部分用户尚未形成明确的购物目标（购物行为易受外部刺激影响，如促销活动、新产品上市等），部分用户的需求动机与所处环境密切相关（如只浏览或搜索当前位置相关的餐饮、酒店、旅游等信息）。因此，根据用户个体历史行为偏好、体验的差异性及该次登录时少量的初始浏览记录，为每位用户找出影响其做出最终购买决策的情景要素加以分析，采用用户个性化情景服务方式，为用户在产生需求与动机并登录购物系统时，带来情景感知服务体验，不仅可以有效提高此时移动商务购物系统的用户体验度，进而促成购买行为的发生，还可以为移动商务发展提供有效的服务模式与途径。

3.4　基于个性化情景的移动商务推荐模式验证

3.4.1　实验设计

为验证个性化情景推荐模式的预测效果，本书采用美国明尼苏达大学公开提供的 MovieLens 电影评分数据集[35]，以及在 Book-Crossing 提供的图书评分数据集的基础上，通过融入合理的情景生成规则构造的 MBook-Crossing 数据集进行数值实验[36]，按 80∶20 的比例将评分数据划分为训练集和测试集，并选取基于情景的协同过滤推荐算法、Slope One 算法及基于降维的输入情景化多维信息推荐算法进行对比分析。

美国明尼苏达大学公开提供的 MovieLens 数据集提供了 100 000 条电影评分记录，广泛用于推荐技术实证检验中。该数据集包含了用户性别、年龄、职业等用户情景信息，时间情景（如工作日、法定假日等）则可通过时间戳数据间接获取,并且经过清理与量化的 MovieLens 数据集,可间接获得用户偏好,能更好地被推荐算法直接使用。

Book-Crossing 数据集是由 Cai-Nicolas Ziegler 使用爬虫程序从 Book-Crossing 图书社区上采集的 278 858 个用户对 271 379 部书进行的行为信息。在 Book-Crossing 数据集基础上通过重新融入情景信息构造后的数据集 MBook-Crossing 包含了用户 ID、位置、年龄的基本信息及时间情景信息(早上、中午、下午、晚上)、位置情景信息(办公场所、家、学校、餐厅)、环境情景信息(声音环境、空间环境)、状态信息(娱乐、工作、学习)等。

本书采用推荐质量测试方法中广泛使用的 MAE[37]及 $P(u)@N$ 作为评价指标[38]。

MAE 是以预测评分与实际评分之间的偏差来衡量推荐结果的准确性[39],计算如式(3-4)所示。

$$\text{MAE} = \frac{\sum_{i=1}^{N}|p_i - q_i|}{N} \quad (3\text{-}4)$$

其中,N 为测试集的大小;p_i 为预测评分;q_i 为真实评分。

$P(u)@N$ 则表示为用户 u 生成的 TOP-N 推荐列表中符合其需求的项目数 n 与 N 的比值[40],计算如式(3-5)所示。

$$P(u)@N = \frac{\text{relevant items in top } n \text{ items for } u}{N} \quad (3\text{-}5)$$

3.4.2 结果分析

1. 个性化情景确定

依据 3.1.2 中个性化情景确定的具体步骤对训练集上的用户评分进行训练,从而得到基于情景的用户推荐评价矩阵。

MovieLens 数据集基于情景的用户推荐评价矩阵为

$$\boldsymbol{P}_c = \begin{matrix} \text{性别} & \text{时间} & \cdots & \text{偏好} \\ \begin{bmatrix} 4.869 & 4.881 & \cdots & 3.856 \\ 3.701 & 2.685 & \cdots & 4.189 \\ \vdots & \vdots & & \vdots \\ 4.793 & 0 & \cdots & 4.236 \end{bmatrix} \end{matrix}$$

MBook-Crossing 数据集基于情景的用户推荐评价矩阵为

$$P_c = \begin{bmatrix} \text{时间} & \text{位置} & \cdots & \text{状态} \\ 4.858 & 4.782 & \cdots & 2.957 \\ 3.775 & 1.856 & \cdots & 4.891 \\ \vdots & \vdots & & \vdots \\ 2.973 & 4.579 & \cdots & 3.632 \end{bmatrix}$$

矩阵中的行代表各个用户，列代表对应的情景，每个数值代表用户 u_s 在 c_t 下对信息推荐质量的评分，若系统设定 $K=5$，则取各行中评分最高的 5 个情景组成用户的个性化情景 C'。

2. 推荐结果分析

使用本书提出的算法与基于情景的协同过滤推荐算法[41]、Slope One 算法[42]及基于降维的输入情景化多维信息推荐算法[34]进行比较,具体的比较结果如图 3-5 和图 3-6 所示。

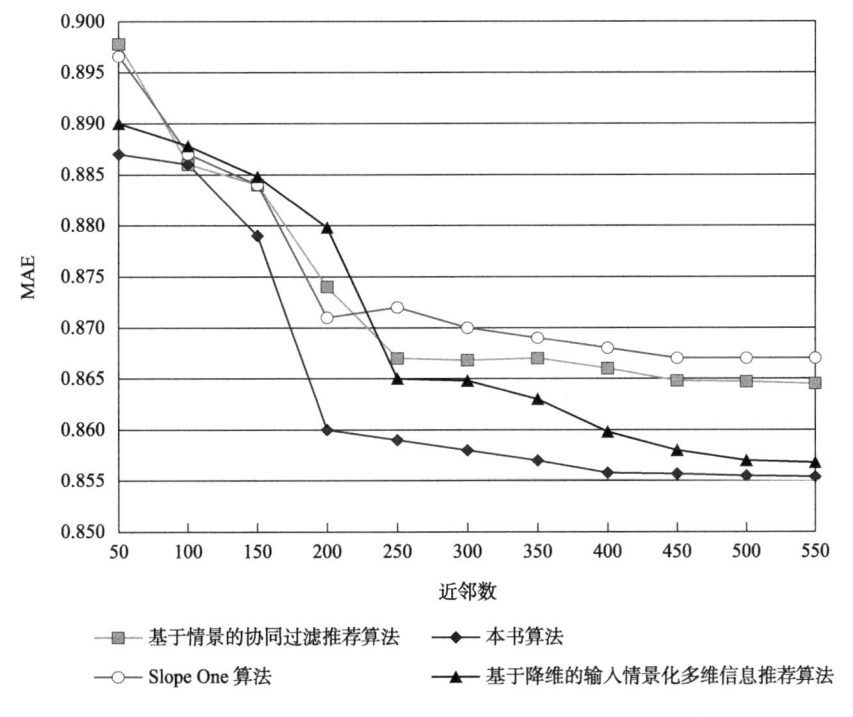

图 3-5 四种算法在 MovieLens 数据集上的 MAE 对比结果

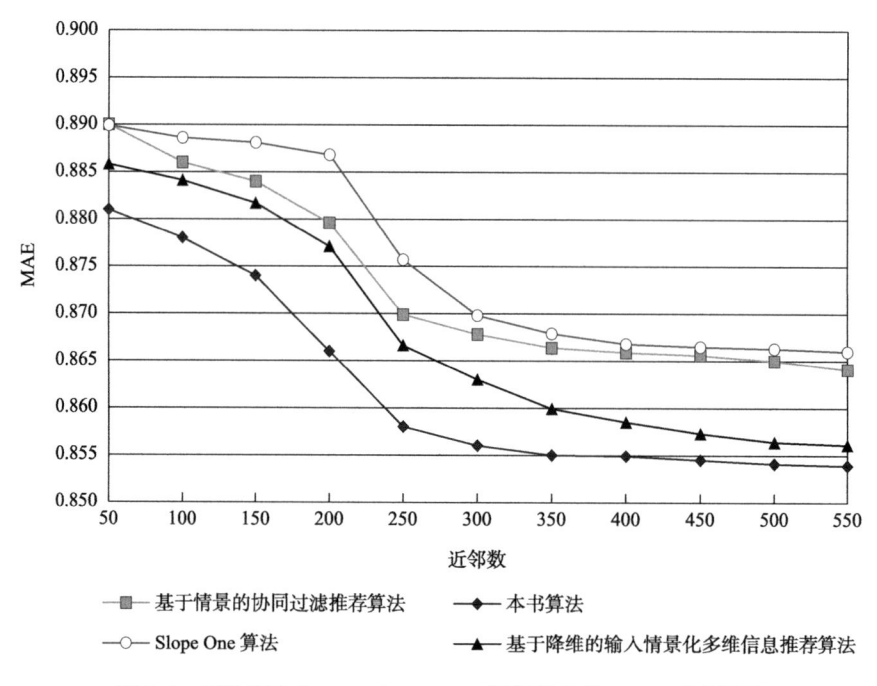

图 3-6 四种算法在 MBook-Crossing 数据集上的 MAE 对比结果

如图 3-5 所示，MovieLens 数据集缺乏部分外部情景信息，导致选取的所含当前情景与个性化情景 C' 相似的评分数据段具有一定的稀疏性，致使其他三种算法的 MAE 值波动性较大，且近邻数较少，在 0~150 个近邻数时，四种算法的 MAE 值均较大，但本书算法随着近邻数的增加，MAE 值呈现较快的下降趋势并趋于稳定，且 MAE 值小于其他三种算法。

在图 3-6 中，四种算法的 MAE 值随近邻数增加均呈现较快的下降趋势，且本书算法的 MAE 值最小，预测精度最高，这说明本书算法优于不考虑或只考虑用户整体情景的推荐算法，因为情景信息因人而异，不同移动商务情景对不同用户信息需求影响存在差异性，而个性化情景推荐能够充分考虑用户情景偏好及体验的差异性，从而有效地提高了推荐质量。

从图 3-7、图 3-8 中可以看出，在 $P(u)@N$ 性能比较中，在选取不同近邻数时，基于情景的协同过滤推荐算法及基于降维的输入情景化多维信息推荐算法比 Slope One 算法准确度高，对本书提出的算法效果更加明显，具有更高的 $P(u)@N$ 准确率，表明本书算法在合理考虑个性化情景要素的情况下，具有更高的推荐质量，能更好地满足移动商务用户即时信息需求。

图 3-7　四种算法在 MovieLens 数据集上的 $P(u)@N$ 对比结果

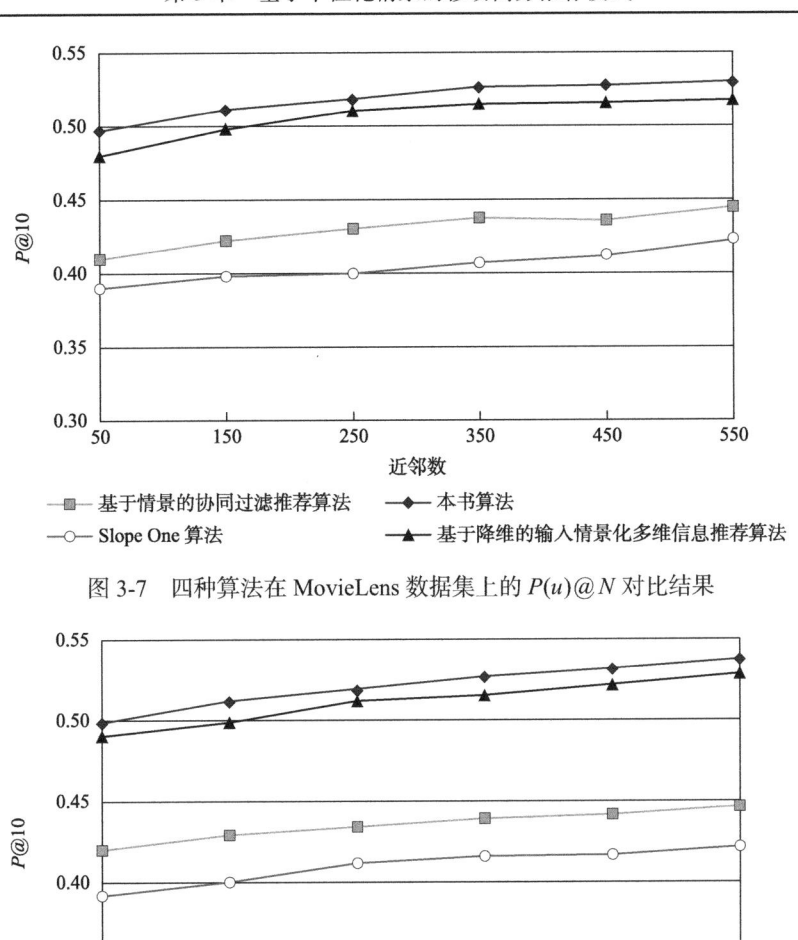

图 3-8　四种算法在 MBook-Crossing 数据集上的 $P(u)@N$ 对比结果

3.5　本 章 小 结

移动商务用户登录移动终端进行购物时，先感受到的是情景信息相关服务的体验，因此，本章在已有基于情景推荐研究的基础上，对影响用户即时信息需求

的最大的 K 个情景要素加以分析，提出了个性化情景推荐模式并进行了形式表达，同时改进了融入情景的推荐算法。该模式首先确定每个用户的个性化情景。其次，用每个用户的个性化情景取代当前情景进行推荐。该模式先判断对用户推荐影响最大的情景要素，因此，更符合人类在不同情景下有不同需求的事实。最后，在 MovieLens 电影评分数据集与 MBook-Crossing 数据集上进行了实验，结果表明本书提出的模式及改进的算法预测精度更高，推荐质量更好，能有效提升用户体验感，进而促成购买行为的发生，并增加用户使用黏度。本章的研究是基于用户体验的移动商务推荐模式的基础。

参 考 文 献

[1] 黄硕. 基于情境构建法的家用一体式电脑的创新设计研究[D]. 江南大学硕士学位论文，2012.

[2] Schilit B N，Adams N，Want R. Context-aware computing application[EB/OL]. http://itu.dk/people/bardram/teaching/material/Context-Schilit.pdf，1994-12-10.

[3] Shardanand U. Social information filtering for music recommendation[D]. Boston：Massachusetts Institute of Technology，1994.

[4] Brown P J，Bovey J D，Chen X. Context-aware applications：from the laboratory to the marketplace[J]. IEEE Personal Communications，1997，4（5）：58-64.

[5] Snowdon D，Grasso A. Providing context awareness via a large screen display[EB/OL]. https://ishare.iask.sina.com.cn/f/3119gsSNoLD.html，2008-10-03.

[6] 顾君忠. 情景感知计算[J]. 华东师范大学学报（自然科学版），2009，（5）：1-20.

[7] 林鹏辉. 情景感知商务模式研究[D]. 北京邮电大学硕士学位论文，2010.

[8] Dey A K. Understanding and using context[J]. Personal and Ubiquitous Computing Journal，2001，5（1）：4-7.

[9] 翟丽丽，王京，何晓燕. 软件产业虚拟机群合作竞争机制[M]. 北京：科学出版社，2015.

[10] 胡艳玲，高长元，翟丽丽，等. 服务主导逻辑下大数据联盟数据服务创新价值共创机理[J]. 情报理论与实践，2019，42（3）：60-64.

[11] 邢海龙，高长元，张树臣. 基于系统动力学的大数据联盟稳定性模型构建与仿真研究[J]. 情报杂志，2017，36（10）：159-165.

[12] 杜巍，高长元. 移动电子商务环境下个性化情景推荐模型研究[J]. 情报理论与实践，2017，40（10）：56-61.

[13] 吕苗. 基于情境的商品个性化推荐方法研究[D]. 大连理工大学博士学位论文，2015.

[14] Bettman J A，Luce M F，Payne J W. Constructive consumer choice processes [J]. Journal of Consumer Research，1998，25（3）：187-217.

[15] Palmisano C，Tuzhilin A，Gorgoglione M. Using context to improve predictive modeling of

customers in personalization applications[J]. IEEE Transactions On Knowledge and Data Engineering, 2008, 20 (11): 1535-1549.
[16] Mallat N, Rossi M, Tuunainen V K, et al. The impact of use context on mobile services acceptance: the case of mobile ticketing[J]. Information and Management, 2009, 46 (3): 190-195.
[17] 胡慕海, 蔡淑琴. 松耦合情境的个性化推荐方法扩展研究[J]. 图书情报工作, 2010, (S2): 371-376.
[18] Kim S W, Park S H, Lee J B. Sensible appliance: applying context-awareness to appliance design[J]. Personal and Ubiquitous Computing, 2004, 8 (3/4): 184-191.
[19] 杨君. 基于情景感知的多维信息推荐研究[D]. 武汉大学博士学位论文, 2011.
[20] 高旻, 吴中福. 基于个性化情境和项目的协同推荐研究[J]. 东南大学学报: 自然科学版, 2009, 39 (1): 29-30.
[21] 周朴雄, 薛玮炜, 赵龙文. 基于个性化情境的 Multi-Agent 信息推荐研究[J]. 情报杂志, 2015, 34 (5): 182-183.
[22] Adomavicius G, Tuzhilin A. Toward the next generation of recoromender systems: a survey of the state-of-the-art and possible extensions[J]. IEEE Transactions on Knowledge and Data Engineering, 2005, 17 (6): 734-749.
[23] Adomavicius G, Tuzhilin A. Context-aware recommender systems[C]//Recsys'08: ACM Conference on Recommender Systems, Lausanne, 2008: 335-336.
[24] Baltrunas L, Amatriain X. Towards time-dependant recommendation based on implicit feedback[C]// Proceedings of the Recsys 2009 Workshop on CARS. New York: ACM Press, 2009.
[25] Palmisano C, Tuzhilin A, Gorgoglione M. Using context to improve predictive modeling of customers in personalization applications[J]. IEEE Transactions on Knowledge and Date Engineering, 2008, 20 (11): 1535-1549.
[26] 王立才, 孟祥武, 张玉洁. 上下文感知推荐系统[J]. 软件学报, 2012, 23 (1): 1-20.
[27] Liu Q, Ge Y, Li Z, et al. Personalized travel package recommendation[C]. Proceedings of the 11th International Conference on Data Mining (2011ICDM), Vancouver, BC, 2011: 407-416.
[28] van Setten M, Pokraev S, Koolwaaij J. Context-aware recommendations in the mobile tourist application compass[J]. Adaptive Hypermedia and Adaptive Web-Based Systems in Adaptive Hypermedia and Adaptive Web-Based Systems, 2004, 3137: 234-235.
[29] Panniello U, Tuzhilin A, Gorgoglione M, et al. Experimental comparison of pre-vs. post-filtering approaches in context-aware recommender systems[C]. Third ACM Conference on Recommender Systems, New York, 2009: 265-268.
[30] Karatzoglou A, Baltrunas L, Church K. Climbing the app wall: enabling mobile app discovery through context-aware recommendations[C]. Proceedings of the 21st ACM International Conference on Information and Knowledge Management, Maui, USA, 2012: 2527-2530.
[31] Ma H, Zhou T C, Lyu M R, et al. Improving recommender systems by incorporating social contextual information[J]. ACM Transactions On Information Systems, 2011, 29 (2): 1-23.
[32] Picon A, Rodriguez V S, Jaen J, et al. A statistical recommendation model of mobile services

based on contextual evidences[J]. Expert Systems with Applications, 2012, 39 (1): 647-653.
[33] 杨君, 汪会玲, 艾丹祥. 一种基于输出情景化的多维信息推荐新方法研究[J]. 情报科学, 2014, 32 (11): 126-132.
[34] 杨君, 莫赞, 艾丹祥, 等. 基于降维的输入情景化多维信息推荐研究[J]. 情报理论与实践, 2013, 36 (11): 63-68.
[35] Xu H L, Wu X, Li X D, et al. Comparison study of internet recommendation system[J]. Journal of Software, 2009, 20 (2): 350-362.
[36] 胡勋, 孟祥武, 张玉洁, 等. 一种融合项目特征和移动用户信任关系的推荐算法[J]. 软件学报, 2014, 25 (8): 1824-1825.
[37] Woerndl W, Vico D G, Bader R. A study on proactive delivery of restaurant recommendations for android smartphones[EB/OL]. http://pema2011.cs.ucl.ac.uk/papers/pema2011_vico.pdf, 2011-11-30.
[38] Cyohulyad R, Leray P. A personalized recommender system relational model and users' preferences[J]. Procedia Computer Science, 2014, 35: 1063-1067.
[39] 徐风苓, 孟祥武, 王立才. 基于移动用户上下文相似度的协同过滤推荐算法[J]. 电子与信息学报, 2011, 33 (11): 2785-2788.
[40] 高长元, 黄凯, 王京, 等. 基于商品属性值和用户特征的协同过滤推荐算法[J]. 计算机工程与科学, 2017, 39 (12): 2333-2339.
[41] 李荟, 谢强, 丁秋林. 一种基于情景的协同过滤推荐算法[J]. 计算机技术与发展, 2014, 24 (10): 42-46.
[42] Lemire D, Maclachlan A. Slope One predictors for online rating-based collaborative filtering[C]// Proceedings of the SIAM Data Mining Conference (SDM05), Newport Beach, 2005.

第4章 基于信任的移动商务推荐模式

4.1 信任的特征及社会网络分析

4.1.1 信任的内涵及特征

信任是一个非常复杂的概念，它的研究起步于一个世纪以前，而最近几年来，信任受到了心理学、社会学、经济学、哲学、政治学、管理学和计算机科学等诸多领域的广泛关注，可以说很少有一个概念像信任一样，在如此广泛的领域内被考察和研究。表面上，信任是人类社会的一种自然属性，是我们每天都要经历和依赖的，也是比较能够识别的，但上述各个领域的研究人员分别从各自领域的现象出发，出现了许多有关信任的观点，极大地丰富了信任研究领域的成果，但是到目前为止，信任还没有统一的广为接受的定义。

移动商务中的信任研究是在几个基础学科对于信任的基础研究的基础上，结合移动商务和互联网的特殊环境来加以研究的，因此必须先考察这几门基础学科对于信任的研究。

1. 心理学

心理学对于信任的研究，大体可以从心理与行为两个层面来进行。从心理层面来看，信任可被理解为个体人格特质的表现，是一种经过社会学习而形成的相对稳定的人格特点，信任常常被表达为诚实、信用、承诺、预期、信心和信念。

Sabel[1]从个体的心理层面上，把发生在人际关系中的信任，通过个人的心理特质（预期、信心和信念）进行表达。Rotter[2]认为信任是个体承认另一个人的言辞、承诺、口头或书面的陈述为可靠的一种概括性的期望。Wrightsman[3]认为信任是个体所有的、一种构成其个人特质之一部分的信念，认为一般人都是有诚意、善良及信任别人的。Sabel[1]则认为信任是交往双方共同具有的，对于两人都不会利用对方之弱点的信心。总体而言，心理学对信任的研究主要是从人这个社会微观个体的心理互动和行为互动来着手的，这也是信任关系分析的基础所在。

我国学者杨庆[4]认为，从行为的角度来看，信任被理解为对情境的反应，是由情境刺激决定的个体心理和行为，即信任被视为对情境的刺激反应行为，这暗示了个体对他人采取信任关系的行为与否依赖于环境刺激做出的判断，而这种判断不一定会带来理性。

社会心理学家 Deutsch[5]基于心理学对信任进行研究，将信任定义为：一个个体面临一条不明确的道路，这条道路可能会带来利益或伤害；该个体认识到利益或伤害的发生与其他人的行为有关，而且伤害的强度要大于利益的强度。如果该个体选择具有上述属性的道路，则称他做出信任选择；如果他不选择这条道路，则称他做出不信任的选择。该定义包含了以下两个重要的因素。

（1）信任的主观性。信任跟个人的认识密切相关，因此不同的个体可能会有不同的观点。

（2）信任选择与自身利益有关，存在较大的风险。在过去的研究中一个普遍被接受的概念就是，存在风险是信任存在的一个非常重要的原因和前提条件。

2. 社会学

社会学研究中认为信任不是心理学意义上的微观个体的信任或私人信任，而是宏观层面的系统信任。

Barber[6]认为信任是"人们对社会秩序的期望、对角色的期望及对信用和职责的期望"。社会学领域中研究的制度保障对于信任的影响也是在线信任研究所关注的。Gambetta[7]从社会学的角度给出了信任的定义："当我们认为信任某个人或者认为某个人是可信的时候，就隐式地意味着他将要采取的行动会对我们有利或者至少无害的概率足够大，以至于我们可以考虑以某种方式和他进行合作。相应地，如果我们认为某人不可信，就隐式地意味着这种概率很低，以至于要避免和其进行合作。"在此基础上，他又进一步认为信任是本体对客体特定行为的主观可能性预期，取决于经验，并随着客体行为的结果变化而不断修正。

基于以上研究可以看出，社会学对信任的研究，在对社会个体之间的行为互动的研究中，社会学比心理学更强调行动在具体社会交往中形成的社会关系对行动者的巨大影响。社会学从社会关系维度出发，超越了作为生物个体的利己本性，从深层理解信任，既研究社会个体之间的人际信任，也研究大规模社会群体之间的社会信任，并关注信任的功能和作用，重视社会制度和文化规范情境对信任产生的影响。

3. 经济学

经济学的研究主张人的"经济理性",也就是说研究者致力于从理性选择的角度把握信任,把信任理解为理性行动者在内心经过成本收益计算后做出是否给予信任的选择,即个体倾向做出理性、利益最大化的选择,是一种计算型信任。因此,经济学对于信任的研究许多都是围绕重复博弈的模型展开的[8]。

Axelord 从博弈论角度理解信任,指出信任是在参与人双方经过多次博弈,为了保持关系的持续性和维持其声誉,才得以建立的。经济学家 Kreps、Fudenberg Tirolep,以及张维迎[9]侧重考察信任节约交易成本的功能,指出在重复博弈模型中,人们追求长期利益会导致信任的结论,他们进一步认为,影响重复博弈可能性的因素和影响重复博弈中人们策略选择的因素是影响信任形成的因素。学者 Coleman 和 Williamson 等把信任与风险联系在一起,将信任理解为理性行动者在内心经过成本收益计算的风险的子集,即计算型信任[10]。

4. 管理学

管理学方面强调信任是一种互动的双边关系,认为信任是信任者对被信任者行为的预期,对信任者的利益存在影响。多位学者在总结 1998 年《美国管理学学会评论》的专题论文基础上,将信任定义如下:信任是一种心理状态。在这种心理状态下,信任者首先愿意处于一种脆弱地位,这种地位有可能导致被信任者伤害自己;其次,信任者对被信任者抱有正面期待,认为被信任者不会伤害自己。一些组织行为学的研究者还就信任对于个体、群体、组织等方面的影响展开了深入的探讨。

5. 计算机科学

计算机领域内对于信任的研究主要包括两类。一类是对用户身份的信任(identity trust),即用户身份的核实验证及用户权限问题等,通常采用静态验证机制(static authentication mechanisril),通过加密(encryption)、数据隐藏(data hiding)、数字签名(digital signatures)、授权协议(authentication protocols)及访问控制(access control)等方法来实现,是传统安全研究中的重点。另一类是对用户特定行为的信任(behavior trust),即对用户提供某项服务的能力的判断。一般通过实体的行为历史记录和当前行为的特征来进行动态判断。尽管仍可以利用各种传统的技术,但由于前者基于客观证据,而后者具有一定主观性,对其进行描述和验证难度较大。当前计算机领域内关于信任的研究主要集中于后者,本书关注的也是后一类信任问题,是社会信任在网络环境下一定程度的缩影。

由于应用研究侧重点或上下文相关特性的不同,计算机领域内对于信任也有不同的解释。

Josang 和 Knapskog[11]将信任分为可靠性信任（reliability trust）和决策信任（decision trust）两类：①可靠性信任，信任是实体 B 按照实体 A 期望的行为动作的主观概率；②决策信任，信任是指某个体在一定环境下信赖某个实体（人或事物）来获得相对安全感觉的主观程度。

Mui[12]认为信任是一个实体基于以往的交互历史，对其他主体未来行为的主观期望。Zhong 等[13]认为信任是受信方（trustor）通过直接交互或推荐而形成的对被信方（trustee）的看法。我国学者唐文和陈钟[14]将信任定义为一种人类的认知现象，是对主体的特定特征或行为的特定级别的主观判断，而这种判断独立于对主体特征和行为的监控。在 P2P（peer-to-peer，点对点）系统中，信任描述了在特定的情境下，一个个体在可能带来不利后果的情况下，愿意相信另一个个体具有某种能力或能够完成某项任务的主观信念[15]。

基于以上不同学者根据研究视角的不同从心理学、经济学、管理学、社会学、计算机科学等领域对信任定义的阐述，本书采用 Diego Gambetta 通过对社会学及计算机科学领域的研究对信任的解释，该解释也被学术界认为是比较完整的信任的定义，得到广泛的认可。Diego Gambetta 认为："信任是一个实体对其他实体行为可信性程度的主观评价[7]。例如，用户 A 信任用户 B，而用户 A 对用户 B 信任的主观评价是在对其特定行为的观察及其行为对用户 A 产生影响的情况下进行的。"在此基础上，他又进一步认为："信任程度伴随客体行为变化而不断调整，是实体主观地根据自身直接或间接的经验对客体行为的可能性预估。"该定义还指出了信任的几个基本性质。

（1）主观性：信任是一种主观判断，不同个体对同一实体的判定标准不尽相同，主要受其价值观、经历、兴趣等因素的影响。

（2）动态性：信任关系的建立、传递本身就是一个动态演化的过程，随着情景环境的变化而变化。

（3）可能性预期：信任度可表示在特定条件下本体对客体预期行为发生概率的可能性估计[16]。

根据以上分析，本书把信任概括为一个实体根据自身直接经验或者其他节点的评价对另一个实体的行为的可信度评估。

4.1.2 社会网络理论

1. 社会网络

一般认为社会网络理论（social network theory）始于 20 世纪 30 年代，发展于 20 世纪 70 年代。社会学研究中"网络"的概念最早由社会学家西美尔（Simmel）于 20 世纪 20 年代提出，他认为网络是事物之间各类关系的集合，网络中某个或某些关系的发展与互动会影响其他关系的发展状态。20 世纪 30 年代，英国著名人类学家布朗（Brown）首先提出了社会网络的概念，他用社会网络对社会结构进行描述，研究聚焦于文化在社会网络中的传播。

社会网络理论是一种新的社会结构研究范式，从 20 世纪 30~70 年代，其概念从社会学、统计学、心理学、概率论等不同领域不断深化，逐渐形成了一套系统的理论、方法和技术，伴随着互联网的普及，现在已被广泛应用于企业研究领域。

1988 年，加拿大著名社会学家韦尔曼（Barry Wellman）对社会网络的解释，被学术界认为是较为成熟的社会网络的定义，Wellman 和 Berkowitz[17]认为社会网络是由某些个体间的社会关系构成的相对稳定的系统，即把"网络"视为是联结行动者的一系列关系，它们相对稳定的模式构成社会结构。而通过数学方法、图论等定量分析方法对社会行动者之间的关系结构及其属性加以分析的一套规范和方法，则被称为社会网络分析。目前，该方法被广泛应用于经济、政治、贸易等领域，并发挥了重要的作用。社会网络基本结构如图 4-1 所示。

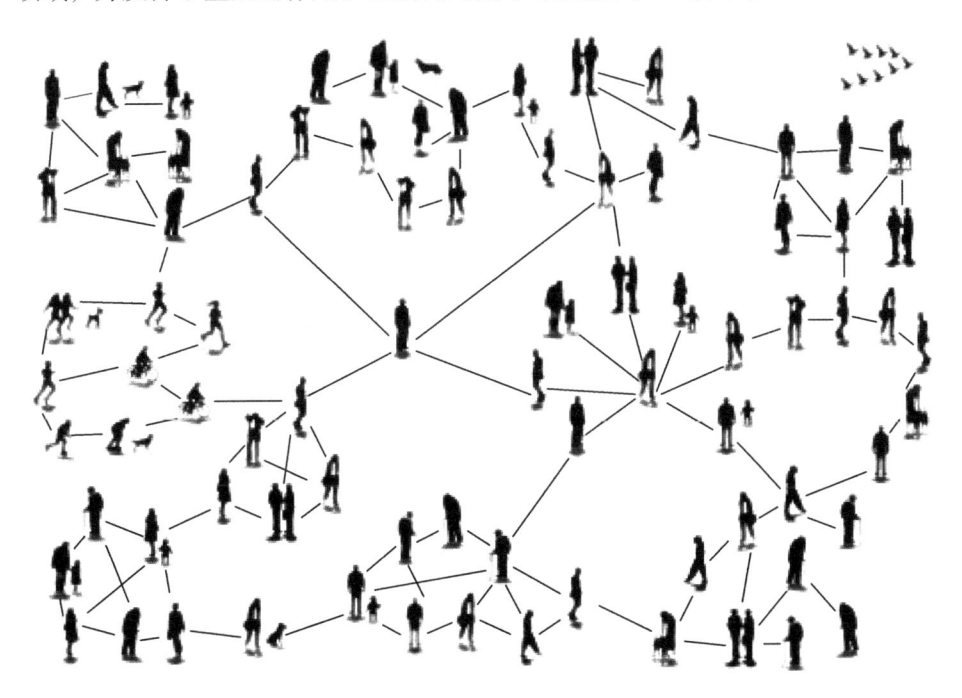

图 4-1 社会网络基本结构

2. 社会网络相关理论

1）小世界效应

小世界效应（small world effect），又叫六度分割（six degrees of separation）理论（图4-2），是社会网络的一个重要理论，它来源于一个经典的实验，是由哈佛大学的著名教授 Stanley Milgram 于 1967 年设计的，他对 160 个生活在奥马哈的人员做实验，向这 160 个人员都寄送了一封信件，里面写着波士顿股票经纪人的名字，然后要求他们收到该信件后将其寄出，寄给自己认为最有可能认识该波士顿经纪人的一个朋友，当他们的朋友收到该信件后也按照同样的方式进行处理。最终，信件到达这 160 个人员手中后，经过 5~6 步就可以到达那个波士顿股票经纪人的手中。实验表明：一个人与任意一个陌生人之间的间隔不会超过 6 个人，换句话说，一个人最多经过 6 个人就可以认识一个陌生人。

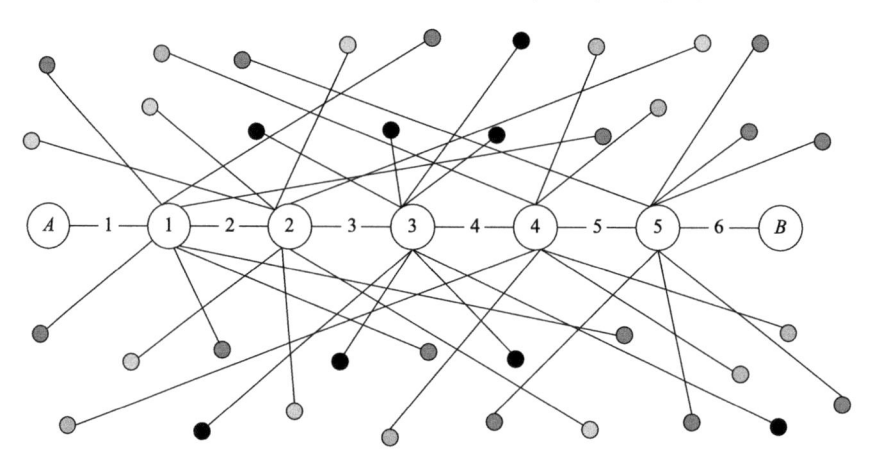

图 4-2　小世界效应理论
A、B 表示两个陌生人

2001 年，美国哥伦比亚大学教授 Watts 和 Strogatz[18]设计了"小世界研究计划"，为了验证小世界效应不仅适合于现实的物理世界，同样适合于虚拟的世界，他将 Stanley Milgram 教授的信件用邮件代替，结果实验达到了同样的效果，这对社会网络的发展有着非常重要的意义。

随着时间的推移，社会网络中的用户数可能会不断增多，关系数也可能会不断扩张，但是社会网络的小世界效应保证了无论社会网络的规模如何扩大，社会网络的一些特征值总会维持在一定的范围之内，而不会随着其规模的扩大而无限制地变大或缩小，如社会网络中平均的路径长度、聚类稀疏等，都不可能随着网络规模的扩大而无限制变大。小世界效应向人们展示了一个更加具体化、数字化的人际关系社会网络，揭示了社会网络发展前景的无限可能[19]。

2）弱关系理论

1973 年，社会学家 Granovetter 在《弱关系的力量》一文中第一次提出了弱关系理论。他于 20 世纪 60 年代在哈佛大学攻读硕士和博士学位时，寻访麻省牛顿镇的居民如何找工作来探索社会网络。寻访中他发现，在一个人的求职中，通常联系紧密的朋友反倒不如那些平时很少联系或者不怎么熟悉的人更有作用，事实是，陌生人最能真正介绍工作，反而是联系紧密的朋友往往帮不上忙。在传统社会，亲人、同学、朋友、同事是个人接触最频繁的群体，人们形成了一种受限于传播范围稳定的社会认知，这是一种"强联系"（strong ties）现象；同时，人们在社会交往中还有另一类浅显但范围广泛的社会认知，如在收音机中听到的或借他人之口了解到一个人，Granovetter 将它称为"弱联系"（weak ties）。

Granovetter 受其在哈佛大学求学时的老师 Mitchell-White 的影响，认为正式的和非正式的关系都应该算作社会网络的组成部分，并将社会网络的概念扩大到"特定的个人之间的一组独特的联系"。Granovetter 的社会网络理论也建立在这一定义上，更确切地说，建立在人们的非正式关系的作用上[20]。

Granovetter 第一次提出了"关系强度"（strength of ties）的概念。他以互动频率（interactive frequency）、情感强度（emotional intensity）、亲密程度（intimacy）和互惠关系（reciprocal services）四个维度为依据，将关系划分为两类，分别是"强关系"和"弱关系"。他也用社会网络拓扑结构来定义强弱关系，认为社区内的联系是强关系，给人以情感支撑，社区之间的联系是弱关系，给人异质性信息的帮助，而节点之间的"信息桥"是弱关系。Granovetter 指出，影响社会网络作用大小的关键就是社会网络的同质性和异质性。网络中，同质性较高的个体之间的沟通往往是低效率的，信息沟通的真正有效桥梁是异质性，可以有效扩大信息视野。

自弱关系理论提出之后，很多学者开始研究如何划分强弱关系，以及如何定量计算强弱关系。随着关系强度被广泛关注，研究者也开始聚焦弱关系、潜在信任关系等推荐问题。

3. 社会网络分析

社会网络分析是一种研究社会结构的基本方法，其基本原理可以从以下几个方面加以理解[21]，具体如表 4-1 所示。

表 4-1 社会网络分析基本原理

基本原理	解析
关系纽带在内容和强度上有所不同,对彼此不对称地相互作用着	物质、信息等资源在类型和数量上,不对称地与彼此形成互惠的形式,依托于关系纽带和网络进行流动
网络成员直接或间接地被关系纽带连接在一起,因此,对其成员间关系的分析,应在更大的网络结构背景中进行	在工作和生活中,人们由于必要的、但并非完全自愿的因素而形成了社会网络联系,这种直接或间接的联系使资源在更大范围内得以流动
社会纽带结构形成了由"网络群、交叉关联和网络界限"构成的非随机的网络	该原理包含两方面内容:第一,网络中会有更多人以关系的传递性相互联系而形成网络;第二,社会网络存在界限和交叉关联,因为社会网络中的任一成员可能保持的联系纽带并非无线扩展的,其数量和强度都是有限的
交叉关联联结的既可以是网络群,也可以是个体	个体及学校、政府机关、民营企业或其他可区分的单位都可以作为网络中的节点
社会稀缺资源分配不平等源于不对称的纽带及复杂网络	资源在结构中以随意的或不均衡的状态进行流动,是网络群的限定及不对称的纽带关系造成的
为获取稀缺资源,基于不同关系的联盟和派别在网络结构中产生了合作与竞争	在具有不对称关系的网络中,基于不同关系的联盟和派别为获取资源而存在结构性竞争或合作,进而使得社会结构发生改变,网络分析可通过不同的模型分析法对此做出研究

社会环境中人与人之间的相互作用,从社会网络的视角出发,可以被看作一种有规律的、能反映社会结构的、基于关系的模式或规则,对其进行量化分析是社会网络分析的出发点。在管理学、心理学、社会学等领域,社会网络分析被看作关系论的思维方式,用以解释相关领域的相关问题[22]。近年来,社会网络分析已被用于解决或尝试解决下列问题。

(1) 社会网络分析在信息科学领域的主要应用包括 Web 社会网络分析、网络计量 B-A 理论、网络链接行为和动机研究及知识管理和组织学习等。这些社会网络分析的理论对于我们研究管理领域的相关现象,或者利用社会网络分析得到的结果对实际的管理工作进行指导,都有着十分重要的借鉴作用。例如,Herring 等[23]对博客圈的社会网络进行了研究,分析出不同的博客具有不同的形态和性别、性格特征,这些基因型性别、性格特征对于不同类型的博客社团的形成起着关键的作用。Burkhardt 和 Brass[24]用社会网络分析检测了新信息技术的引入对组织结构的冲击。

(2) 在企业知识管理机制的设计中有意识地利用社会网络的理论和演化机制的原理,促进知识工作者之间的社会关系网络的建立,也是非常值得研究的。例如,利用小世界网络的理论,应用网络挖掘出朋友的朋友,期望从弱联系中挖掘社会资本的电子商务社区,已经进入了应用实践[25]。社会网络理论可以在企业组织结构、企业战略联盟(包括产业或区域中企业群网络的分析,以及战略联盟合作伙伴搜索与选择)、中小企业成长分析及社会资本与企业绩效的研究等各个领域广泛应用[26]。

（3）利用社会网络分析的理论研究知识共享，尤其是隐性知识的管理，是一个全新的课题与挑战。随着知识管理概念的提出，许多学者提出了许多不同的理论，然而，隐性知识管理的研究在近几年却停滞不前，这主要是因为隐性知识是企业中知识的主要组成部分，且存在于人们的经验或者技能之中，很难进行显式的管理，只能通过人与人之间的身教或意会才能得以交流，这正是社会网络分析所擅长的。经过几十年的发展，社会网络分析方法论和工具已经相对完备，利用社会网络分析方法研究隐性知识资产管理，是一个全新的命题，也是十分有价值的[27]。

（4）在文献计量学领域，研究者紧紧抓住社会网络分析这一强大工具，将它应用到文献计量学中的引文分析与共引分析，间接揭示学科知识结构。

引文分析就是利用各种数学与统计学的方法和比较、归纳、抽象、概括等逻辑方法，对学术期刊、论文、著作等各种分析对象的引用或被引用现象进行分析研究，以便揭示其数量特征的内在规律，达到评价、预测科学发展趋势的目的。每一篇被引文献，对于引证者（论文的作者）来说，就是有了一篇参考文献，而对于被引证者（被引用文献的作者）来说，则是有了一篇引用文献（引文）。如果将所有发生引用行为的论文用有向箭头连接在一起，就形成了引文网络，通过各种技术可以挖掘出隐含在该网络图中的许多有用的信息。

引文网络是由文献之间的引用关系构成的一种社会网络，随着信息技术的不断发展，文献资料数量显著增加，引文网络已经成为一个大规模复杂的网络系统，并受到越来越多的关注。目前，引文分析技术当中文献耦合（bibliographic coupling）和文献同引（bibliographic co-citation）的应用就比较广泛。文献耦合于1963由美国麻理工学院的开斯勒教授最早提出。如图4-3所示，如果文献A和文献B共同引用了一篇或多篇参考文献，则认为文献A和文献B具有耦合关系；共同引用的参考文献数量为耦合度，耦合度越大，文献A和文献B关系越密切，或者说文献A和文献B越相关。"文献同引"于1973年由苏联情报学家依林娜·马沙科娃和美国情报学家亨利·斯莫尔同时提出。如图4-4所示，如果两篇引文（文献）A和B同时被后来的一篇或多篇论文引用，则认为引文（文献）A和B具有同引关系；同时引用引文（文献）A和B的论文数量为同引度，同引度越大，引文（文献）A和B之间的关系越密切，或者说引文（文献）A和B越相关[28]。

文献同引和文献耦合除了揭示论文文献之间的相关性之外，还可以揭示作者之间、学科之间、期刊之间的相关性，以及基于该网络来挖掘出某学科的核心作者群及其各自研究方向、某学科的结构特点等信息。

本书主要集中讨论如何利用文献计量分析中的"耦合相关"与"共引相关"思想，以深度挖掘移动商务用户间的潜在的社会信任关系，并在此基础上进行推荐。

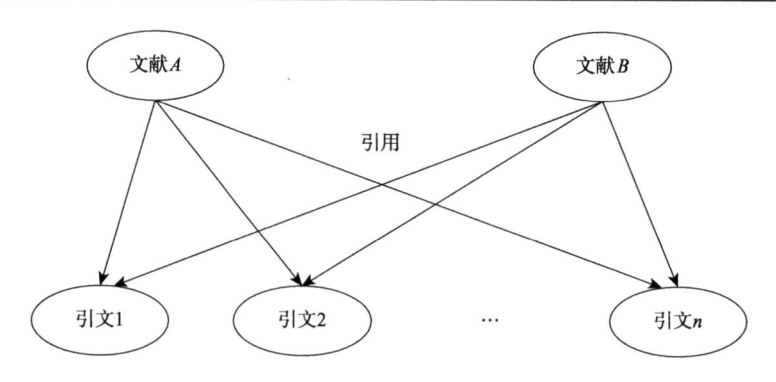

图 4-3 文献 A 和文献 B 之间的耦合关系

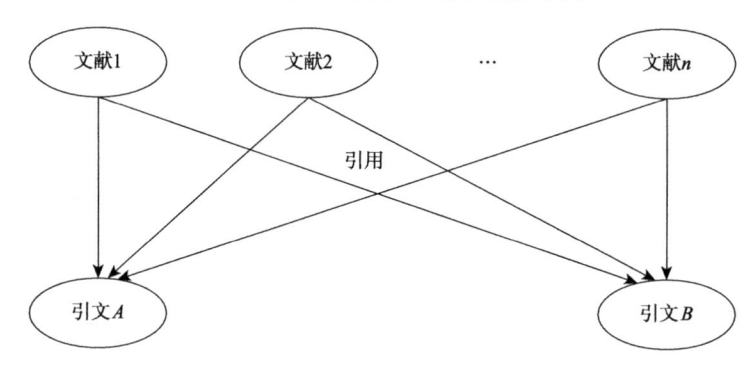

图 4-4 引文 A 和引文 B 之间的同引关系

目前，在人际传播、创新扩散、小世界效应理论、数据挖掘、知识管理与传递、引文与共引等问题的处理方法上，社会网络分析法已被广泛应用。例如，天猫、亚马逊的商品评论机制，通过应用这种技术对网络中用户行为进行深度挖掘，分析用户间的共同兴趣及重要知识关系，进而进行精准式推荐服务，成功地应用了社会网络理论与技术，取得了理想的效果。

社会网络可简单地理解为社会关系所构成的结构，因此，社会网络代表着一种结构关系，它反映了行动者之间的社会关系。社会网络的主要构成元素由行动者、关系纽带、二人组、三人组、子群及群体构成，相关描述如表 4-2 所示。

表 4-2 社会网络的主要构成元素

构成元素	构成元素描述
行动者（actor）	既可以是具体的个人，还可指一个群体、公司或其他集体性的社会单位。每个行动者在网络中的位置被称为"节点"（node）
关系纽带（relational tie）	行动者之间的相互关联称为关系纽带。关系纽带是多种多样的，如亲属关系、合作关系、交换关系、对抗关系
二人组（dyad）	由两个行动者所构成的关系，是社会网络的最简单或最基本的形式

续表

构成元素	构成元素描述
三人组（triad）	由三个行动者所构成的关系
子群（subgroup）	行动者之间的任何形式关系的子集
群体（group）	其关系得到测量的所有行动者的集合

社会关系被认为是一种双向属性，而主流社会科学关注的是单一属性，如收入、年龄、学历、性别等，但社会网络分析考虑的主要类型是一对行动者之间的二元属性，社会活动中存在着不同的二元属性关系[22]。

（1）血缘关系：是谁的姐妹，是谁的母亲，婚姻关系，等等。

（2）社会角色：是谁的朋友，是谁的教师，是谁的同事，等等。

（3）情感关系：喜欢谁，尊敬谁，憎恨谁，等等。

（4）认知关系：知道谁，与谁看起来相似，等等。

（5）行动关系：同谁谈话，和谁吃饭，传递信息给谁，从谁那里接受信息，等等。

（6）流动关系：信息流量，通信流量，交通流量，等等。

（7）距离关系：两地距离。

（8）相似关系：相关系数度量。

（9）共同发生：所处同一个社区，同在一个虚拟社交网络，有相同颜色头发，等等。

社会网络分析是对社会网络的关系结构及其属性加以分析的一套规范和方法，又称为结构分析（structural analysis）法。社会网络分析的主要分析对象是由不同的社会单位（个体、群体或社会）所构成的社会关系的结构及其属性。从这个意义上说，社会网络分析不仅是对关系或结构加以分析的一套技术，还是一种理论方法——结构分析思想。因为在社会网络分析学者看来，社会学所研究的对象就是社会结构，而这种结构即表现为行动者之间的关系模式。Plickert等[29]曾指出："网络分析探究的是深层结构，即隐藏在复杂社会系统表面之下的某些网络模式。"

在现实生活中，移动商务用户在网站或社区论坛中，通过评论、分享等方式交流彼此感兴趣的商品或服务信息，这些信息内容对移动商务用户购买商品时进行信息对比和加工，进而做出购买决策产生直接或间接的影响，而这种频繁的交互行为使得移动社会化网络构建相比传统互联网社会化更容易实现，且真实、可靠，并通过信任关系形成信任网络，这与现实生活中人们大都希望从自己信任的朋友、同事或亲属那里获取自己感兴趣的相关产品或服务信息是相契合的[30]。因此，在个性化情景体验基础上，引入社会网络分析用户间信任关系，进而对移动商务用户进行个性化信息服务，能有效促使用户感知并认为该类信息服务的有用性与可信性，进一步增强用户体验。基于此，本章以个性化情景确定方式为基础，融合社会网络与信任机制，分别从富信任信息环境及稀疏信任信息环境两个维度入手，构建信任推荐模式的总体框架，该模式的构建可有效地提高移动商务个性化推荐服务质量，从而提高用户使用的满意度和愉悦性。

4.2 基于信任的移动商务推荐模式架构

4.2.1 信任信息分类

富信任信息及稀疏信任信息是目前国内外关于信任信息推荐研究主要关注的两个方面。

1. 富信任信息

富信任信息是指在推荐过程中，移动商务用户间根据过去发生的交互行为而获得的信任信息较为丰富，能有效地满足移动商务用户信任推荐需求。

2. 稀疏信任信息

稀疏信任信息是指在推荐过程中，移动商务用户间由于缺少共同评分项，用户初始信任信息极端稀疏，无法有效地满足移动商务用户信任推荐需求，因此，需要深度挖掘用户间潜在的信任关系，为待推荐用户寻找可信的邻居用户，以提高推荐质量，提升用户满意度。

4.2.2 推荐模式结构模型

基于以上分析，本章构建以个性化情景确定方式为基础的信任推荐模式。该模式首先通过多维历史评分记录 U(用户)$\times I$(项目)$\times C$(情景)$\times R$(评分)，以及用户当前情景 C 构造用户个性化情景 C'；其次，结合社会网络分析用户间的信任关系，并从不同信任信息环境入手，分析富信任信息环境下及稀疏信任信息环境下的移动商务推荐过程。信任推荐模式结构模型如图 4-5 所示。

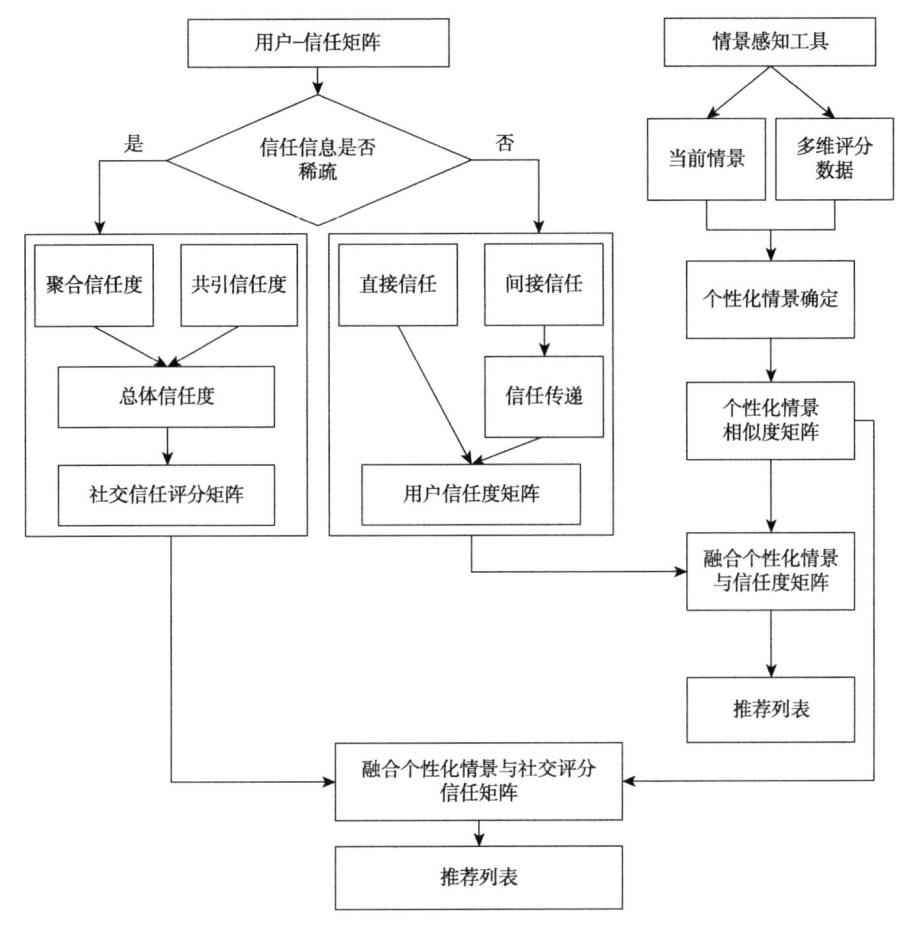

图 4-5 信任推荐模式结构模型

4.3 基于富信任信息的移动商务推荐模式

4.3.1 富信任信息特征

在信任信息较为丰富的移动商务推荐系统中，部分用户间根据过去发生的直接交互行为而获得直接信任关系，并应用于推荐算法中，而另一部分用户间不存在直接的信任关系，其信任关系的形成是建立在第三方间接推荐的基础之上的，此第三方既可以是信任关系链，也可以是单个用户，其与信任主体和客体间均为直接信任，这种情况下，尽管实体间信任信息较为丰富，但其关系及相互作用程度并非能直接获取到，因此，初始化信任矩阵仍较为稀疏，故本书在用户间接信任度计算过程中引入信任的传递特征进行推荐。

4.3.2 富信任信息环境下用户关系确定

1. 基于社会网络的用户-信任矩阵

引入用户间信任关系的推荐模式需构建用户-信任矩阵，用于描述社会网络中用户间的信任关系。其中，节点表示用户，每一条有向的边表示用户间的信任关系，有向边的权重表示信任程度。由此，移动商务用户信任网络中用户间信任关系由用户-用户信任矩阵（$\mathbf{TU}_{E \times I}$）来表示，如式（4-1）所示。

$$\mathbf{TU}_{E \times I} = \begin{bmatrix} tu_{u_1 u_1} & tu_{u_1 u_2} & \cdots & tu_{u_1 u_I} \\ tu_{u_2 u_1} & tu_{u_2 u_2} & \cdots & tu_{u_2 u_I} \\ \vdots & \vdots & & \vdots \\ tu_{u_E u_1} & tu_{u_E u_2} & \cdots & tu_{u_E u_I} \end{bmatrix} \quad (4\text{-}1)$$

其中，用户 u_i 对用户 u_j 的信任度用 $tu_{u_i u_j}$ 来表示，其取值范围为 $[0,1]$ 区间的实数。

2. 用户关系确定

在信任信息较为丰富的移动商务推荐系统中，部分用户间不存在直接的信任关系，致使初始化信任矩阵较为稀疏，由此导致推荐质量下降。鉴于此，本书在用户间接信任度计算过程中引入信任的传递特征，进而建立用户信任度矩阵。

算法的具体过程分为以下几步。

步骤1：计算直接信任度 $T(u,v)$。在移动商务用户信任关系网络中，若有一条从 u 直接指向 v 的边，则存在直接信任值 $T(u,v)=$ 权重 $w(u,v)$；若没有，则直接信任值 $T(u,v)=0$。

步骤2：计算间接信任度 $T'(u,v)$。在移动商务用户信任关系网络中，若两用户间建立信任关系需要通过其他用户的间接推荐，则需要引入信任的传递性，而信任度的传递过程需要遵循两个规则，即单调递减和有界[31]。因此，对于用户 u 与 v 属于 $k_{路径}(k \geqslant 2)$ 度好友，根据小世界效应理论设置 $\max k \leqslant 6$，交互路径 $u, u_1, u_2, \cdots, u_{k-1}, v$ 上的间接信任度计算方法如式（4-2）所示。

$$\begin{aligned} T'(u,v) &= T(u,u_1) \times T(u_1,u_2) \times \cdots \times T(u_{k-1},v) \\ &= T(u,u_1) \times \left(\prod_{i=1}^{i=k-2} T(u_i, u_{i+1}) \right) \times T(u_{k-1},v) \end{aligned} \quad (4\text{-}2)$$

而对于 $k_{路径}(2 \leqslant k \leqslant 6)$ 度好友，若存在多条交互路径，则对其间接信任度的融合采用算术平均值表示综合信任度，计算方法如式（4-3）所示。

$$T'(u,v) = \frac{\sum_{i=1}^{m\text{条路径}} T'_i(u,v)}{m\text{条路径}} \quad (4-3)$$

步骤3：计算用户信任度 T_{uv}。本书把移动商务用户间的信任度分为直接信任度和间接信任度，故用户的信任度是它们的综合值。设 T_{uv} 表示用户 u 对用户 v 的信任度，A 表示 $T(u,v)$，B 表示 $T'(u,v)$，则用户信任度的计算如式（4-4）所示。

$$T_{uv} = \begin{cases} A & A>0 \wedge B=0 \\ B & A=0 \wedge B>0 \\ \dfrac{2AB}{A+B} & A>0 \wedge B>0 \end{cases} \quad (4-4)$$

4.3.3 富信任信息推荐算法及推荐结果生成

本书在移动商务用户间信任信息较为丰富的推荐过程中，结合用户个性化情景，提出融入用户个性化情景的移动商务富信任信息推荐算法。该算法首先建立用户个性化情景，进而构造个性化情景相似度矩阵；其次，在信任度的计算过程中，基于小世界效应理论及信任的传递特征，构造用户信任度矩阵，在此基础上，将两个矩阵进行合并，计算两者合并后的综合值；最后，将它作为最终的推荐权重进行推荐，该算法可有效提高个性化推荐服务的效率和准确率。

1. 推荐权重确定

步骤1：根据情景信息和式（3-1），使用训练集方法，分别确定用户 u 与用户 v 的个性化情景 $C'(u)$ 与 $C'(v)$。

步骤2：根据式（3-2）计算用户 u 与用户 v 个性化情景相似度 $\text{sim}C'(u,v)$。

步骤3：根据式（4-2）、式（4-3）、式（4-4）计算用户 u 与用户 v 的信任度 $T(u,v)$。

步骤4：用户 u 与用户 v 的个性化情景相似度与用户信任度矩阵合并，具体方法如式（4-5）所示。

$$\text{Weight} = \begin{cases} 0 & \text{if } \text{sim}C'(u,v)>0 \text{ and } \text{Trust}(u,v)=0 \\ \text{Trust}(u,v) & \text{if } \text{sim}C'(u,v)=0 \text{ and } \text{Trust}(u,v)>0 \\ \dfrac{2\times \text{sim}C'(u,v)\times \text{Trust}(u,v)}{\text{sim}C'(u,v)+\text{Trust}(u,v)} & \text{if } \text{sim}C'(u,v)>0 \text{ and } \text{Trust}(u,v)>0 \end{cases}$$

$$(4-5)$$

其中，$\mathrm{sim}C'(u,v)$ 表示用户 u 与用户 v 的个性化情景相似度；$\mathrm{Trust}(u,v)$ 表示用户 u 与用户 v 的信任度；$\mathrm{sim}C'(u,v)$ 与 $\mathrm{Trust}(u,v)$ 合并后的综合值，即推荐权重 Weight。

2. 推荐结果生成

通过用户 u 与用户 v 个性化情景相似度与信任度的计算，采用加权平均值方法预测待推荐项目的评分，依据评分值的大小取排名最靠前的 TOP-N 作为最终的推荐结果，如式（4-6）所示。

$$P_{u,i} = \overline{R_u} + \frac{\sum_{i=1}^{m}\left(R_v(i) - \overline{R_v}\right) \times \mathrm{Weight}(u,v)}{\sum_{j=1}^{m}\mathrm{Weight}(u,v)} \quad (4\text{-}6)$$

其中，m 为邻居个数；$R_v(i)$ 为用户 v 对项目 i 的评分值；$\overline{R_u}$ 为用户 u 的平均评分值；$\overline{R_v}$ 为用户 v 的平均评分值；$\mathrm{Weight}(u,v)$ 表示用户 u 对用户 v 的推荐权重。

4.4 基于稀疏信任信息的移动商务推荐模式

4.4.1 稀疏信任特征分析

4.3 节提出了基于个性化情景的移动商务富信任信息推荐算法。但现实情况下，移动商务推荐系统中用户数量和商品种类的快速增长，致使多数用户间缺少共同评分项，导致信任信息及评分数据极端稀疏，对移动商务用户进行推荐时，若仅靠这些原始少量的信任数据，无法为用户带来满足其需求偏好的理想结果，致使用户体验不足。据此特征，本节提出融入个性化情景的移动商务稀疏信任信息推荐算法，改善由于目标用户信任关系信息稀少、个性化程度不高而难以进行推荐的问题，从而加强移动商务服务水平，提升用户满意度。

4.4.2 稀疏信任信息环境下用户关系确定

1. 显性信任描述

在融入个性化情景的移动商务稀疏信任信息推荐算法中，根据目标用户的评分记录，可以建立该用户与其好友间的信任关系及信任程度，因此，社会信任网络可以被定义为一个有向加权图，记为：$G(U,F,W)$。其中，U 为 G 中用户节点集合；边的集合 $F=\{(u_1,u_2),(u_1,u_3),\cdots,(u_{m-1},u_m)\}$ 主要用于表示用户与邻居间的相互信任关系；$W=\{t_{u_1,u_2},t_{u_1,u_3},\cdots,t_{u_{m-1},u_m}\}$ 为权重集，t_{u_1,u_2} 的信任度取值范围为 $[0,1]$。

通过上述分析可以看出，社会信任网络具有以下三个特点。

（1）有向性：指具有一定指向行为的信任关系，如在用户 u_1 信任 u_2 的情况下，u_2 有可能完全不信任 u_1。

（2）非对称性：是指用户间的信任程度是不具有对称性的，如用户 u_1 信任 u_2，并不等于 u_2 也同样程度地信任 u_1。

（3）有条件的传递性：是指信任在一定约束条件下具有传递性，如用户 u_1 信任 u_2，u_2 信任 u_3，根据信任传递性可推知 u_1 信任 u_3。

基于社会信任网络的特征，可将目标用户 u_a 和邻居 u_b 间的信任度表示为

$$T(u_a,u_b)=\begin{cases}t_{u_a,u_b} & t_{u_a,u_b}\neq\varphi \\ \dfrac{\sum\limits_{u_s,u_{H\max}(u_a)}t_{u_au_s}\left(\prod\limits_{u_s,u_t\in A_{H\max}(u_a)}t_{u_s,u_t}\right)t_{u_{H\max},u_b}}{\sum\limits_{u_s,u_{H\max}(u_a)}t_{u_au_s}\left(\prod\limits_{u_s,u_t\in A_{H\max}(u_a)}t_{u_s,u_t}\right)} & t_{u_a,u_b}\neq\varphi, A_{H\max}(u_a)\neq\varphi \\ 0 & \text{otherwise}\end{cases}$$

（4-7）

其中，$T(u_a,u_b)$ 为用户 u_a 和用户 u_b 间的信任度，取值范围为 $[0,1]$；$A_{H\max}(u_a)$ 为基于信任的有条件传递规则、在 $H_{\max}$ 范围内（最大信任传递距离）获得的 u_a 的信任邻居集合。

通过以上对移动商务用户间社交网络显性信任的描述，为更好地解决稀疏信任信息环境下的移动商务个性化推荐服务问题，本节引入文献[32]聚合（也称耦合）与同引（也称共引）的潜在信任发现方法，挖掘稀疏信任信息环境下潜在的用户信任关系。

2. 用户关系确定

具体步骤如下。

步骤1：计算聚合信任度。

聚合信任是指在移动商务社会信任网络中，若用户 u_a 与用户 u_b 存在共同信任的用户，则 u_a 与 u_b 存在聚合信任关系，且 u_a 与 u_b 共同信任邻居的数目影响二者信任度的大小，目标用户 u_a 对用户 u_b 的聚合信任经验 $T_{聚E}(u_a,u_b)$ 的计算方法为

$$T_{\text{聚}E}(u_a,u_b) = \frac{\sum_{u_c \in A_{H\max}^{T_{\text{聚}E}}(u_a,u_b)} E\left(T_{\text{聚}E}(u_a,u_c), T_{\text{聚}E}(u_b,u_c)\right)}{\sum_{u_g \in A_{H\max}^{T_{\text{聚}E}}(u_a)} E\left(T_{\text{聚}E}(u_a,u_g)\right)} \times \log\frac{U_{\text{社网}}}{\left|A_{H\max}^{T_{\text{聚}E}}(u_a,u_b)\right|} \quad (4\text{-}8)$$

其中，目标用户 u_a 对用户 u_b 的聚合信任经验记为 $T_{\text{聚}E}(u_a,u_b)$；$U_{\text{社网}}$ 表示整个社会信任网络中的用户数目；$A_{H\max}^{T_{\text{聚}E}}(u_a)$ 是根据信任的有条件传递规则、在 $H_{\max}$ 范围内（最大信任传递距离）获得的用户 u_a 的信任邻居集合；$A_{H\max}^{T_{\text{聚}E}}(u_a,u_b)$ 表示用户 u_a 和用户 u_b 共同信任邻居的集合；设目标用户 u_a 对其邻居 u_g 完全信任，则 $T_{\text{聚}E}(u_a,u_g)=1$，否则为 0；用户 u_a 和用户 u_b 的共同信任经验记为 $E\left(T_{\text{聚}E}(u_a,u_c), T_{\text{聚}E}(u_b,u_c)\right)$；邻居的重要性用对数予以描述，而用户 u_a 和用户 u_b 共同信任邻居的数量记为 $\left|A_{H\max}^{T_{\text{聚}E}}(u_a,u_b)\right|$[30]。

用户 u_a 对用户 u_b 的信任水平，可通过二者对共同信任邻居的信任度计算得出，具体如式（4-9）所示。

$$T_{\text{聚}L}(u_a,u_b) = \frac{\sum_{u_c \in A_{H\max}^{T_{\text{聚}E}}(u_a,u_b)} L\left(T_{\text{聚}E}(u_a,u_c)\right) \times L\left(T_{\text{聚}E}(u_b,u_c)\right)}{\sum_{u_g \in A_{H\max}^{T_{\text{聚}E}}(u_a)} L\left(T_{\text{聚}E}(u_a,u_g)\right)} \quad (4\text{-}9)$$

其中，$T(\ )$ 的计算方法为

$$T(u_a,u_b) = \begin{cases} t_{u_a,u_b} & t_{u_a,u_b} \neq \varphi \\ \dfrac{\sum_{u_s,u_{H\max}(u_a)} t_{u_a u_s}\left(\prod_{u_s,u_t \in A_{H\max}(u_a)} t_{u_s,u_t}\right) t_{u_{H\max},u_b}}{\sum_{u_s,u_{H\max}(u_a)} t_{u_a u_s}\left(\prod_{u_s,u_t \in A_{H\max}(u_a)} t_{u_s,u_t}\right)} & t_{u_a,u_b} \neq \varphi, A_{H\max}(u_a) \neq \varphi \\ 0 & \text{otherwise} \end{cases}$$

$$(4\text{-}10)$$

基于以上分析，计算目标用户 u_a 对用户 u_b 的聚合信任度 $T_{\text{聚合}}(u_a,u_b)$，具体如式（4-11）所示。

$$T_{\text{聚合}}(u_a,u_b) = \frac{T_{\text{聚}E}(u_a,u_b) \times T_{\text{聚}L}(u_a,u_b)}{\sum_{u_g \in A_{H\max}^{T_{\text{聚}E}}(u_a)} T_{\text{聚}E}(u_a,u_g) \times T_{\text{聚}L}(u_a,u_g)} \quad (4\text{-}11)$$

其中，聚合信任度 $T_{\text{聚合}}(u_a,u_b)$ 的取值范围为 $[0,1]$。

步骤 2：计算同引信任度。

同引信任是指在移动商务社会信任网络中，若用户 u_a 与用户 u_b 同时被其他共同的邻居信任，则u_a与u_b存在同引信任关系，且u_a和u_b被共同邻居信任的数目将影响其信任度的大小。

计算u_a对u_b的同引信任经验$T_{引|E}(u_a,u_b)$，具体方法为

$$T_{引|E}(u_a,u_b) = \frac{\sum_{u_d \in A_{H引max}^{T_{引|E}}(u_a,u_b)} E(T_{引|E}(u_d,u_a)), T_{引|E}(u_d,u_b)}{\sum_{u_k \in A_{H引max}^{T_{引|E}}(u_a)} E(T_{引|E}(u_k,u_a))} \times \log \frac{U_{社网}}{|A_{H引max}^{T_{引|E}}(u_a,u_b)|} \tag{4-12}$$

其中，目标用户u_a对用户u_b的同引信任经验为$T_{引|E}(u_a,u_b)$；整个社会信任网络中的用户数目采用$U_{社网}$表示；用户u_a和用户u_b被共同邻居信任的集合定义为$A_{H引max}^{T_{引|E}}(u_a,u_b)$；设目标$u_k$对其邻居$u_a$完全信任，则$E(T_{引|E}(u_k,u_a))=1$，否则为0；同时信任用户$u_a$和用户$u_b$的共同邻居的数量用$|A_{H引max}^{T_{引|E}}(u_a,u_b)|$表示；用户$u_a$和用户$u_b$同时被信任的经验值记为$E(T_{引|E}(u_d,u_a),T_{引|E}(u_d,u_b))$[30]。

根据u_a和u_b被共同邻居信任的信任度大小计算u_a对u_b的同引信任水平，如式（4-13）所示。

$$T_{引|L}(u_a,u_b) = \frac{\sum_{u_d \in A_{H引max}^{T_{引|E}}(u_a,u_b)} L(T_{引|E}(u_d,u_a)) \times T_{引|E}(u_d,u_b)}{\sum_{u_k \in A_{H引max}^{T_{引|E}}(u_a)} L(T_{引|E}(u_k,u_a))} \tag{4-13}$$

结合式（4-12）和式（4-13），用户u_a对用户u_b的同引信任度$T_{同引}(u_a,u_b)$的计算方法为

$$T_{同引}(u_a,u_b) = \frac{T_{引|E}(u_a,u_b) \times T_{引|L}(u_a,u_b)}{\sum_{u_K \in A_{H引max}^{T_{引|E}}(u_a)} T_{引|E}(u_a,u_k) \times T_{引|L}(u_a,u_k)} \tag{4-14}$$

步骤3：计算综合信任度。

综合信任与同引信任更宜实现优势互补，提高推荐质量，鉴于此，融合聚合信任与同引信任，计算二者综合信任度，如式（4-15）所示。

$$T_{综合}(u_a,u_b) = \alpha T_{聚合}(u_a,u_b) + (1-\alpha)T_{同引}(u_a,u_b) \tag{4-15}$$

其中，α为[0,1]的可调参数，该参数可由人工设定，也可根据实验验证的方式确定最优的取值[33]。

4.4.3 稀疏信任信息推荐算法及推荐结果生成

本节在用户存在少量初始信任关系的环境下，引入文献[32]对聚合与同引的

潜在信任发现方法，结合用户个性化情景，提出融入个性化情景的移动商务稀疏信任信息推荐算法。从聚合信任与同引信任两方面入手，分析稀疏信任信息环境下用户间潜在的信任关系，基于此，合并信任度与个性化情景相似度矩阵，进而进行推荐。

1. 推荐权重确定

步骤1：根据情景信息和式（3-1），使用训练集方法，分别确定用户 u 与用户 v 的个性化情景 $C'(u)$ 与 $C'(v)$。

步骤2：根据式（3-2）计算用户 u 与用户 v 个性化情景相似度 $\text{sim}C'(u,v)$。

步骤3：根据式（4-8）~式（4-11）计算用户 u 与用户 v 聚合信任度 $T_{聚合}(u,v)$，根据式（4-12）~式（4-14）计算用户 u 与用户 v 同引信任度 $T_{同引}(u,v)$，根据式（4-15）计算用户 u 与用户 v 的综合信任度 $T_{综合}(u,v)$。

步骤4：推荐权重确定。将用户 u 与用户 v 的个性化情景相似度与用户信任度矩阵进行合并，其结果作为最终的推荐权重，具体如式（4-16）所示。

$$\text{Weight} = \begin{cases} 0 & \text{if } \text{sim}C'(u,v) > 0 \text{ and } \text{Trust}(u,v) = 0 \\ \text{Trust}(u,v) & \text{if } \text{sim}C'(u,v) = 0 \text{ and } \text{Trust}(u,v) > 0 \\ \dfrac{2 \times \text{sim}C'(u,v) \times \text{Trust}(u,v)}{\text{sim}C'(u,v) + \text{Trust}(u,v)} & \text{if } \text{sim}C'(u,v) > 0 \text{ and } \text{Trust}(u,v) > 0 \end{cases}$$

（4-16）

2. 推荐结果生成

通过用户 u 与用户 v 个性化情景相似度与信任度的计算，采用加权平均值方法计算推荐值，将权重 $\text{Weight}(u,v)$ 改为用户个性化情景相似度与信任度的复合值进行推荐，推荐结果计算如式（4-17）所示。

$$P_{u,i} = \overline{R_u} + \frac{\sum_{i=1}^{m}\left(R_v(i) - \overline{R_v}\right) \times \text{Weight}(u,v)}{\sum_{j=1}^{m}\text{Weight}(u,v)} \quad (4\text{-}17)$$

4.5 基于信任的移动商务推荐模式的适用条件

基于信任的移动商务推荐模式是针对移动商务用户购买决策过程中，通过产生购买需求、进行情景服务体验后,并未采用或暂时未采用个性化推荐结果(对个性化推荐结果多次浏览或已经添加到购物车中),而是进入了信息搜索、浏览或对比阶段而设计的。

在用户购买决策过程中,当用户进入信息搜索、浏览或对比阶段时,获取用户信任,通过分析移动商务情景下用户间的社会网络信任关系及其对决策结果的影响,采用信任服务方式,可以更好地为用户在感知推荐服务可信的过程中提供满足其需求的有用信息,信任服务方式的建立有助于进一步提升用户购物体验感,帮助用户明确对服务结果的采纳意愿,提高用户决策力。

4.6 基于信任的移动商务推荐模式验证

4.6.1 实验设计

1. 实验数据集

为验证信任推荐模式的预测效果,本书采用 MBook-Crossing 真实数据集进行数值试验,按 80∶20 的比例将评分数据随机地分为训练集和测试集,并选取富信任信息环境下及稀疏信任信息环境下用户情景兴趣推荐算法进行对比分析[32]。

2. 评价标准

本书采用推荐质量测试方法中广泛使用的 MAE 及覆盖率作为度量标准。

MAE 计算如式(3-4)所示,而覆盖率是一项被广泛采用、用于评价推荐系统推荐覆盖度的评判度量指标,它描述了推荐系统向用户推荐的项目集合对用户兴趣的覆盖范围,覆盖率越高,覆盖能力越强[34],具体计算公式为

$$\text{coverage} = \frac{\sum_{u \in U} |\text{IP}(u) \cap \text{IR}(u)|}{\sum_{u \in U} |\text{IR}(u)|} \quad (4\text{-}18)$$

其中,coverage 表示覆盖率;$\text{IP}(u)$ 表示推荐算法为用户 u 产生的推荐集;$\text{IR}(u)$ 表示测试集中用户 u 喜好的全部项目集。

4.6.2 结果分析

使用本章提出的基于个性化情景的富信任信息推荐算法及基于个性化情景的

稀疏信任信息推荐算法与不同信任信息环境下用户情景兴趣推荐算法进行比较，具体的比较结果如图 4-6 和图 4-7 所示。

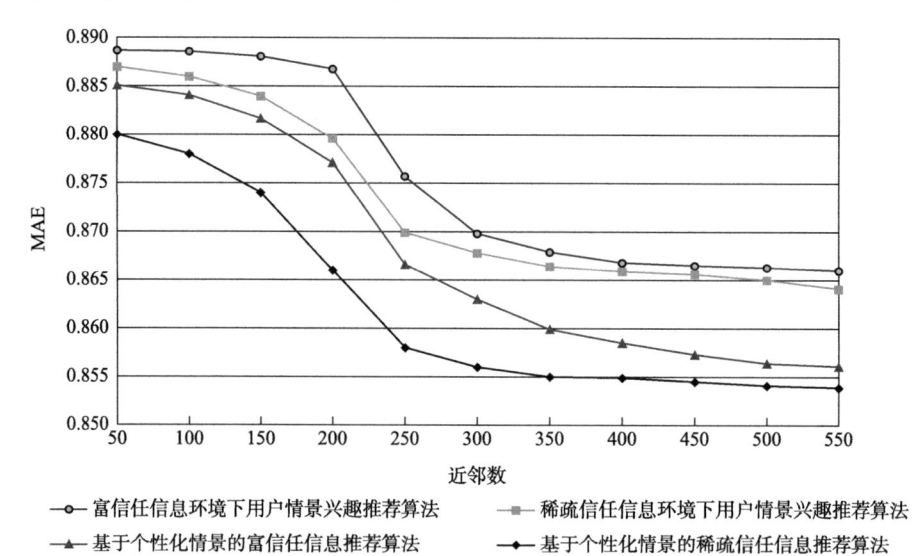

图 4-6　在 MBook-Crossing 数据集上的四种算法的 MAE 对比结果

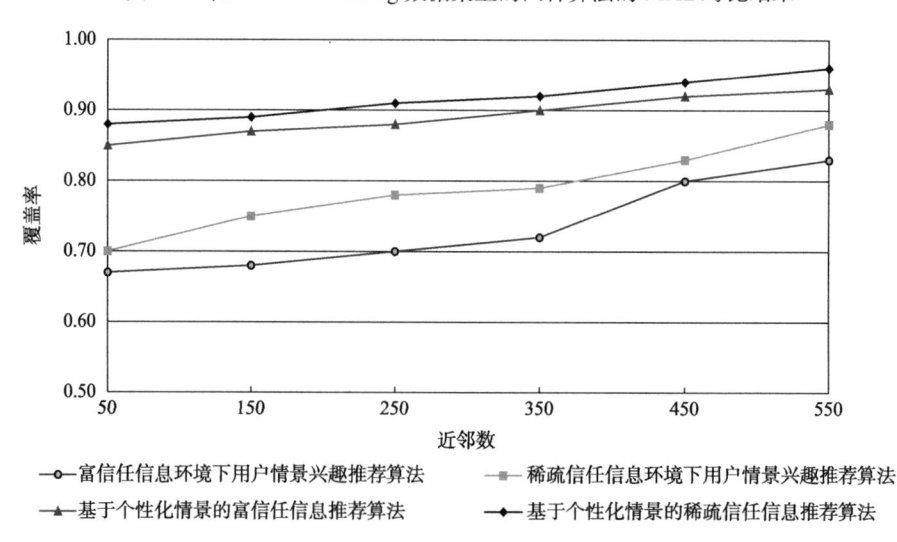

图 4-7　在 MBook-Crossing 数据集上的四种算法的覆盖率对比结果

在图 4-6 中，本章提出的两种算法的 MAE 值均小于其他两种算法，且随着近邻数的增加，呈较快的下降趋势并趋于稳定，这表明相较于只考虑用户整体情景信息的信任推荐算法，本书提出的两种算法取得了更优的推荐效果，因为不同移动商务情景对不同用户信息需求影响存在差异性，并且由结果可知，同时考虑个性化情景及用户间信任关系对用户的影响,能够有效地提高推荐质量,使用户在感知推荐服务可信的过程中获得有用的信息和积极的体验。

通过图 4-7 可以看出,在覆盖率性能的比较中,相较于其他两种推荐方法,本章提出的融合个性化情景与用户间信任关系的预测方法,推荐覆盖率更高,预测效果更好。首先,聚合信任与同引信任推荐算法在选取最近邻居段时,运用社会网络分析挖掘出用户间潜在的信任关系,将二者相结合达到了优势互补,覆盖能力更强,推荐性能更优;其次,分别加权用户个性化情景相似性与潜在信任值,使目标用户个性化需求意愿的相似性进一步加强,从而提高了推荐结果的准确性。综上可知,本书提出的两种算法在合理考虑个性化情景要素的情况下,结合不同信任环境下用户间的信任关系,取得了更好的预测效果。

4.7 本章小结

移动商务用户进入信息对比与加工阶段时,获取用户信任,为用户提供更精准、更可靠的推荐服务内容,不仅可以展示推荐的能力,还可以使用户在感知其服务质量可信的过程中获取符合兴趣爱好的信息及满意的体验。基于此,本章对用户体验视角下的信任服务模式进行系统的研究。首先,对移动商务推荐环境下的社会网络进行分析,分别从富信任信息环境及稀疏信任信息环境两个维度入手构建了信任推荐模式的总体框架;其次,通过融合用户个性化情景信息与移动商务用户间信任关系,提出了基于富信任信息的移动商务推荐模式,为解决数据稀疏性及个性化服务程度不高致使用户体验不足的问题,提供了有效的服务模式与途径;最后,基于现实情况下可用信任信息较少,难以为用户提供令其满意的、符合其需求偏好的理想结果,提出基于稀疏信任信息的移动商务推荐模式,引入"聚合"与"同引"思想,分析用户间潜在的信任关系,并结合用户个性化情景进行推荐。

参 考 文 献

[1] Sabel C F. Studied trust: building new forms of cooperation in a volatile economy[J]. Human Relations, 1993, (35): 1-7.
[2] Rotter J. A new scale for the measurement of interpersonal trust[J]. Journal of Personality, 1967, 35 (4): 651-665.

[3] Wrightsman L S. Interpersonal trust and attitudes toward human nature[J]. Measures of Personality and Psychological Attitudes，1991，1：373-412.

[4] 杨庆. 消费者对网络商店的信任及信任传递的研究[D]. 复旦大学博士学位论文，2005.

[5] Deutsch M. Cooperation and trust：some theoretical notes[C]//Proceedings of Nebraska Symposium on Motivation. Nebraska University Press，1962.

[6] Barber B. Trust and antitrust[J]. Ethics，1986，96：231-260.

[7] Gambetta D. Trust：Making and Breaking Cooperative Relations[M]. New York：Basil Blackwell，1988.

[8] 孟魁. 虚拟社区环境下信任机制的研究[D]. 复旦大学博士学位论文，2005.

[9] 张维迎. 信息、信任与法律[M]. 北京：生活·读书·新知三联书店，2003.

[10] 叶建亮. 经济学视野里的信用[J]. 中国社会科学评论（经济学卷），2003，（2）：347-368.

[11] Josang A，Knapskog S J. A metric for trusted systems[C]//Proceedings of the 21 th National Information Systems Security Conference. NSA，1998.

[12] Mui L. Computational models of trust and reputation[D]. PhD Thesis，MIT，2002.

[13] Zhong Y，Lu Y，Bhargava B. Dynamic trust production based on interaction sequence[R]. Computer Sciences，Purdue University，2003.

[14] 唐文，陈钟. 基于模糊集合理论的主观信任管理模型研究[J]. 软件学报，2003，14（8）：1401-1408.

[15] 张国富. 基于信任的电子商务个性化推荐关键问题研究[D]. 江西财经大学博士学位论文，2009.

[16] 袁金凤. 基于信任扩散机制的推荐系统研究[D]. 西南大学硕士学位论文，2014.

[17] Wellman B，Berkowitz S D. Social structures：a network approach[M]. New York：Cambridge University Press，1988.

[18] Watts D J，Strogatz S H. Collective dynamics of "small-world" networks[J]. Nature，1998，393（6684）：440-442.

[19] 宋波伟. 在线社会网络中好友推荐算法研究[D]. 太原理工大学硕士学位论文，2016.

[20] 张秀娥，张皓宣. 社会网络理论研究回顾与展望[J]. 现代商业，2018，20：154-157.

[21] Buen W，Marbach J，Neyer F. Using egocentered networks in survey research. A methodological preview on an application of social network analysis in the area of family research[J]. Social Networks，1991，13（1）：75-90.

[22] 邓晓懿. 移动电子商务个性化服务推荐方法研究[D]. 大连理工大学博士学位论文，2011.

[23] Herring S C，Scheidt L A，Wright E，et al. Weblogs as a bridging genre[J]. Information Technology and People，2005，18（2）：142-171.

[24] Burkhardt M E，Brass D J. Changing patterns or patterns of change：the effects of a change intechnology on social network structure and power[J]. Administrative Science Quarterly，1990：104-127.

[25] 张杰伟. 基于语义网与社会网络分析的知识整合与推荐[D]. 复旦大学硕士学位论文，2010.

[26] 高长元，闫健，由扬. 基于创新力–适应度的O2O电商知识网络构建[J]. 北京航空航天大学学报，2018，44（9）：1903-1908.

[27] 高长元，于建萍，何晓燕. 基于改进粒子群算法的云计算产业联盟知识搜索算法研究[J]. 数据分析与知识发现，2017，1（3）：81-89.
[28] 陈定权，武立斌. 社会网络视角下的信息推荐[J]. 情报杂志，2007，（11）：37-39.
[29] Plickert G，Cote R R，Wellman B. It's not who you know, it's how you know them: who exchanges what with whom？[J]. Social Networks, 2007, 29 (3): 405-429.
[30] 刘海鸥. 云环境用户情景兴趣的移动商务推荐模型及应用研究[D]. 燕山大学博士学位论文，2013.
[31] 张朝旭. 移动社交网络中上下文感知推荐机制的研究与设计[D]. 北京交通大学硕士学位论文，2013.
[32] 刘海鸥. 面向大数据知识服务推荐的移动 SNS 信任模型[J]. 图书馆论坛，2014，（10）：68-75.
[33] 葛冰玉. 基于信任和不信任网络的推荐算法研究[D]. 吉林大学硕士学位论文，2016.
[34] 杜巍，高长元. 基于个性化情景的移动商务信任推荐模型研究[J]. 情报科学，2017，35（10）：23-29.

第5章　基于多样性的移动商务推荐模式

5.1　推荐系统多样性的含义及类型

5.1.1　多样性的含义

向移动商务用户提供信息服务时，最保险的做法是为用户提供热门流行及评价最好的商品或服务的信息，因为从概率的角度来讲，这些信息被用户接受并采纳的可能性最大，但从用户体验的角度来说，这种策略不一定是最佳的选择，因为用户很可能已经从其他渠道对这些热门流行商品有所了解，长此以往，用户对推荐系统的信任就会有所下降。通常而言，随着购物经验的积累，用户信息需求趋于多样化，并希望得到更多的意外惊喜[1]。准确的推荐风险最小，但推荐结果过于大众化，致使用户体验不足，且推荐结果多样性对用户感知系统有用性有着积极、重要的影响。因此，本书认为推荐的多样性就是指为移动商务用户提供符合其兴趣爱好的不同商品或服务信息的能力。

5.1.2　多样性的类型

个体多样性与整体多样性是目前国内外关于多样性推荐研究主要关注的两个方面。

1. 个体多样性

个体多样性是对单个用户而言，衡量系统能够为用户找到一系列彼此相似度很低但又符合该用户兴趣的商品的能力。例如，在爱奇艺视频 APP 上，用户看过《速度与激情1》，若系统继续给用户推荐《速度与激情2》《速度与激情3》……《速度与激情8》，推荐结果准确率很高，但用户对同系列的电影可能已经有所了解或在其他视频APP上观看过，致使用户体验不足、推荐失去意义，因此，若能推荐其未知且满足其兴趣的其他类型电影，有益于激发用户观看兴趣，提升推荐效果及用户满意度。

2. 整体多样性

整体多样性是对整个用户群体而言，衡量系统能够为不同用户尽可能地提供不同预测结果的能力。以精确性为衡量标准的推荐倾向评分较高的畅销物品，而一些很可能是满足用户兴趣的长尾冷门项目，没有或者只有少量的评分记录，难以被用户发现，无法出现在推荐列表中，致使推荐结果无法满足用户广泛的兴趣爱好。因此，提高系统的整体多样性可以使符合用户兴趣爱好的长尾商品有机会出现在推荐列表中，不但为用户提供了更加广泛的选择，还增加了推荐内容的覆盖度。

5.1.3 提高推荐系统多样性的方法

推荐系统中精确性与多样性似乎是一个鱼和熊掌不可兼得的难题，简单地通过牺牲精确性来提高多样性是比较容易的，而困难的是如何在尽可能不影响精确性的情况下提高推荐系统的多样性。

近年来，部分学者采用信息物理方法、时间感知方法和二次优化方法等来研究推荐系统的多样性，取得了一定的进展。

1. 信息物理方法

汪秉宏等[2]将物理学中的物质扩散（mass diffusion）和热传导（heat conduction）理论应用到个性化推荐系统中，开辟了推荐算法研究的一个新方向。

1）基于物质扩散的推荐算法

在物理学中，当细胞内外某物质的浓度不同时，物质会由高浓度的地方扩散到低浓度的地方。Zhang等[3]首次将物质扩散理论应用在物品-物品（object-object）网络结构上。基于物质扩散的个性化推荐方法每一步的得分传递都会除以自己的度，系统的总能量保持不变，最后的系统稳态结果是和节点度成正比的，从而导致用户的视野汇聚在那些度较大的节点上，能极大程度地提高推荐的精确性，而在推荐列表多样性上表现不佳。在基于物质扩散的推荐算法框架下，Zhou等[4]在NBI（network-based inference，基于网络的推理）算法的基础上，利用二阶关联的方式快速去除带权重的用户-物品（user-object）二部图网络结构中可能存在的对于同一个对象推荐的冗余信息，大幅度提高了推荐精确性，甚至超过了需要较长计算时间的LDA（latent Dirichlet allocation，隐含狄利克雷分布）算法；推荐列表的个体多样性和总体多样性也很好。Lu 和 Lin[5]进一步提出了基于优先扩散的推荐算法，在保证多样性的基础上提高了度很小的物品的推荐精确性。

社会化标签系统在最近几年非常流行，其由用户、项目和标签三类组成。用户可以采用手工或半自动的方式对自己收藏的项目添加多个标签。Zhang 等[6]在二部图方法的基础上，进一步提出了基于用户-项目-标签三部图的物质扩散推荐算法，有效提高了个性化推荐的准确性、多样性和新奇性。用户-项目-标签三部图可以分解成用户-项目和项目-标签两个二部图，并分别用两个邻接矩阵表示。然后，分别对这两个二部图使用物质扩散方式的资源分配策略，得到资源分配向量 $\overrightarrow{f'}$ 和 $\overrightarrow{f''}$，在可调参数 λ（$\lambda \in [0,1]$）的基础上得到最终的分配值 $\overrightarrow{f^*}$，如式（5-1）所示。

$$\overrightarrow{f^*} = \lambda \overrightarrow{f'} + (1-\lambda)\overrightarrow{f'} \tag{5-1}$$

2）基于热传导的推荐算法

热量从系统的一部分传到另一部分或由一个系统传到另一个系统的现象叫热传导。Zhang 等[3]将热传导理论应用在物品-物品网络结构上，明确的评分方法消除了新颖物品的信息，导致算法更多的是关注推荐的精确性而不是推荐的多样性。而且，该算法中的多步传递方法会涉及重复的全局信息。为此，Zhou 等[4]在用户-物品二部图网络结构基础上，采用两步传递方法合理地提高温度较低物品的温度，给用户推荐那些"不太流行的冷门资源"。网络中的节点可以被看作物品，是否有连边可以被看作两个物品是否有接触。那些被收藏次数多或得分高的物品是温度较高的"热点"，被收藏次数少或得分低的物品是温度较低的"冷点"。如果用户 i 收藏了物品 a，则 $a_{ai}=1$，否则 $a_{ai}=0$。k_a 和 k_i 分别表示收藏了物品 a 的用户数和用户 i 收藏的物品数。所有的物品都有一个初始的资源分配向量 f，f_β 就是物品 β 拥有的资源。通过热传导，能量根据连边由温度高的节点流向温度低的节点，其过程可以由式（5-2）来描述：

$$W_{a\beta}^H = \frac{1}{K_a}\sum_{j=1}^{u}\frac{a_{aj}a_{\beta j}}{k_j} \tag{5-2}$$

然后，物品得到一个新的资源分配向量 $\overrightarrow{f} = W^H f$。对于用户 i 来说，根据其已经收藏的物品数，通过设置 $f_\beta^i = a_{\beta i}$，就可以得到其推荐结果。同时，推荐列表中没有被收藏的物品可以根据 $\overrightarrow{f_a^i}$ 降序排列。在热传导过程中，每一步的得分传递都会除以被传递节点的度，随着传递步骤的增加，系统总能量也会不断增加，从而最大限度地挖掘一些隐蔽的"暗信息"。

基于二部图网络结构的热传导推荐算法有效地提高了个性化推荐系统的多样性，而推荐结果的精确性表现不佳。为此，Zhou 等[7]将基于物质扩散的推荐算法和基于热传导的推荐算法进行结合构建混合推荐算法，同时提高了个性化推荐系统的精确性和多样性。Liu 等[8]认为基于热传导的推荐算法给予了"冷门产品"过多的权重，从而导致推荐准确性不高。他们适当地提高了度信息较小的产品的推荐权重，提出了基于偏向热传导（biased heat conduction）的推荐算法，在 MovieLens、Netflix 和 Delicious 数据集上的实验结果显示，该算法得到了更好的推荐准确度和多样性。

信息物理方法应用于推荐系统中，取得了较好的效果，但是该方法也面临着新用户、新项目等问题。未来，如何将信息物理方法、协同过滤推荐算法和基于内容的推荐算法有机结合起来，构建混合推荐算法是一个值得研究的方向[8]。

2. 时间感知方法

作为情景的一种，时间信息很容易采集，并且对提高推荐系统的时序多样性具有重要的价值。近年来，时间感知推荐系统成为学术界研究的热点。假设 U 是用户集、I 是项目集、T 是时间信息、R 是推荐结果集，那么一个时间感知推荐系统模型可以表示为一个函数 $F: U \times I \times T \rightarrow R$。根据时间信息 T 的使用方式，时间感知方法可以分为连续时间感知推荐方法、分类时间感知推荐方法和时间自适应推荐方法。

连续时间感知推荐方法假设候选推荐项目预测得分与推荐任务的时间有关，将时间信息表示为一个连续变量。例如，如果将时间信息融入基于用户的 KNN（K-nearest neighbor，K 最近邻）分类算法中，那么 $F(u,i,t) = \underset{v \in N(u)}{\text{aggr}} r_{v,i} \cdot \omega_t \left(t\left(r_{v,i} \right), t \right)$。其中，$t \in T$，表示推荐任务的时间；$\omega_t(\cdot)$ 表示返回一个依赖于时间的权重。

分类时间感知推荐方法将时间信息 T 看成一个或多个离散变量 $T_1, T_2, \cdots, T_n$，$T_n \in T$，其又可以分为时间前向过滤算法和时间后向过滤算法。其中，时间前向过滤算法使用时间情景过滤掉无关的项目评分信息，然后采用传统的二维推荐方法得到推荐结果。例如，如果一个用户要在星期六去看电影，那么仅仅星期六的电影评分信息被使用去产生推荐结果。该算法在实际应用过程中可能存在着数据稀疏性问题。时间后向过滤算法采用传统的二维推荐方法得到候选推荐项目集，然后使用时间情景对推荐结果进行过滤[9]。

在时间自适应推荐方法中，参数和数据会根据时间情景的变化动态调整。Lee 等[10,11]根据时间给每一个项目 r 分配一个权重 $f_t(r)$，函数 $F(u,i) = \underset{v \in N(u)}{\text{aggr}} r_{v,i} \cdot f_t\left(r_{v,i} \right)$。

3. 二次优化方法

为了使推荐结果具有多样性，部分研究采用很多启发式的策略对传统推荐方法得到的候选推荐列表进行二次优化，基于启发式排名技术的 Top-N 推荐策略应用较为广泛的主要有主题多样性算法、二次排序法等。

1）主题多样性算法

Ziegler 和 Lausen[12]考虑到用户对特定主题感兴趣的程度，提出了主题多样性算法，并利用该算法对基于用户的协同过滤推荐算法和基于项目的协同过滤推荐算法产生的推荐列表进行二次优化，得到多样性程度较好的 Top-N 个项目作为最终的推荐列表。首先，根据领域分类体系使用评价指标 ILS（intra-list similarity，表内物品相似性）计算推荐列表中物品之间的两两相似性；其次，计算物品 b 的相似性排名 $P_{w_i}^{-1}(b)$ 和不相似性排名 $P_{c^*}^{rev^{-1}}(b)$，根据式（5-3）得到物品的最终排名：

$$w_i^* = P_{w_i}^{-1}(b) \cdot (1-\theta_F) + P_{c^*}^{rec^{-1}}(b) \cdot \theta_F \quad (5-3)$$

其中，多样性因子 $\theta_F \in [0, 0.9]$。

主题多样性算法在推荐邻居不变的情况下，扩大推荐列表项目的候选集，然后考察候选集中项目之间的多样性，推选多样性较好的 N 个项目作为最终的推荐项目。这种方法比较简单，也易于理解，但由于推荐的邻居用户不变，很可能因为选举代表没有广泛的代表性，即使推荐候选列表中的候选项目数再多，也不能有效提高推荐结果的多样性。

2）二次排序法

Adomavicius 和 Kwon[13]使用基于项目流行程度的排序方法和参数排序方法对候选推荐列表进行二次排序，提高推荐结果的总体多样性。基于项目流行程度的排序方法根据项目流行程度对项目进行排序，如式（5-4）所示。

$$\text{rank}_{\text{itemPop}(i)} = |U(i)| = |\{u \in U | \exists R(u,i)\}| \quad (5-4)$$

参数排序方法使用参数 T_R 去平衡推荐结果的精确性和多样性，如式（5-5）所示。

$$\text{rank}_x(i, T_R) = \begin{cases} \text{rank}_x(i) R^*(u,i) \in [T_R, T_{\max}] \\ a_u + \text{rank}_{\text{standard}}(i) R^*(u,i) \in [T_H, T_R] \end{cases} \quad (5-5)$$

如果项目得分小于 T_R，使用标准排序方法，否则采用其他能增加推荐多样性的排序方法（如基于项目流行程度的排序方法、基于图论的方法等）[9]。

主题多样性算法和二次排序法属于后向过滤方法，也就是先利用传统的推荐算法得到候选推荐列表，再利用相关方法对结果进行过滤。近年来，二次排序法得到了广泛的关注与应用，已经成为提升多样性的主流推荐方法。

5.2 基于多样性的移动商务推荐长尾效应及流程

5.2.1 长尾效应分析

2004 年 10 月，美国《连线》（Constella Major）杂志的主编 Anderson 发表了

一篇名为"the long tail"的文章。这篇文章以一种具有颠覆性的全新视角，描述了在线数字音乐产业中的奇特现象——沿用百年的传统经济理论"二八定律"在特定的互联网背景下失灵了，Anderson[14]深入分析产生这种现象的背后原理，并提出一种全新的互联网营销新理论，即长尾理论。

长尾市场也被称为利基市场。"利基"一词是英文"niche"的音译，意译为"壁龛"，有拾遗补阙或见缝插针的意思。菲利普·科特勒在《营销管理》中将利基定义为：利基是指针对企业的优势细分出来的市场，这是一个小市场并且它的需要没有被服务好，或者说"有获取利益的基础"。

Anderson根据自己的发现，对互联网经济的发展趋势和社会变化文化潮流进行了研判，得出一个颠覆性的结论，传统经济学认定的利基市场并不是可有可无的，在互联网背景下，在新文化影响下，那些被"二八定律"抛弃的众多的利基市场通过引导就可能重新成为一个主流的大市场。换言之，在互联网时代，我们要更关注位于需求曲线尾端的小批量多品种的个性化、差异化产品，相反，标准化、大众化的热门产品重要性会逐渐降低。他甚至断言，商业的未来属于利基市场。2005年，"长尾理论"这一经济学理论被美国《商业周刊》评为"2005年最佳概念"（best idea of 2005），被誉为互联网时代最伟大的经济学理论新发现。

长尾理论的核心思想是，只要存储和流通的渠道足够大，需求不旺或者销量不佳的产品所共同占据的市场份额，可以和那些少数热销产品所占据的市场份额相匹敌，甚至更大，换言之，聚集小众化的市场可以形成与大众化的市场相匹敌的能量。长尾理论同时指出，几乎要选择所有的商品，是互联网条件下的消费者行为趋势，因此，传统的"二八定律"受到挑战，特别是电子商务的快速发展，使得生产和销售成本显著下降，同时效率得到巨大的提升，98%的商品都能找到它的买家，几乎任何以前看似需求极低的产品，只要有卖，就会有人买。这就是适用于电子商务中的98%法则，Anderson认为几乎98%的这种销售成本低的商品都可以获利，而且因为不受时间和场所的限制，可以无限销售。对比"二八定律"，长尾理论不同的思维方向便是，将企业以前无法顾及的那80%非畅销热门市场集合起来，变成一个大的市场，在生产成本和销售成本极低的前提下，这些非畅销、不流行的长尾商品共同占有的市场份额就可以和主流商品的市场份额相匹敌。长尾理论曲线如图5-1所示。

在图5-1中，我们用纵轴表示产品的销售数量，用横轴来表示产品种类，按各种产品销售量高低依次排列，将各节点连接会形成一条幂律曲线。在左侧的产品销量高，越往右延伸，销售数量就越低并逐渐形成一条类似长长的尾巴的图形。Anderson研究发现，在特定背景下，这条数值趋近于零的长尾，总是处于零之上，总会有销量。而单个利基产品形成的利润虽然不大，但由于数量众多，集合起来形成的总利润就变得非常可观了，之前之所以被忽视，更多的是因为成本。然而，互

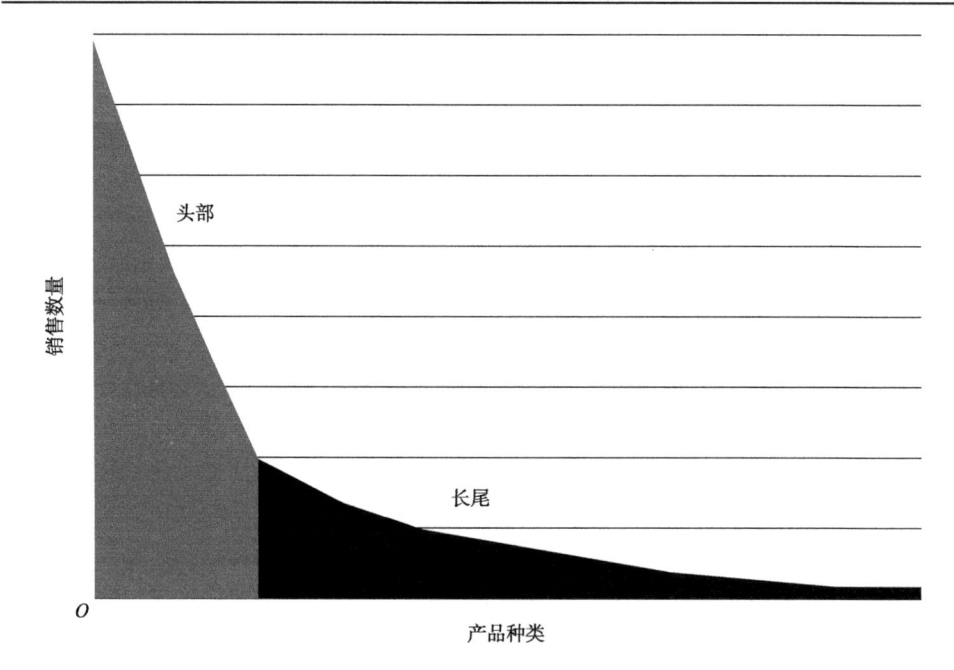

图 5-1　长尾理论曲线

联网等新信息技术的出现，却使开发利基产品的边际成本急剧下降，开发利基产品成为可能，那些看上去"鸡肋"的众多产品，其实蕴含着巨大的商机，甚至会引领未来的商业方向。

Anderson 深入研究了该现象，并从六个方面对长尾理论进行了阐述。

第一，处于需求曲线尾部的利基产品从数量上总是远胜于头部的热门产品，并且伴随生产力的提高，以及加工工艺的提升，其生产成本越来越低，利基产品的数量越来越多，规模经济在向范围经济转变。

第二，获得这些利基产品的成本在下降，其流通渠道在加宽。互联网的出现，不论是产品的展示成本、搜索成本、沟通成本都呈显著的下降趋势，这让很多传统经济学理论在互联网背景下失灵，而在线市场使线下市场中无法找寻的产品重获新生，产品种类日益丰富。

第三，简单地增加产品种类并不能改变需求，在需求和众多产品间，需要一种技术或条件，让用户方便地发现它、找到它、使用它。互联网技术搭起了产品和需求的桥梁，云计算技术、大数据分析、人工智能算法、自动推送技术，所有的基于互联网的新技术都让用户越来越方便地找到需求曲线尾部的利基产品。

第四，产品种类的日益丰富，沟通渠道的越发便捷，使得需求曲线呈扁平化发展，最终，会形成热门不热、冷门不冷的现象，每个商品理论上都有被发现、被使用的可能。

第五，虽然单个的利基产品销量有限，但数量巨大，它们汇总起来，可以匹敌甚至超过热门市场，在互联网背景下，利基市场再也不是可有可无的小市场。

第六，在最终的理想化状态下，需求曲线的天然形状会呈现，其理论上成为一条直线，每个产品都有其对应的用户，不会因为供需关系的改变、信息的不对称、存储空间的限制而弯曲。

长尾理论的提出为传统企业及电子商务企业营销提供了全新的视角。电子商务提供的无形产品和数据服务，因为没有租金和货架的限制，降低了单位产品的销售成本，可以拥有数以万计的商品，满足不同用户的个性化需求，将长尾效应发挥得淋漓尽致。例如，Google 有半数的生意并非来自广告业务，而是源于小网站，这些小网站的汇集形成了经济可观的长尾广告市场。亚马逊网络书店四分之一的销售额来源于"长尾"图书，预计未来这些位于销售尾端的非热门图书的销售比例可占整个图书市场的一半。

相对于传统的电子商务，移动商务更加简单、方便、灵活，基于无线通信技术、4G 技术平台在手机、iPad 等无线终端上的实现，其功能越来越强大，越来越人性化，与固定 PC 端的区别也越来越小，各种手机浏览器和应用软件的开发，使得移动终端几乎可以实现与电脑互联网相同的功能。例如，淘宝网、天猫、京东、携程等手机客户端的开发使得无线终端的移动商务与固定 PC 端的电子商务的差异性越来越小，适用于电子商务的长尾理论，同样也适用于移动商务。移动商务服务可以随时随地为所有用户提供个性化信息和服务，用户的覆盖面更广，面对如此广阔的消费者群，要满足用户灵活多变的个性化服务需求，就使得移动服务的需求从其曲线头部的少数主流产品和市场所组成的短头市场转向需求曲线尾部的大量非热门产品和市场所组成的长尾市场，而由于长尾商品的用户关注度较低，增加了移动商务用户寻找目标商品的难度，通过改进信息推荐技术，深入挖掘与分析潜在的长尾需求，才能为用户提供满意的商品或服务。

已有研究发现，提高推荐系统多样性可以增加符合用户需求的长尾商品的曝光率，使更加多样化的商品信息出现在推荐列表当中供用户自主选择，多样性的推荐策略使许多商业模式获益，因为在移动互联时代，用户可以较低的代价关注正态分布曲线的"尾部"，由于关注成本的大大降低，"尾部"所占市场份额及创造的利润甚至会超过"头部"，所以，通过提高推荐系统多样性的方式，增加冷门的长尾项目的销量，不仅能满足移动商务用户个性化体验要求，又有利于商家提高效益。

移动推荐系统的精确性与多样性是相互制约的，精确性的本质是倾向推荐相关性高的流行项目，多样性则是衡量提供新颖、独特项目的能力，以满足用户个性化需求为目的，此外，移动商务环境下，适合传统电子商务的推荐方法不能直接应用到移动商务用户推荐过程中。因此，需要有效地结合情景、移动商务用户社会网络等信息实现移动商务推荐精确性与多样性之间的平衡。鉴于此，本书引入项目流行度及新鲜度两个标准，结合已知移动预测算法构建多样性推荐模式。该模式的建立，不仅可以与目前高效的已知移动推荐算法进行无缝对接，很好地利用移动商务用户情景及社会网络信息实现推荐结果精确性和多样性之间的平衡，并且有效地提高推荐系统个体多样性与整体多样性，以及增加销售多样性的同时提升个体用户体验满足感。

5.2.2 推荐流程

基于对移动商务推荐长尾效应的分析，本节提出移动商务多样性推荐服务的商务智能流程。该流程首先通过已知移动预测算法计算用户在项目集合中未评分项目的预测评分值；其次，在项目推荐阶段，同时考虑项目评分值与流行度对项目重新排序；最后，基于项目新鲜度的度量对重新排序的结果进行选取，进而产生推荐列表。基于多样性的移动商务推荐流程如图 5-2 所示。

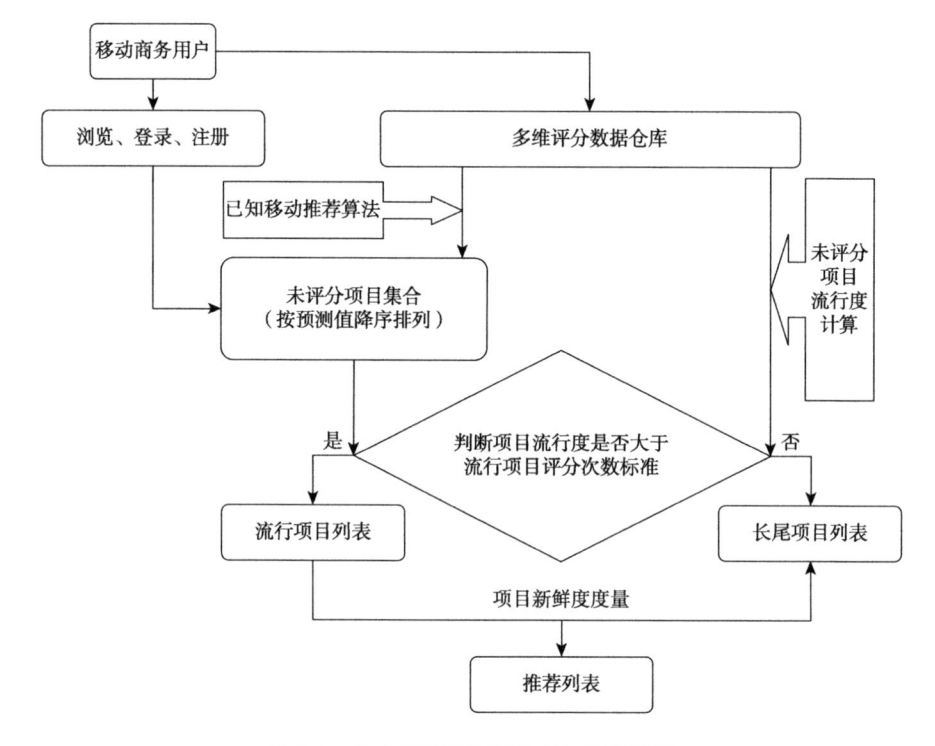

图 5-2 基于多样性的移动商务推荐流程

5.3 基于多样性的移动商务推荐模式构建

以精确性为衡量标准的推荐方式,侧重于为用户提供评分值较高的流行项目,因此,该类方式为用户群体提供的项目相似度过高,多样性偏低,致使可能包含了大量用户需求的长尾项目难以出现在推荐列表中。鉴于此,本书提出多样推荐模式。该模式首先利用已知移动推荐算法计算未评分项目评分值;其次,引入新鲜度与流行度两个指标对其进行重新排序与选择,进而产生推荐结果。该模式的建立,在保证推荐准确率的基础上推荐用户潜在感兴趣的长尾冷门项目,有助于提高推荐列表的多样性,使商品或服务信息推荐多样化在全局范围内得以实现,增加了用户的新颖性体验并促进了销售。

5.3.1 基于多样性的移动商务推荐模式构建原则

1. 均衡性原则

移动商务环境下,用户对信息的需求趋于个性化,即兼顾需求"大众化"的同时,还存在明显的长尾现象(信息需求偏好"小众化")[15]。长尾上的商品或服务信息很难被用户发现或察觉,但这些信息资源很可能是用户所需要的;这就要求在对移动商务用户进行推荐服务时,需要改变传统的服务理念和方式,以期为用户提供满足其"大众化"与"小众化"需求偏好并存的个性化服务[16]。因此,针对以往信息推荐策略过于强调精确性而忽略多样性的不足,本书从"大众-小众"平衡的角度进行移动商务推荐研究,从准确性、新颖性、多样性入手提高推荐效果。

2. 灵活性原则

移动网络环境下,移动终端设备存在屏幕小、计算能力有限及网络带宽窄等方面的局限性,对推荐的能力提出了更高的要求,因此,本书模式的设计是在采用已知移动预测推荐算法对未评分项目进行评分的基础上,结合项目流行度及新鲜度指标进行的推荐,可以很好地与目前一些高效的移动预测算法进行无缝对接,方式灵活,有效地利用了情景和移动商务用户社交网络等信息实现移动推荐结果的精确性和多样性之间的平衡。

3. 新鲜度原则

除了准确度以外,新鲜度也是影响用户体验的重要指标之一。新鲜度是指向用户推荐非热门流行商品的能力。若移动商务推荐系统向用户提供热门流行项目的信息，虽然精确性非常高，但是用户可能已经通过其他渠道了解并购买过这些项目，这种推荐策略与推荐服务为用户提供未知但感兴趣的商品或服务信息的初衷是相悖的，因此，给移动商务用户推荐项目时，应在精确性下降程度在可接受范围内的同时，通过增加符合用户兴趣的长尾项目，提高推荐结果的新鲜度。

5.3.2 项目流行度及新鲜度描述

1. 项目流行度

项目流行度是指评分数据库中所有真实用户对该项目的评分次数[17]，如式（5-6）所示。提高推荐准确率的有效途径之一就是为用户推荐流行畅销的项目，因此，本书将其作为一个推荐指标。

$$\mathrm{IPOP}(i) = \sum_{u \in R} \psi(r_{u,i}) \tag{5-6}$$

其中，IPOP 表示项目流行度；R 表示所有用户对所有项目的评分数据集合；$r_{u,i}$ 表示用户 u 对项目 i 的评分值。若 $r_{u,i} = \phi$，则 $\psi(r_{u,i}) = 0$；若 $r_{u,i} \neq \phi$，则 $\psi(r_{u,i}) = 1$。

在移动商务网站中评价方式主要有两类，即打分评价（五分制、十分制等）和二维评价（喜欢/不喜欢、顶/踩等）。针对打分制评价标准，考虑到小于等于中间分数表示用户虽然根据自己的体验给出了评分，但并不满意，因此反馈无效。本书在式（5-6）的基础上做了相应的修改，将小于等于评价标准中间分数的 $r_{u,i}$ 都转换为 $r_{u,i} = 0$，即当 $r_{u,i} >$ 评价标准中间分数时，有反馈值 $r_{u,i} = 1$。对于二维评价标准，喜欢代表有反馈值且 $r_{u,i} = 1$，反之 $r_{u,i} = 0$，据此，得到基于满意的 0-1 反馈信息数据集 $R1$。项目 i 的项目流行度 $\mathrm{IPOP}(i)$ 可以表示为

$$\mathrm{IPOP}(i) = \sum_{u \in R1} \psi(r_{u,i}) \tag{5-7}$$

本书将流行项目评分次数标准记为 $|P(I)|$，$|P(I)|$ 为系统自动设定。

2. 项目新鲜度

在候选推荐项目集合中引入新鲜度因子 Φ_F，Φ_F 在 $[0.1, 0.9]$ 的区间范围内取值，它表示推荐候选集合中长尾项目与流行项目在推荐列表中的比率[18]。例如，推荐列表长度为 $N = 10$，$\Phi_F = 0.2$，候选推荐项目总数为 50，其中包含 40 个流行项目和 10 个长尾项目，那么，按照 Φ_F 的取值，流行项目评分最高的 8 个项目及长尾项目评分最高的 2 个项目共同组成最终的推荐列表。

5.3.3 推荐算法及推荐结果生成

针对已知移动推荐算法大多以提高推荐列表准确率为目的，忽视了推荐结果的多样性，使得待推荐项目整体曝光率低，展示给用户满足其兴趣的信息单一，导致长期的推荐效果越来越差。据此，本书首先用已知移动推荐算法计算用户在项目集合中未评分项目的预测评分值；其次，在项目推荐阶段，引入项目的流行度和新鲜度两个标准对其重新排序与选择，具体算法过程如下所示。

输入：当前用户 u；项目集合 I；项目流行度 $IPOP(i)$；流行项目评分次数标准 $|P(I)|$；新鲜度度量因子 Φ_F；推荐列表长度 N。

输出：目标用户 u 的 Top-N 推荐列表。

具体算法流程及其结果生成，分为以下几个步骤。

步骤1：用已知移动推荐算法预测用户 u 在项目集合 I 中所有未评分项目的评分值，未评分项目集合记为 I_u，评分值集合记为 R_u，I_u 按 R_u 降序排列。

步骤2：基于 $IPOP(i)$ 得到流行度大于 $|P(I)|$ 的项目列表 $I'_u \in I_u$，则流行度小于等于 $|P(I)|$ 的项目列表为 $I''_u = I_u - I'_u$。

步骤3：根据 N 和 Φ_F 的取值得到 I'_u 的 $N' = N \cdot (1-\Phi_F)$ 个项目，以及 I''_u 的 $N'' = N \cdot (\Phi_F)$ 个项目。

步骤4：判断步骤3是否由于数据稀疏性，$|I'_u| \leq N'$（$|I'_u|$ 表示 I'_u 的项目数），如果不存在该问题，直接执行下一步，否则，先取 I'_u 的全部项目进入推荐列表，再从 I''_u 中选出前 $N - |I'_u|$ 个项目进行补充。

步骤5：推荐结果生成。通过以上算法将 $N' + N''$ 作为用户 u 的最终推荐结果。

5.4 基于多样性的移动商务推荐模式的适用条件

基于多样性的移动商务推荐模式是针对移动商务用户购买决策过程中，当用户通过对推荐信息进行体验和加工后，进入决策及购买阶段时，并未采用或暂时未采用个性化情景及信任推荐结果（对个性化情景及信任推荐结果多次浏览或已经添加到购物车中）而设计的。

在用户购买决策过程中，当用户完成对信息的体验和加工后，进行决策购买时，新用户可能更倾向热销流行的商品，而老用户或者有求新、求奇类需求的用户可能希望获得更加多样化的选择，此时，根据用户购买过程中的交互行为及浏览行为，采用多样性推荐方式，不仅可以为用户提供多种多样的满足其兴趣偏好的信息，还可以激发用户计划外的购买行为，并帮助用户找回之前浏览过但被遗忘的商品，在用户获得更为满意的购物体验的同时，帮助用户快速做出购买决策执行购买行为。

5.5 基于多样性的移动商务推荐模式验证

5.5.1 实验设计

1. 数据集

本节采用公开的 MovieLens-100K 作为实验数据，该数据集包含了 6 040 个用户对 3 900 部电影的 100 000 个评分数据（评分值为 1~5 五个等级）[19]。此外，该数据集还包含了用户情景（如年龄、职业、可支配收入等），时间情景（如季节、日期、时段等）则可通过时间戳数据间接获取，并且经过清理与量化的 MovieLens-100K 数据集，可间接获得用户偏好，能更好地被移动推荐算法直接使用[20]。

2. 评估方法

实验采用四个评价标准评估本书提出的多样性推荐模式的预测效果，分别为准确率[21]、覆盖率[22]、个体多样性[9]及长尾项目推荐率[23]，具体定义如下。

（1）准确率。

$$\text{precision} = \frac{\sum_{u \in U} \sum_{i \in L_{N(u)}} r_{u,i}^*}{\sum_{u \in U} \left| L_{N(u)} \right|} \quad (5\text{-}8)$$

其中，precision 为准确率；用户 u 对项目 i 的预测值为 $r_{u,i}^*$；用户 u 的 TOP-N 推荐列表为 $L_{N(u)}$。本书以 TOP-N 中项目预测值总和与 TOP-N 列表长度的比值（借鉴赵凌云[18]的方法）表示准确率，通常而言，预测值越高，准确率越高，用户越有可能获得积极理想的体验。

（2）覆盖率。

$$\text{coverage} = I_R / I \quad (5\text{-}9)$$

其中，所有项目集合记为 I；被推荐项目集合记为 I_R。覆盖率越高，说明系统中有更多的内容出现在用户推荐列表中，整体多样性就越高。

(3)个体多样性。

$$\text{ILD}\left(L_{N(u)}\right) = \frac{1}{N(N-1)} \sum_{i \in L_{N(u)}} \sum_{j \in L_{N(u)}, i \neq j} d(i,j) \qquad (5\text{-}10)$$

其中,ILD 为个体多样性;i 和 j 为推荐列表中的项目;N 为推荐列表长度;$d(i,j)$ 代表项目 i 与项目 j 的相异度;$d(i,j) = 1 - \text{sim}(i,j)$。ILD 值越大,个体多样性越好。

(4)长尾项目推荐率。

在实验中,首先需要对长尾项目进行定义,它是指没有或少有用户评价的项目。观察 MovieLens-100K 数据集可知,被少于 50 个用户评价过的项目达到总项目的三分之二以上,因此,本书将评分≤50 的项目界定为长尾项目,即长尾项目推荐率(long-tail)为

$$\text{long-tail} = \frac{\sum_{u \in U} \left| \text{long-tail}\left(L_{N(u)}\right) \right|}{\sum_{u \in U} \left| \left(L_{N(u)}\right) \right|} \qquad (5\text{-}11)$$

其中,$\text{long-tail}\left(L_{N(u)}\right)$ 为项目集 $L_{N(u)}$ 的长尾项集合。

5.5.2 结果分析

(1)根据本书对项目流行度的描述,观察 MovieLens-100K 数据集可知,被少于 50 个用户评价过的项目达到总项目的三分之二以上,因此,令 $|P(i)| = 50$,多于 50 次评分且评分值大于中间分值 3 分的商品为流行商品。首先,观察本书提出的多样性推荐算法在不同多样性因子取值下的推荐结果的变化,实验结果如图 5-3、图 5-4 所示。

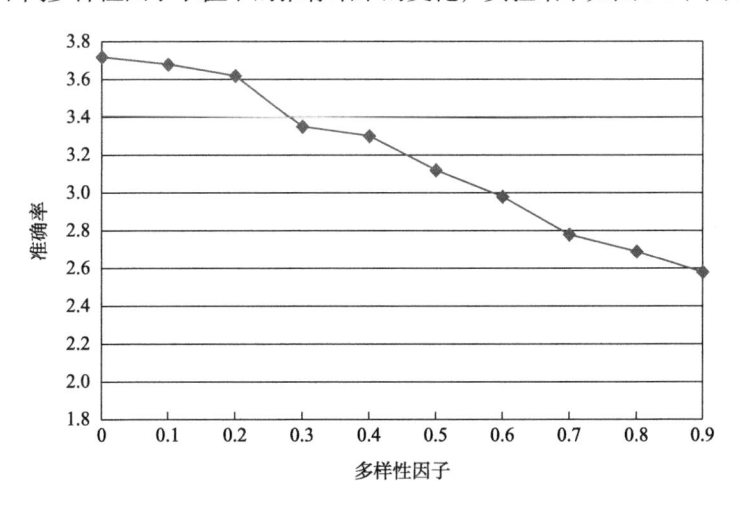

图 5-3 基于多样性的准确率度量

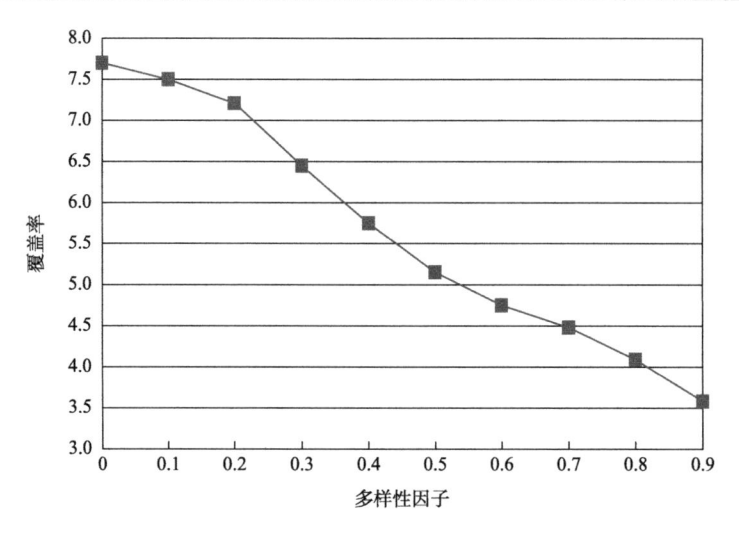

图 5-4　基于多样性的覆盖率度量

从实验结果可以看出，基于新鲜度度量的多样性推荐准确率随着多样性因子的增加缓慢下降，多样性的提高是以牺牲一定程度的准确率为代价的，根据不同的 $\varPhi_F$ 取值观察推荐结果，本书算法准确率在 $\varPhi_F$ 为 $[0,0.2]$ 区间平缓，在 $\varPhi_F=0.3$ 之后快速下降，为保持推荐准确率下降程度在可接受范围内，同时提高推荐结果多样性，选择 $\varPhi_F=0.2$ 进行下一步实验。

（2）对比试验。实验将本书提出的算法与王森[23]提出的多样性（diversity）增强推荐算法（Div 算法）和改进的多样性、准确性（accuracy）增强推荐算法（Div-ACC 算法）进行比较。三种算法首先通过本书第 3 章提出的基于个性化情景的多维信息推荐算法对未知的用户–项目评价值进行预测；其次，分别应用本章提出的推荐方法、Div 算法及 Div-ACC 算法结合进行推荐预测。其中，Div-ACC 算法通过设定阈值 T_R $(T_R\in[T_H,T_{\max}])$ 来控制推荐结果的多样性与准确性，由于 Div-ACC 算法在数据集上通过 T_R 的值在 $[2.2,2.4,\cdots,3.6]$ 之间变化，观察得出，当 $T_R=2.6$ 时，准确率、覆盖率、个体多样性及长尾商品推荐率相对较好，因此，本书实验默认 Div-ACC 算法中 $T_R=2.6$。通过实验对比，结果如图 5-5~图 5-8 所示。

从图 5-5~图 5-7 可以看出，当 Top-N<10 时，Div-ACC 算法的准确率最高，原因是当 Top-N<10 时，Div-ACC 算法及 Div 算法多样性效果不明显，进入推荐列表的项目以流行项目为主，没有或少有长尾项目进入推荐列表。随着推荐项目数量的增加，本书算法在保持推荐准确率的同时，覆盖率也同样高于其他两种算法，且在不同 Top-N 值下，覆盖率波动较小。虽然 Div-ACC 算法及 Div 算法考虑了用户偏好作为其推荐指标之一，但用户偏好的项目也可能是流行项目，致使推荐结果仍是一些流行度较高的商品，很多用户可能喜欢的长尾项目仍不能出现在

图 5-5 三种算法的准确率对比结果

图 5-6 三种算法的覆盖率对比结果

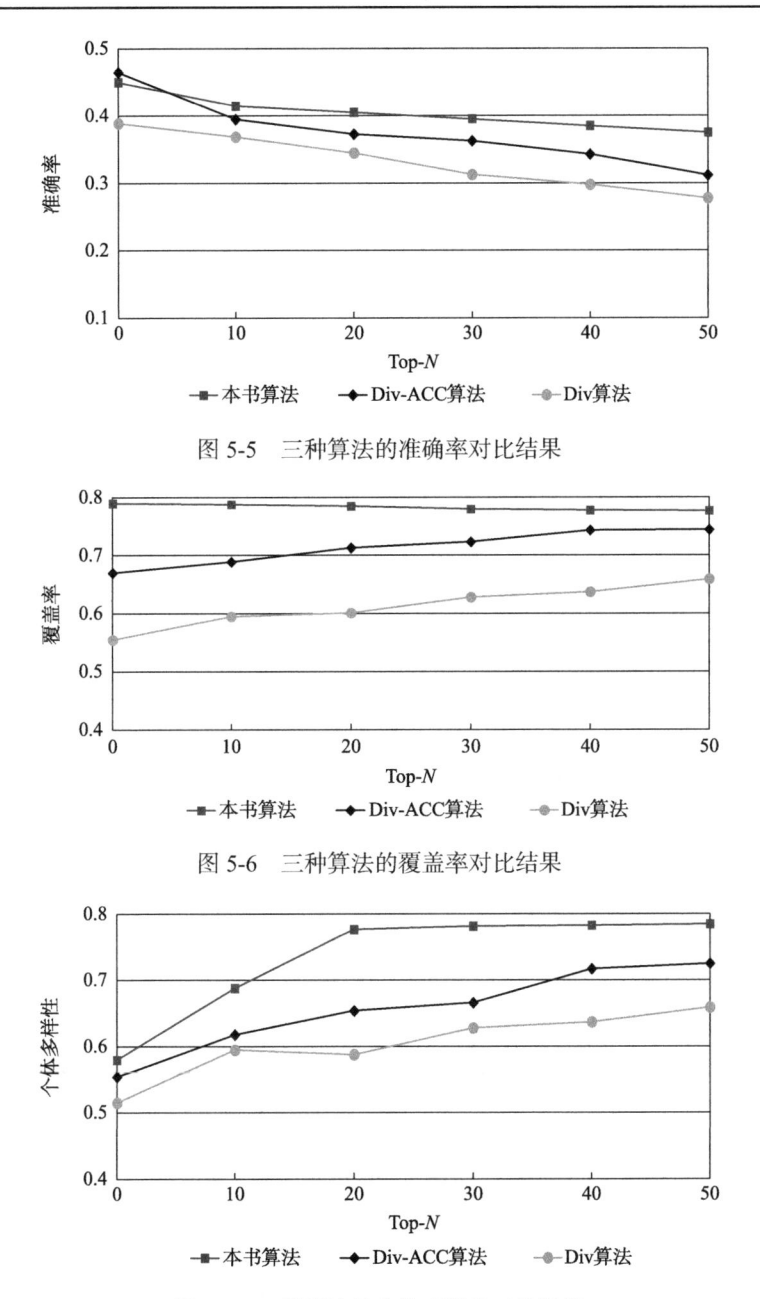

图 5-7 三种算法的个体多样性对比结果

推荐列表中，故整体覆盖率及个体多样性均较低，而本书算法通过在计算候选推荐项目集合时增加新鲜度参数来调节长尾项目所占比例，不仅提高推荐覆盖率（整体多样性）和长尾项目推荐率，还提高了列表内部多样性，即个体多样性。

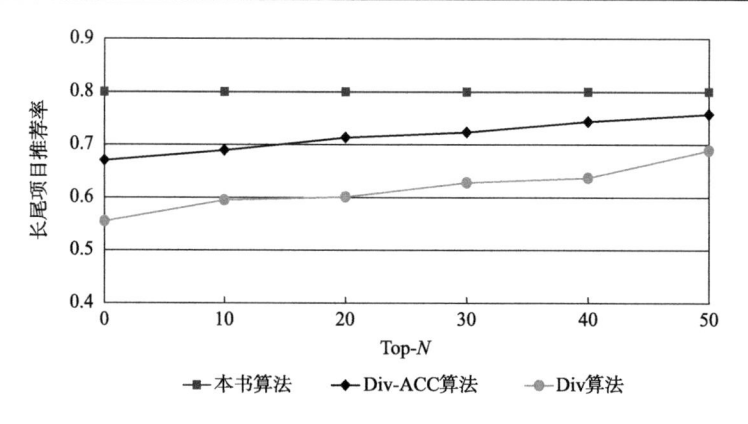

图 5-8　三种算法的长尾项目推荐率对比结果

从图 5-8 可以看出，本书提出的融入新鲜度度量的多样性推荐算法在不同 Top-N 取值情况下，长尾项目推荐率始终高于其他两种方法，本书算法在考虑推荐精确性的同时还考虑了符合用户偏好的长尾项目在推荐列表中的比例，综合两种信息对项目进行选择，进入最终的推荐列表，使得推荐的个体多样性及整体多样性得以实现，而 Div 算法及 Div-ACC 算法没有考虑这一点，致使长尾项目推荐率相对较低。

5.6　本章小结

移动商务用户进入购买决策与执行购买阶段时，新用户可能更倾向流行商品，而老用户或者有求新、求奇需求的用户更希望获得多样化的体验，基于此，本章从用户体验的视角提出了多样性推荐模式，在移动预测算法的基础上，将流行度与新鲜度指标引入新的推荐模式中。通过在准确率与流行度生成的候选集合中，融入新鲜度因子控制流行项目与长尾项目在 TOP-N 列表中所占的比例，然后进行推荐。实验结果表明，本章构建的基于多样性的移动商务推荐模式，在有效提高推荐覆盖率及多样性的同时兼顾了推荐结果的精确性，不但可以满足用户的潜在需求、提升满意度，还有效地改善了用户体验。

参 考 文 献

[1] 王毅. 网络推荐系统的三大挑战——从用户体验出发[J]. 清华管理评论, 2013, (6): 10-13.

[2] 汪秉宏，周涛，刘建国. 推荐系统、信息挖掘及基于互联网的信息物理研究[J]. 复杂系统与复杂性科学，2010，7（2）：46-49.

[3] Zhang Y C, Medo M, Ren J, et al. Recommendation model based on opinion diffusion[J]. Europhysics Letters Association, 2007, 80（6）: 1-5.

[4] Zhou T, Jiang L L, Su R Q, et al. Effect of initial configuration on network-based recommendation[J]. Europhysics Letters, 2008, 81（5）: 1-6.

[5] Lu L Y, Lin W P. Information filtering via preferential diffusion[J]. Physical Review E, 2011, 83（6）: 1-12.

[6] Zhang Z K, Zhou T, Zhang Y C. Personalized recommendation via integrated diffusion on user-item-tag tripartite graphs[J]. Physica A: Statistical Mechanics and Its Applications, 2010, 389（1）: 179-186.

[7] Zhou T, Kuscsik Z, Liu J G, et al. Solving the apparent diversity-accuracy dilemma of recommender systems[J]. Proceedings of the National Academy of Sciences of the USA, 2010, 107（10）: 4511-4515.

[8] Liu J G, Zhou T, Guo Q. Infomation filtering via biased heat conduction[J]. Physical Review, 2011, 84（3）: 1-4.

[9] 安维，刘启华，张李义. 个性化推荐系统的多样性研究进展[J]. 图书情报工作，2013，（57）22：127-134.

[10] Lee T Q, Park Y, Park Y T. A time-based approach to effective recommender systems using implicit feedback[J]. Expert Systems with Applications, 2008, 34（4）: 3055-3062.

[11] Lee T Q, Park Y, Park Y T. An empirical study on effectiveness of temporal information as implicit ratings[J]. Expert Systems with Applications, 2009, 36（2）: 1315-1321.

[12] Ziegler C N, Lausen G. Making product recommendations more diverse[J]. IEEE Data Engineering Bulletin, 2009, 32（4）: 23-32.

[13] Adomavicius G, Kwon Y. Improving aggregate recommendation diversity using ranking-based techniques[J]. IEEE Transactions on Knowledge and Data Engineering, 2012, 24（5）: 896-911.

[14] Anderson C. The Long Tail[M]. 乔江涛译. 北京：中心出版社，2006.

[15] Benghozi P J. The long tail: myth or reality[J]. International Journal of Arts Management, 2010, 12（3）: 43-53.

[16] 胡吉明，林鑫. 基于热传导能量扩散的社会化小众推荐融合算法设计[J]. 情报理论与实践，2016，39（4）：119-123.

[17] 于洪涛，周倩楠，张付志. 基于项目流行度和新颖度分类特征的托攻击检测算法[J]. 工程科学与技术，2017，49（1）：176-183.

[18] 赵凌云. 面向服务的消费者行为分析及推荐模型研究[D]. 山东师范大学博士学位论文，2014.

[19] 杜巍，高长元，翟丽丽. 基于新鲜度度量的多样性推荐模型研究[J]. 情报理论与实践，2018，41（8）：127-131.

[20] 高长元，王海晶，王京. 基于改进 CURE 算法的不确定性移动用户数据聚类[J]. 计算机工程与科学，2016，38（3）：768-774.

[21] 黄璐,林川杰,何军,等.融合主题模型和协同过滤的多样化移动应用推荐[J].软件学报,2017,28(3):708-720.
[22] 邓晓军,满君丰,文志强,等.一种提高预测结果多样性的资源分配算法[J].控制工程,2015,2(6):1137-1141.
[23] 王森.一种基于整体多样性增强的推荐算法[J].计算机工程与科学,2016,38(1):183-187.

附　　　录

尊敬的先生/女士：

　　您好！这是一个关于用户对移动商务推荐服务使用体验的调查问卷，本问卷目的在于确定影响移动商务用户对推荐功能体验的各项因素及其对推荐方式的影响，调查问卷无须署名，且不涉及任何隐私及商业机密，其结果仅作学术研究使用。请您根据实际情况和您的真实想法做出相应的选择，我们对您的支持与帮助表示深深的感谢！

　　本问卷的调查对象是至少尝试过使用移动商务推荐系统进行购物的用户。在填写问卷时，请您回忆近期使用移动商务推荐系统购物的经历并做出相应的选择。

　　（一）用户属性信息

1. 您的性别：	◎ 男	◎ 女	
2. 年龄：			
◎ 18 岁以下	◎ 18~24 岁	◎ 25~30 岁	
◎ 31~40 岁	◎ 40 岁以上		
3. 您目前从事的职业：			
◎ 全日制学生	◎ 自由职业者	◎ 公务员或事业单位人员	
◎ 公司或企业职员	◎ 其他		
4. 您的受教育程度：			
◎ 专科及以下	◎ 本科	◎ 硕士研究生	◎ 博士研究生及以上
5. 您的月可支配收入：			
◎ 1 000 元以下	◎ 1 001~3 000 元	◎ 3 001~5 000 元	
◎ 5 001~7 000 元	◎ 7 000 元以上		
6. 您使用移动设备进行网上购物至今有多久：			
◎ 1 年以下	◎ 1~3 年	◎ 3~5 年	◎ 5 年及以上
7. 您使用过或经常使用以下哪个移动电子商务网站的个性化推荐功能：			
◎ 淘宝网	◎ 百度糯米	◎ 携程旅游	
◎ 京东	◎ 苏宁易购	◎ 其他	

（二）请回忆您近期使用移动商务推荐系统购物的经历，如实回答以下问题（非常不同意=1分，不同意=2分，不确定=3分，同意=4分，非常同意=5分）。

维度	指标项	非常不同意	不同意	不确定	同意	非常同意
感知有用性	A1：该网站推荐系统能够帮助我寻找感兴趣的商品					
	A2：该网站推荐系统可以节省我寻找需要的商品的时间					
	A3：该网站推荐系统给我提供了不错的购买建议，对我非常有用					
感知易用性	A4：我认为学会并熟练使用该网站推荐系统寻找感兴趣的商品是容易的					
	A5：该购物系统服务功能操作简单，能适当提供帮助					
感知情景性	A6：该网站能根据当时的时间有效地向我推荐商品信息或服务					
	A7：该网站能根据我的状态有效地向我推荐商品信息或服务					
	A8：该网站能根据我所处的位置及环境有效地向我推荐商品信息或服务					
	A9：该网站的情景感知推荐服务能使我的工作效率提高					
	A10：该网站的情景感知推荐服务基本符合我的需要					
	A11：该网站的推荐服务能让我感觉我是唯一的用户					
感知信任性	A12：网站对推荐的原因做了解释（如"看了又看""根据浏览，猜你喜欢"等）					
	A13：通过该网站的解释和说明（如"浏览了该商品的用户还浏览了以下商品"或"我购买过类似商品"等），我认为推荐这些商品的原因比较明确					
	A14：在该网站购物过程中，朋友或网友的推荐经常会对我的购物态度产生影响					
	A15：在该网站购物过程中，我愿意参考购物达人的购物心得					
	A16：在购物决策过程中，我会倾向参考买家秀或其他产品使用效果					
	A17：我经常会在该网站购买朋友推荐或有买家真人秀的商品					
感知多样性	A18：该网站推荐系统推荐的商品包含多个不同类别					
	A19：该网站推荐系统推荐的商品能够满足我不同方面的兴趣及需求					
	A20：该网站推荐系统经常向我推荐多种多样的商品					
	A21：我经常看到该推荐系统推荐近期热门的商品					
	A22：我希望该网站为我推荐更多新奇有趣的商品					

续表

维度	指标项	非常不同意	不同意	不确定	同意	非常同意
系统交互设计	A23：在网页比较明显的位置会有该推荐系统的结果列表					
	A24：该网站推荐系统的界面设计简单明了					
	A25：该网站推荐系统的界面布局合理，主次分明					
推荐内容	A26：推荐话题可以引发我的关注					
	A27：推荐资源可以满足我的需求					
推荐方式	A28：情景特征明显，满足当下需求					
	A29：该网站推荐服务方式灵活多样，满足个性化需求					
用户体验	A30：我认为该服务对我吸引力强					
	A31：我认为该推荐服务带来的用户体验良好、积极					
	A32：我愿意继续使用该服务寻找感兴趣的商品					